普通高等教育研究生教学用书

Qiche Xiankong Zhidong Jishu
汽车线控制动技术

宋传增　张宗喜　贝太学　刘文义　著

人民交通出版社股份有限公司
北京

内 容 提 要

全书共包括6章,主要包括制动系统及线控制动概述、线控制动系统的常见类型及特点、典型线控制动产品介绍、乘用车 EHB 系统设计、商用车 EBS 系统设计、底盘域控制的冗余控制设计。

本书可作为高等院校汽车方向、机械方向的硕士、博士研究生教材,也可作为其他相关专业研究生学习或自学的参考书,同时可为工程技术人员提供技术参考。

图书在版编目(CIP)数据

汽车线控制动技术/宋传增等著.—北京:人民交通出版社股份有限公司,2024.2
ISBN 978-7-114-19150-3

Ⅰ.①汽… Ⅱ.①宋… Ⅲ.①汽车—制动装置—线路—控制系统 Ⅳ.①U463.5

中国国家版本馆 CIP 数据核字(2023)第 248811 号

书　　名:	汽车线控制动技术
著 作 者:	宋传增　张宗喜　贝太学　刘文义
责任编辑:	李　良
责任校对:	赵媛媛
责任印制:	刘高彤
出版发行:	人民交通出版社股份有限公司
地　　址:	(100011)北京市朝阳区安定门外外馆斜街3号
网　　址:	http://www.ccpcl.com.cn
销售电话:	(010)59757973
总 经 销:	人民交通出版社股份有限公司发行部
经　　销:	各地新华书店
印　　刷:	北京虎彩文化传播有限公司
开　　本:	787×1092　1/16
印　　张:	11.75
字　　数:	275 千
版　　次:	2024 年 2 月　第 1 版
印　　次:	2024 年 8 月　第 2 次印刷
书　　号:	ISBN 978-7-114-19150-3
定　　价:	45.00 元

(有印刷、装订质量问题的图书,由本公司负责调换)

线控制动系统(Brake-By-Wire)是线控底盘五大组成部分之一,用于汽车控制车速和停车,属于汽车核心主动安全系统,也是助力智能汽车迈向 L3 及以上自动驾驶等级的关键。与传统制动系统相比,线控制动系统取消了制动踏板和制动器之间的机械连接,踏板传感器将采集到的驾驶人制动意图转化为电信号,传输给制动控制单元 ECU,ECU 将电信号分析对比运算后,向制动执行机构发出动作指令,执行机构输出制动力。根据制动执行机构的不同,线控制动系统可以分为液压式线控制动系统(Electro-Hydraulic Brake,EHB)和机械式线控制动系统(Electro-Mechanical Brake,EMB)。欧洲经济委员会标准 ECE R13H 和国标 GB 13594 要求:乘用车在电子助力失效时,机械部件仍然要保证驾驶人在用 500Nm 踩制动踏板时能产生 $2.44m/s^2$ 的减速度。因此,EHB 保留了液压系统,用电子器件替代部分机械部件,称为电子智能控制的液压系统,具有冗余功能,是目前的主流技术方案。根据集成度的高低,EHB 分为 Two-box 和 One-box 两种。EMB 完全去掉了液压系统,称为电子智能控制的机械系统,控制执行机构通过四个轮端的电动机来产生所需要的制动力,由机械机构完成制动,四个轮端的电动机相互冗余,是目前研究热点和发展方向。

　　线控制动系统结构大为简化,质量轻,易于实现智能控制。在汽车电动化和智能化的双重激励下,线控制动技术成熟度和行业渗透率都在加速提升。预计 2026 年线控制动配备渗透率达到 30%;当前线控制动单车价值量 2000 元左右,到 2026 年汽车线控制动国内、全球市场规模预计分别为 216 亿元和 575 亿元。

　　国务院发布的《新能源汽车产业发展规划(2021—2035 年)》要求突破线控执行系统技术封锁,工信部和地方政府发布了多个加快汽车核心部件国产化的文件,传统汽车厂和造车新势力相继加大了线控底盘技术的研发力度。由中国汽车工程学会主持,清华大学领头,吉林大学参与,组建成立了线控制动与底盘智能控制工作组,线控制动系统工作组将在线控液压制动、线控气压制动、EMB 冗余设计、系统集成优化、精准快速控制、故障检测重构、标准建设等方面展开工作。到 2025 年,线控液压、气压制动产品满足 L3 级别自动驾驶安全需求;EMB 完成样机研制;响应、精度、一致性、部件可靠性等关键性能达国际一流水平;电制动动力学控制、状态估计、传感等部分算法集成到域控,自主线控制动企业初步形成品牌效应;电液(One-box、Two-box)、电气(EBS、ABS + ESC 等)线控制动在电动及燃油高端车型实现批量应用,关键部件产业链实现自主可控。到 2030 年,线控液压、气压产品满足 L4 安全需求和冗余要求;EMB 批量应用;高电压线控产品完成研制;寿命、可靠性达到国际一流水平;算法集成到域控或中央控制,实现软硬分离;培育有国际竞争力的线控制动企业;电助力线控制动系统在新能源车、智能汽车大规模应用;建立起完整的自主可控产业链。

　　根据前人统计报告、研究报告、论文文献、学术报告、设计资料、产品说明书和网络平台资料，结合著者设计经验和主持的教育部产学合作协同育人项目智能网联汽车专业本科教学内容和课程体系建设实践(220505353025340)、新工科背景下智能网联汽车专业本科教学实践基地建设（220602645065401）、智能网联汽车理论及实践教学课程体系改革（220600874270349）、教育部供需对接就业育人项目人工智能＋智能网联汽车专业本科就业实习基地建设(20230105939)、济南市市校融合发展战略工程项目智能网联车辆现代产业学院建设（JNSX2023066）等项目研究成果，山东建筑大学新能源与智能网联汽车现代产业学院、北京联合伟世科技有限公司、山东汉鑫科技股份有限公司、烟台睿创微纳技术有限公司、舜泰汽车有限公司、腾讯烟台新工科研究院、烟台初创碳测控科技有限公司科研成果，总结提炼，列出了大量的图、表、技术方案和实际案例，以供专业同仁参考。

本书由山东建筑大学新能源与智能网联汽车现代产业学院宋传增教授、张宗喜博士、贝太学博士、山东汉鑫科技股份有限公司刘文义高级工程师编写。济南四建集团智能消防工程有限公司刘永奇高级工程师参与编写了第6章6.1，山东泰山建工发展集团有限公司李宁工程师编写了第1章1.1。山东建筑大学车辆工程硕士研究生闫瑞、朱景涛、隋智科、刘煦杰、胡晓旭、王欣凯、马东、卢博、程璞涵、宋乐参与了部分内容的整理、编写和图表绘制，闫瑞、朱景涛负责通稿。北京联合伟世科技股份有限公司、山东超星智能科技有限公司、舜泰汽车有限公司、山东汉鑫科技股份有限公司提供了设计实例、技术资料和经费支持。一并表示感谢！

该著作内容新颖，系统全面，条理清晰，实用性强，可以作为线控制动系统研究人员、汽车制造企业设计人员的参考书，可以作为政府人员制定政策、投资基金、制定投资计划的参考依据，也可以作为高校硕士研究生教材，还可供智能网联汽车爱好者、相关产业管理者阅读。

线控制动技术是汽车前沿技术，是高校科研院所研究的热门领域，新技术新产品不断涌现，由于作者水平有限，书中难免有错误和疏漏，请批评指正。书中参考和选用了业界同仁的研究成果，选用了相关企业的产品做典型案例讲解，在此一并感谢！如有异议，敬请联系作者处理。恳请读者多提宝贵意见，为汽车电动化赋能，为汽车网联化赋智，为汽车核心部件国产化赋力。

著 者
2023年12月28日

目　录

第1章　制动系统及线控技术概述 ······ 1
1.1　制动系统概述 ······ 1
1.2　线控制动技术概述 ······ 3
1.3　国内外研究现状 ······ 8

第2章　线控制动系统的常见类型及特点 ······ 15
2.1　制动系统的常见分类 ······ 15
2.2　乘用车线控制动系统及其特点 ······ 20
2.3　商用车线控制动系统及其特点 ······ 21
2.4　线控制动系统中的再生制动系统特点 ······ 21

第3章　典型线控制动产品介绍 ······ 23
3.1　博世线控制动产品 ······ 23
3.2　采埃孚线控制动产品 ······ 30
3.3　大陆 MK C1 线控制动产品 ······ 35
3.4　瑞典 Haldex 公司电子机械制动系统 ······ 44
3.5　伯特利 EPB 线控制动产品 ······ 45
3.6　亚太机电线控制动产品 ······ 46

第4章　乘用车 EHB 系统设计 ······ 50
4.1　EHB 系统方案设计 ······ 50
4.2　EHB 系统动力学模型 ······ 70
4.3　状态参数估算 ······ 85
4.4　压力控制方法 ······ 99
4.5　安全控制技术设计 ······ 108

第5章　商用车 EBS 系统设计 ······ 124
5.1　商用车线控制动策略总体框架 ······ 124
5.2　气压模型的基本理论及构建 ······ 130

5.3 制动压力控制设计 ·· 140
5.4 气压系统设计 ·· 148
5.5 实验测试 ·· 153
第6章 底盘域控制的冗余控制设计 ·· 158
6.1 域控制综述 ·· 158
6.2 域控制基础理论 ·· 163
6.3 底盘域控制 ·· 170
6.4 线控制动的冗余控制 ·· 176
参考文献 ·· 178

第1章 制动系统及线控技术概述

1.1 制动系统概述

1.1.1 制动系统的功用

制动系统的主要功能是减速或停车,也承担着将车辆的动能通过驾驶人作用到制动踏板上的力转换为车辆减速度和制动器产生热能散发出去。汽车的制动作用力的方向与汽车行驶方向相反。作用在行驶汽车上的滚动阻力、上坡阻力、空气阻力都能对汽车起制动作用,但这些外力的大小都是随机的、不可控制的。因此,汽车上必须装设一系列专门装置,以便驾驶人能根据道路和交通等情况,使外界(主要是路面)对汽车某些部分(主要是车轮)施加一定的力,对汽车进行一定程度的强制制动。这种可控制的对汽车进行制动的外力称为制动力,相应的一系列专门装置即称为制动系统。按汽车制动系统的作用可以分为四种:①行车制动;②驻车制动;③应急制动;④辅助制动。使驾驶中的汽车车速减低直至停车的系统称为行车制动系统;使汽车驻留原地不动的系统称为驻车制动系统;在行车制动部分失效的情形下,保证汽车仍具有一定减速度作用直至停车的系统称为应急制动系统;能够辅助行车制动减低车速或保持车速稳定,但不会紧急制动停止车辆的系统称为辅助制动系统。

1.1.2 制动系统的组成

制动系统是由制动器和制动驱动机构组成。其中制动器是基于材料的摩擦理论而产生阻碍车轮运动或者运动趋势的力的部件,有鼓式和盘式之分。制动系统的控制机构是为了提供汽车所需的制动力而进行供能、控制、传动、调节制动能量的部件,具体包括力器、制动踏板、制动主缸、制动轮缸、压力调节阀等。

按照制动能量传输方式,制动系统可分为机械式、液压式、气压式、电磁式。典型的液压制动系统基本结构组成如图1-1所示。

按照制动系统的功用,制动系统可分为行车制动系统、驻车制动系统、应急制动系统以及辅助制动系统。

汽车制动系统至少配备两套独立的制动装置,即行车制动系统和驻车制动系统。行车制动用于在汽车行驶过程中,强制性地减速或者停车,并且使汽车在下坡时能够保持适当的速度,驻车制动系统用于使汽车能够可靠且无时间限制地停驻在某个位置甚至斜坡上,为了避免发生潜在的故障,驻车制动系统一般采用机械式驱动机构。

线控制动系统可根据有无液压后备分为电子液压制动(Electro-Hydraulic Brake,EHB)和电子机械制动(Electro-Mechanical Brake,EMB)。其中,EHB实现难度较低,仅用电子元件替代传统制动系统中的部分机械元件，保留传统的液压管路，当线控系统失效时，备用阀打开可变成传统的液压制动系统，因此，也可理解为线控制动系统发展的第一阶段。EHB 具体又可分为 One-Box 和 Two-Box 两种，区别在于 One-Box 方案以一个 ECU 同时集成了汽车电子稳定系统（ESC）和助力器功能，而 Two-Box 方案则需对助力器和 ESC 单元的关系进行协调。线控制动系统的类别划分如图 1-2 所示。

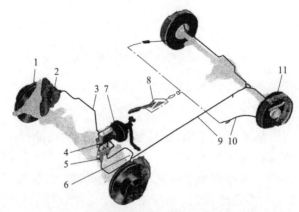

图 1-1 典型的液压制动系统基本结构组成图

1-前制动盘；2-前制动盘总成；3-右前制动管路；4-制动主缸；5-压力调节阀；6-左前制动管路；7-制动真空助力器；8-驻车制动操纵杆；9-后制动管路；10-驻车制动拉丝；11-后制动器总成

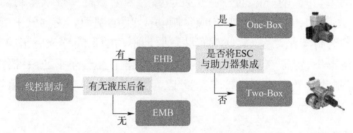

图 1-2 线控制动系统的类别划分

EHB 部分结构以电子元件替代，可有效提升响应速度及精度。EHB 包括制动踏板单元、液压制动控制单元、执行元件三部分。其中，制动踏板单元是对传统机械连接踏板的升级，主要由制动踏板和踏板传感器组成，模拟传统制动系统的感觉和行为并给予驾驶人反馈，同时传递驾驶人踩下制动踏板的力度和速度信息。

1.1.3 汽车制动性能的评价方法

1）制动滑移率原则

运动状态与附着系数的关系：纵向附着系数为 φ_b，地面制动力与垂直载荷之比；侧向附着系数为 φ_l，侧向力与垂直载荷之比。在 B 点 φ_b 取最大值 φ_p，一般出现在 $s=15\%\sim25\%$ 时。滑移率与附着率的关系如图 1-3 所示。

在汽车制动时，车轮在地面上留下的印记是车轮滚动到车轮抱死拖滑的渐进变化的过程，即从单纯滚动到边滚边滑，再到完全拖滑的渐进过程。其所产生的制动印痕各

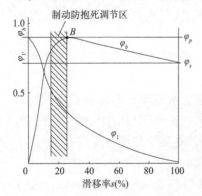

图 1-3 滑移率与附着率的关系图

不相同,车轮胎面制动印痕如图1-4所示。

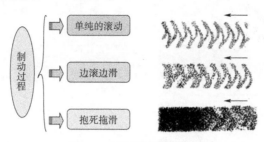

图1-4 车轮胎面制动印痕图

滑动率 s 可以体现运动状态与附着系数的关系,它对制动时轮胎滑动占比进行说明。它的数值可以表明汽车制动时滚动与滑动在制动过程中的占比,滑动率越大,滑动占比就越多。

2)汽车的制动性能评价

(1)制动效能。制动效能是指汽车迅速减速直至停车的能力,主要的评价指标是汽车的制动距离和制动减速度。制动距离将直接影响汽车行驶的安全性,同时制动距离又取决于制动减速度,所以对汽车制动系统设计的关键是在路面附着条件下,尽可能地提高汽车的制动减速度。

(2)制动效能的恒定性。制动效能的恒定性是指汽车在高速行驶或者长时间连续制动的情况下制动效能保持的程度,主要表现在制动器的抗热衰性和抗水衰性。制动器在制动过程中,由于摩擦作用温度将升高,在长时间的高温下,制动器的摩擦力矩通常会显著的下降,汽车在涉水行驶时,水进入了制动器后,短时间内制动器的效能也会发生显著的降低。

(3)制动时的方向稳定性。制动时的方向稳定性是指汽车在制动过程中,不发生制动跑偏、侧滑以及失去转向能力的性能。汽车制动时的方向稳定性与汽车前、后轴间制动力分配有着密切的关系,因此在进行制动系统设计时,对制动力要进行合理分配,应尽量避免后轮比前轮先抱死的工况发生。

1.2 线控制动技术概述

1.2.1 线控技术研究背景

汽车主动安全技术是指能够使汽车主动采取措施,避免或降低事故的发生风险的安全技术。2000年欧盟发布的汽车主被动安全技术对交通事故发生率的影响表明,随着更多安全技术的应用,交通事故发生率逐步降低。汽车安全技术应用对交通事故率的影响曲线(欧盟)如图1-5所示。

当前,制动防抱死技术(Anti-skid Brake System,ABS)、牵引力控制技术(Traction Control System,TCS)以及电子稳定控制技术(Electronic Stability Control,ESC)等主动安全技术已逐步成熟并被广泛应用,汽车的安全性得到有效提高,但由于驾驶人的错误操作导致的交通事故仍然大量发生。

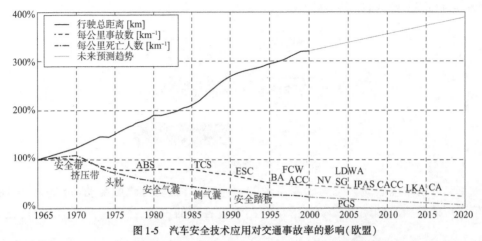

图1-5 汽车安全技术应用对交通事故率的影响(欧盟)

ABS-Anti-lock Braking System 防抱死制动系统；TCS-Traction Control System 牵引力控制系统；ESC-Electronic Stability Control 电子稳定控制；BA-Brake Assist 制动辅助；FCW-Forward Collision Warning 车道偏离；ACC-Adaptive Cruise Control 自动巡航；NV-Night Vision 夜视；LDWA-Lane Departure Warning Assistant 换道辅助；SG-Stop-and-Go 起停；PCS-Pre-crash System 预碰撞安全系统；IPAS-Intelligent Parking Assist System 智能辅助停车系统；CACC-Cooperative Adaptive Cruise Control 协同式自适应巡航；LKA-Lane Keeping Assistant 车道保持辅助；CA-Collision Avoidance 碰撞避免

为减少驾驶人失误，提高道路交通安全，以先进驾驶辅助系统(Advanced Driving Assistance System, ADAS)为代表的智能汽车安全技术逐渐兴起，研究表明，ADAS可以避免70%的严重交通事故。紧急制动系统(Autonomous Emergency Brake, AEB)的推行和应用，可以避免碰撞事故发生或降低碰撞事故的危害。自适应巡航控制(Adaptive Cruise Control, ACC)按照汽车之间的相对运动关系，通过主动控制车速，使汽车实现纵向自动跟驰，从而减轻驾驶人操作负担，提高汽车安全性。此外，一些增值功能(Value Added Functions, VAF)的应用，在一定程度上也可以有效减轻驾驶人的负担，从而减少操作失误。例如，陡坡缓降(Hill Descent Control, HDC)将车辆速度保持在一定范围内，可以有效减少驾驶人的工作量，使驾驶人更加专注于转向和其他操作。新手驾驶人在驾驶车辆紧急制动时，不能施加有效的制动力使车辆快速停止，制动辅助系统(Brake Assist System, BAS)自动辅助增加制动力，减小制动距离，极大地降低事故发生的可能性及事故发生的严重程度。在车辆频繁停车或起动时，自动驻车功能(Auto Vehicle Hold, AVH)可以及时地提供或释放制动力，能够可靠地辅助驾驶人实现静态驻车、坡道起步及防止车辆溜坡。

智能汽车核心技术包含环境感知、决策规划和运动控制，环境感知和决策规划属于上层控制系统，运动控制层属于底层控制系统。运动控制层按照决策规划层的动态驾驶任务指令，控制车辆安全稳定行驶。制动系统通过主动控制轮缸液压力来调节制动力矩，实现决策规划层的行车制动和驻车制动等目标指令，达到控制车辆的减速度、速度和静态驻车的目的。但是智能驾驶汽车的研究重点大多聚焦于上层控制系统，对底层控制系统研究较少。

制动系统为快速响应智能汽车决策规划层的控制指令，必须实现制动器制动力的快速变化，需基于当前的制动系统快速给轮缸建压，实现快速主动控制液压力。传统制动系统由真空助力系统和ESC组成，通过控制相应的电磁阀和回油泵，将制动液从油杯"吸入"制动系统给轮缸建压，实现主动控制液压力。该系统可以满足常规的制动需求，但也存在明显的缺点。

(1) 主动控制液压力时响应时间较长,不满足决策规划层快速增压的制动需求。

(2) 长时间工作会使电磁线圈发热导致性能下降,高频次工作时电动机炭刷磨损造成寿命降低,不满足长时间持续制动的需求。

(3) 工作噪声较大,不满足日益严苛的 NVH 要求。

线控制动系统增压响应速度快、发热量少、噪声小,可以解决传统制动的上述问题,实现轮缸压力的快速调节。此外,新能源汽车不需要为线控制动系统提供额外的真空源,可以降低整车重量且节约生产成本,而且易于协调能量回收制动和制动器摩擦制动,实现能量回收。线控制动系统更容易和智能汽车结合,更容易提升汽车的智能化水平。

当驾驶人将车辆的驾驶操控完全移交给自动驾驶车辆的车载计算机系统后,转向盘、加速踏板和制动踏板就都完全由电子信号进行控制,这就是所谓的线控执行。线控执行主要包括线控驱动、转向、制动。由于电信号传递快于机械连接,线控可为自动驾驶提供更高级别的安全守护,如常规制动系统响应时间为 300~500ms,博世(iBooster)的线控制动系统响应时间为 120~150ms,布雷博的线控制动系统响应时间只有 90ms,线控制动距离相应缩短。大陆集团宣称在车辆速度为 30km/h 时启动行人保护,其线控制动系统 MK C1 制动距离能从 6.8m 减少到 4.1m。

三大独立线控系统中,线控节气门普及率最高,在具备 ACC 及 TCS 功能的车辆上,线控节气门已成为标配;线控制动和线控转向因为早期技术上的不成熟导致消费者使用感受不如传统机械系统,且线控技术是由行车 ECU 对执行机构进行调节控制,责任归属方面很难理清,种种因素阻碍了其在市场上的推广普及。其中,线控制动是最关键的、也是难度最高的。近年,智能网联汽车的快速发展,为线控技术迎来了新的生机。

线控制动属于执行层部件,制动信号的产生可以来自踏板,踏板行程传感器测量到输入推杆的位移后,将该位移信号发送到 ECU,由 ECU 计算制动请求;也可以由 ECU 根据场景需要主动生成制动需求。

在技术层面,与传统的机械制动方式相比,线控制动的最主要特点是:反应更快,能在更短的时间内制动;结构更简单,重量更轻;能量回收能力强,将制动过程中摩擦产生的能量都有效利用,延长续航里程;有备用制动系统,提供冗余功能。不过以线控制动的实际表现来看,用在 L2 级自动驾驶汽车上尚可,但要用来支持 L4 级自动驾驶,面临的挑战则会非常大。

制动系统为精确响应智能汽车决策规划层的控制指令,必须实现轮缸压力的精确调节,需基于当前的实际轮缸压力对执行元件进行有效的闭环控制。目前,实际轮缸压力主要可以通过压力传感器测量和估算两种方式获得。为保证车辆四个液压通道都能够进行独立制动控制,若采用测量的方式,则每辆汽车至少需要安装四个压力传感器,为有效地降低生产成本,提高市场竞争力,需要对制动轮缸压力进行准确估算。对于安装有压力传感器的车辆,轮缸压力估算模块也可以作为传感器的安全冗余。制动系统不仅作为智能汽车的运动控制层,而且还可以向其规划层输入必要的路面信息。决策规划层主要依赖于前端感知传感器获取环境信息来确定执行策略,往往忽略路面所能提供的附着能力。将路面附着系数设为常量,设定附着系数值高于实际路面附着系数时,容易造成因安全距离不足而发生碰撞;设定附着系数小于实际路面附着系数时,容易导致因安全距离过大而降低道路空间利用效率。因此,若实际路面附着系数能够被准确、实时的辨识,将会极大地增强自动紧急制动系统等主动安全技术性能。

1.2.2 线控技术的发展情况

制动技术在保障汽车的流畅操控以及安全上发挥着决定性的作用,并随着工业技术的变革以及汽车行业的发展持续进化。整体来看,制动系统主要由供能装置、控制装置、传动装置和制动器四部分组成。从汽车制动系统的升级趋势来看,本质即是对供能、控制、传动装置电子化升级的过程。制动系统组成如图1-6所示。

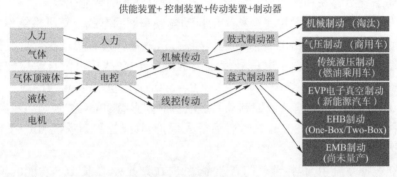

图1-6 制动系统组成

后机械式制动时代,气体/液体压力制动成为传统汽车制动系统的核心解决方案。压力制动包含气压制动和液压制动两种,其中气压制动反应慢、制动力大、结构复杂,通常应用于重型载货汽车等;液压制动反应更为灵敏、制动力小、结构灵活不受管路限制,通常应用于乘用车之中。早在20世纪30年代,Duesenberg Eight车率先使用了轿车液压制动器。而通用和福特分别于1934年和1939年采用了液压制动技术。后续历经多次迭代,到20世纪50年代,液压助力制动器已开始规模化量产上车,成为后机械式制动时代的主流制动方案。

以一辆配备液压制动系统的乘用车为例:其制动系统主要包括制动踏板、真空助力器、制动液、制动油管、制动主缸、制动轮缸以及车轮制动器,当驾驶人踩住制动踏板时发生作用力,推动真空助力器的后腔进气控制阀打开,随即后腔充气使压力大于前腔,形成压力差,从而将制动力放大形成对制动主缸推杆向前的推力,推动制动主缸内的液体进入制动管路形成车轮制动力,由此,车轮制动器得以执行制动操作。

此外,随着汽车电子技术的发展,人们以液压制动系统为基础,增加了很多制动辅助系统,例如制动防抱死系统(ABS,1978年博世首发)、牵引力控制系统(TCS,1986年博世首发)、稳定性控制系统(VDC,1992年博世首发,并推出同时集成ABS/TCS/VDC功能的划时代产品ESP)、自动驻车功能(AVH)、陡坡缓降控制(HDC)、制动优先系统(BOS)等,均是在原液压制动系统中增设一套液压控制装置,控制制动管路中容积的增减,以控制制动压力的变化适用于不同场景。液压制动系统工作示意图如图1-7所示。

而在新能源汽车时代,由于车内失去了由发动机产生的真空压力来源,倒逼制动系统再次改造升级。目前,针对此问题主要有两种解决方案,分别为电子真空泵(EVP)方案和线控制动(电子机械制动/电子液压制动,EMB/EHB)方案。

第1章 制动系统及线控技术概述

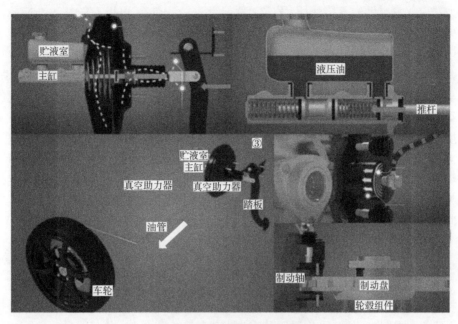

图 1-7 液压制动系统工作示意图

(1) 电子真空泵(EVP)方案:即在原有液压制动的真空助力器基础上增加电子真空泵,通过真空传感器监测增压器中真空的变化,可以为助力器提供稳定的真空源。另外,EVP 采用了压电材料作为动力装置,完全摒弃了传统的电动机驱动模式,从控制到驱动实现了电子化,并且对原车底盘改动较小,可以将燃油车平台快速改为电动平台,因此,在新能源渗透率加速提升的初期,EVP 方案得以快速应用。

(2) 线控制动方案:相较于传统的液压制动,线控制动以电子助力器替代了真空助力、以导线替代液压/气压管路。其工作原理为通过加速踏板传感器将驾驶人实际操作转变成电信号传递给 ECU,ECU 对传输来的相关指令实施综合计算(传感器监测加速踏板的行程和压力,车速传感器判断汽车是否处于正常减速中),若判定为正常动作则将信号再次传递给制动执行器,最终实现制动。线控制动工作流程如图 1-8 所示。

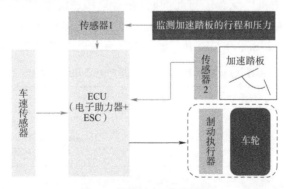

图 1-8 线控制动工作流程图

线控制动为新能源汽车的最优解,已逐步开始规模化量产。增加 EVP 方案虽然可以解决真空源缺失的问题,但是由于 EVP 仍存在寿命较短、易受环境影响,且能量的回收效率较低等问题,因而也难以成为未来新能源汽车制动系统的核心解决方案。而线控制动方案以电子助力器取代真空助力直接建压,无需消耗能量建立真空源,可以有效解决新能源汽车真空源缺失的问题;另一方面,由于其利用电信号控制驱动电机,一定程度上可以减少能量损失、提升响应速度,从而可以提升能量利用率,进一步提高新能源汽车的续航能力。

回顾汽车制动技术的发展历史,主要经历了三个阶段。第一个阶段是机械式制动,这个阶段汽车的主要特点是质量小、速度慢,对制动力要求不高,依靠纯机械式制动系统便足以满足制动要求。第二个阶段是压力制动,包括了液压制动和气压制动,这个时期的主要特点是汽车质量越来越大、速度越来越快,对制动系统的要求也越来越高,所以必须借助于相关的助力器装置,通过制动液或者气体传递制动压力。在此阶段还出现了电子制动系统等。制动系统的第三个阶段是线控阶段,从 21 世纪开始逐步发展,这个阶段的主要特点是汽车的制动系统完全依赖于电力进行传递,使得汽车的制动系统越来越智能化。因此,汽车制动技术和制动器产品将会是未来汽车电子技术应用领域中的重要发展目标。

1.3 国内外研究现状

线控制动行业当前正处于发展初期,历史上在制动系统领域处于领先地位的国外的传统 Tier 1 巨头,如博世、大陆、采埃孚等具有先发优势和技术优势,尤其博世等在相关产品技术上做到严格保密。目前,博世、大陆、采埃孚都实现了 EHB 方案的量产。

博世最早于 2013 年量产的明星产品 iBooster 系列,已经为保时捷、上汽大众新能源产品、特斯拉全系、荣威 MARVEL X、理想 ONE、领克 01/03、蔚来全系、小鹏 P7/G3 等车型广泛配套。根据华经产业研究院数据统计,2020 年全球线控制动系统份额的 65% 均由博世占据,贡献了 EHB Two-Box 方案的主要份额。

国内的线控制动厂商主要有伯特利、亚太股份和拿森科技。其中,伯特利是国内线控制动龙头厂商,其具有成熟完整的 ABS、ESP、EPB 技术,且已于 2021 年量产 WCBS(One-Box)制动系统,为奇瑞、吉利等自主车企配套,是国内第一家实现 One-Box 方案量产的供应商。

国内的其他厂商,如拿森也采用了自主开发的 N-Booster 智能制动和稳定控制系统,共同组成了应对未来 L3、L4 的高度自动驾驶的线控制动解决方案,为北汽新能源、比亚迪、长安、上汽、大众、尼桑等主机厂配套。与此同时,拓普集团、亚太股份等国内供应商也均在加速布局线控制动,根据拓普集团 2022 年半年度报告,公司 IBS(One-Box)制动系统已获得国内主机厂定点。EHB One-Box 和 Two-Box 量产时间和配套车型见表 1-1。

EHB One-Box 和 Two-Box 量产时间和配套车型 表 1-1

厂商	产品	开发时间	量产时间	方案	主要客户
博世	iBooster 1.0	2011	2013	Two-Box	大众新能源;特斯拉全系;本田 CR-V;雪弗兰 Bolt、Volt;保时捷 918 等
	iBooster 2.0	2015	2017 2019(中国)	Two-Box	荣威 Ei5;MARVEL X;比亚迪 e6;蔚来 ES8、ES6;广汽新能源 Aion V、AionLX;理想 ONE;小鹏 P7、G3;奇点 iS6 等

续上表

厂商	产品	开发时间	量产时间	方案	主要客户
博世	IPB	2017	2019	One-Box	部分卡迪拉克 XT4/CT6；比亚迪汉
大陆公司	MK C1	2010	2016	One-Box	阿尔法罗密欧；奥迪 e-tron；宝马 X5、X7
	EBB		—	Two-Box	
采埃孚天合	IBC	2015	2018	One-Box	部分通用车型，其中包括部分卡迪拉克 XT4/CT6、别克
日立	E-ACT	2010	2019	Two-Box	日产 leaf 等
舍弗勒	Space Drive	—	2018	One-Box	大众、保时捷、奔驰
拿森电子	N-booster		2018	Two-Box	北汽新能源、比亚迪、长安、长城、集度
亚太股份	ESC + IBS	2016	2020	Two-Box	奇瑞新能源、长城毫末智行无人物流车、红旗无人小巴
	IEHB	2016	2022	One-Box	长安汽车样车
伯特利	WCBS	2019	2020	One-Box	奇瑞、吉利
同驭汽车	EHB	—		One-Box	暂无量产
英创汇智	T-booster		2019	Two-Box	江淮、集度
	T-booster 2.0	—	2022		江淮、东风、福田、中通
汇众汽车	E-booster	2016	2020		北汽新能源、比亚迪

预计到 2025 年，国内线控制动市场空间将达到 206 亿元。根据佐思车研数据统计，2022 年 1～5 月，国内乘用车线控制动装配量达到 95.7 万套、渗透率已超过 13.7%。

预计线控制动在新能源汽车中的渗透率将快速增长，到 2025 年将达到 90%。而在燃油汽车中线控制动的渗透率增长相对较慢，预计 2025 年将达到 10%。以 2019 年线控制动单车价值量 2000 元计算，给予 5% 年降比例，预计 2025 年我国线控制动市场总体的空间将达到 206 亿元。

因此，随着近年来国内新能源汽车渗透率加速提升，头部主机厂已逐步开始在新能源车型上规模化量产线控制动系统。例如，比亚迪汉系列是国内首款搭载博世 IPB 的量产新能源车型；蔚来的 EC6、EC8，小鹏 P7 以及理想 ONE 均搭载了博世供应的 iBooster2.0 线控制动系统；北汽新能源 EC3 搭载了国内供应商拿森科技生产的 N-booster 系统。根据高工智能汽车研究院监测数据显示，2021 年中国市场（不含进出口）乘用车前装标配线控制动系统上险量为 306.75 万辆，同比增长 58.06%，前装搭载率为 15.04%。

在自动驾驶时代来临之前，供应商们曾先后为传统汽车推出过如下几款线控制动产品：爱德克斯开发的 ECB，1997 年起应用在丰田 Prius 上；博世开发的 SBC，2001 年起应用在奔驰 CLS 跑车、SL 跑车和 E 级车上；天合开发的 SBC，2009 年应用在福特的 Fusion 和 Mercury Milan 上；布雷博开发的 Brembo BBW，2014 年起应用在多款 F1 赛车上。

这些产品,无一例外地存在质量缺陷,Brembo BBW 曾在 F1 赛事上连续三年引发重大事故,而其他几款更是引发过数万辆、数十万辆规模的整车召回。目前,这几款引发过事故的线控制动产品都已经被淘汰,爱德克斯和布雷博现在还在被使用的同名产品,都已经过改版。

目前,可供应或即将供应适用于自动驾驶汽车的线控制动产品的,主要有博世、大陆、采埃孚(包括天合与威伯科)、日立(包括泛博制动)、爱德克斯、克诺尔布雷博几大公司的产品。国内外线控制动产品方案见表1-2。

国内外线控制动产品方案　　　　　　　　　　表1-2

公司及产品	产品特性、进度及市场等
博世:iBooster	产品特性: (1)在紧急情况下,iBooster 能在 150ms 内获得所需的制动压力。 (2)与 ESP hev 协调工作时,可实现几乎 100% 的制动能量回收。 (3)在全力减速的情况下,iBooster 与 ESP 可以互为制动冗余。 (4)虽然技术和成本都不如大陆集团的 MK C1,但胜在量产工艺容易掌握。 进度: (1)iBooster 的专利最早于 1992 年由德国 Teves 申请,后来大众收购 Teves。2003 年经大众进一步发展,2007 年基本定型,2008 年大众授权专利给博世。 (2)博世于 2013 年正式推出 iBooster。 (3)2016 年初,博世推出了第二代 iBooster,结合涡轮蜗杆和滚珠丝杠,仍然是二级变速。 (4)2017 年出货量 170～180 万套,当年在南京建厂生产第二代。2019 年,博世在南京的 iBooster 生产基地已经投产,产能达到 40 万件。其对于南京工厂的计划是,至 2024 年达到 320 万件的产能。根据罗兰贝格的报告,iBooster 的量产价格约为 2000 元。 市场: 大众全系列电动车、特斯拉全系列、蔚来、小鹏、理想、通用凯迪拉克 CT6、雪佛兰 Bolt 和 Volt、本田 CR-V、比亚迪 e6、荣威、领克、奇点 is6、法拉第未来 FF91
博世:IPB	产品特性: 将 iBooster 和 ESP 的功能整合到一个盒子组成 IPB(Integrated Power Brake),即 One-Box 方案,体积大大缩小,重量也降低不少,相比 iBooster + ESP 成本也降低了。可搭配 RBU(Redundant Brake Unit)作为制动冗余。RBU 直接与主缸连接,依靠主缸的制动液减压,主缸再通过 RBU 与 IPB 连接。 进度: 2020 年在苏州工厂量产。 市场: (1)由博世跟通用联合开发的,卡迪拉克在 2019 年发布的 XT4 是全球第一个用博世 IPB 的量产车型;在 2020 年上市的比亚迪"汉"是中国第一个使用博世 IPB 的量产车型。 (2)IPB 可取代二代 iBooster 应用于 L2 级自动驾驶汽车;IPB + RBU,实际上是双重冗余,可应用于 L4 级自动驾驶
大陆:MK C1	产品特性: (1)能在 150ms 内获得所需的制动压力。 (2)采用紧凑型装置,实现系统减重 30%。 (3)可实现 100% 的制动能量回收功能。 (4)与 MK 100 ESC 的衍生产品 MK 100 HBE(液压制动系统,经常进行自我检测,以时刻保持 100% 的可用性)合二为一,形成 One-Box 方案,相当于博世的 IPB,具备制动冗余。 (5)技术水平较高,且成本低,制动配置更加灵活,可靠性更高,但量产工艺比较困难。

续上表

公司及产品	产品特性、进度及市场等
大陆：MK C1	进度： (1)MK C1 系统于 2010 年推出，2016 年开始投产，但直到 2017 年才解决 One-Box 方案的量产工艺。这 7 年间，大陆集团痛失线控制动市场。 (2)具备制动冗余的 One-Box 方案于 2017 年 8 月推出。同时，大陆集团宣布这套产品将被配置到客户的高度自动化驾驶车辆中。 (3)2020 年底在中国工厂生产。 市场： (1)2017 年版的阿尔法罗密欧 Giulia 率先使用。 (2)2018 年后，MK C1 打破了博世 iBooster 一统江山的地位，先后应用到奥迪 e-tron 全线、宝马新 X5 及 X7 等车型上
采埃孚（天合）：IBC	产品特性： (1)融合了传统的助力器以及 ESC 等多个系统，提高了性能表现。 (2)可在一定范围内减少制动距离，同时还能支持 100% 的能量回收。 (3)EPB 作为紧急情况下的制动冗余。 进度： (1)IBC 的开发团队 2012 年被天合收购，天合于 2014 年被采埃孚收购。 (2)2018 年底量产。2020 年之后进入中国市场。 市场： (1)支持所有类型的传动结构，可为混合动力电动汽车和纯电动汽车集成再生型制动技术。 (2)已拿下通用等几家车企的订单，如雪佛兰 Tahoe、Suburban、GMC Yukon 和凯迪拉克 Escalade 等
采埃孚（威伯科）：EBS3（2016 版）	产品特性： (1)应用于卡车，可实现牵引车和挂车之间的制动一致性。 (2)可调节每个车轴上的压力，以实现制动力的最佳分配。 (3)广泛的集成诊断和监视功能不断对 EBS 进行自我检查。 (4)搭配 EPH 作为制动冗余。 进度： 威伯科于 1996 年在业内首次推出商用车 EBS（跟戴姆勒联合开发），2012 年推出首款用于混合动力卡车和客车的 EBS，截至 2016 年已迭代至 3.0 版。 市场： (1)适用于纯电动汽车、混合动力电动汽车。 (2)采埃孚以 70 亿美元收购威伯科，就是为了进攻商用车自动驾驶市场。采埃孚计划通过开放式的标准接口快速连接虚拟驾驶人与非线性控制系统，从而降低未来整个生态圈对于底盘控制执行的开发投入
日立（东机特工）：E-ACT	产品特性： (1)E-ACT 制动大约为 120~150ms。 (2)可以回收几乎 99% 的制动摩擦能量。 (3)EPB 作为冗余。 (4)一开始就采用滚珠丝杠做力矩变换，将驱动电机旋转力矩转换为水平移动力矩，直到 2016 年博世第二代 iBooster 才达到此技术水平。 进度： 2009 年就应用于量产车上推出，比 iBooster 还早。 市场： (1)可同时用在混合动力电动汽车和纯电动汽车上。 (2)除丰田外，大部分日系混合动力电动汽车或纯电动汽车都采用 E-ACT，最典型的就是日产 Leaf（E-ACT 的专利权归日产，但是生产制造是日立负责）

续上表

公司及产品	产品特性、进度及市场等
日立(泛博制动): Smart Brake	产品特性: (1)在四个轮子上同时产生相互独立的制动力。 (2)专门针对自动驾驶设计的,有冗余。 进度: (1)由泛博制动研发,但泛博制动在2019年被日立收购。 (2)2019年6月在瑞典向少部分客户展示,2021年发布,2025年量产
爱德克斯:ECB (2015版)	产品特性: (1)与旧版的ECB相比,响应速度更快,可产生更平稳的制动感觉,能量回收率也更高。 (2)可支持ADAS。 进度: ECB曾在2009年引发事故,2015年10月,爱德克斯推出了升级后的ECB。 市场: (1)纯电动汽车平台和混合动力电动汽车都可使用。 (2)用于丰田普锐斯和雷克萨斯的混合动力电动汽车上。 (3)2019年4月,爱德克斯与电装、爱信精机、捷太格特成立合资公司J-QuAD DYNAMICS,新公司在满足丰田的需求之外,还将向欧、美、中市场的汽车制造商供应面向自动驾驶的线控制动系统
克诺尔:EBS	产品特性: (1)EBS将制动控制、ABS和ASR的基本功能集成到一个电子系统中。 (2)可消除传统机械阀件的响应迟滞,有效地缩短制动距离。 (3)EBS闭环控制可使车辆的制动力分配与载荷分配相匹配,提高交通安全性及行车的舒适性。 市场: (1)可作为辅助功能平台,具备和衍生各种附加功能,如制动摩擦片磨损调节功能、缓速器集成管理控制功能、进站停车控制、坡道起步辅助、制动辅助功能以及耦合力调节。 (2)搭配ESP作为冗余。市场可支持4S/3Ch至10S/8Ch,应用范围可从2轴的客车直至4轴的卡车。比亚迪宇通、NEFAZ、一汽解放+智加、东风商用车+赢彻
布雷博:Brembo BBW	产品特性: (1)制动响应时间100ms。 (2)将自动适应车辆的负载条件,从而保持制动空间恒定。 (3)后续将增加冗余功能,满足自动驾驶的需求。 市场: 布雷博的线控制动起初主要用于赛车上,但早期的产品存在质量缺陷,曾在2014~2016连续三年的F1赛事上有引发事故。布雷博从2018年开始决定进攻自动驾驶市场,但目前尚无可支持自动驾驶的量产产品

在上表中列举的可用于自动驾驶的几款线控制动产品中,采埃孚(天合)的IBC刚上车不久,尚未经过大规模验证,日立(泛博制动)的Smart Brake尚未量产,而已经量产上车的几款,如博世的iBooster、大陆集团的MK C1、日立的E-ACT,则均已在过去几年被爆出或大或小的事故。国内外线控制动事故产品见表1-3。

第1章　制动系统及线控技术概述

国内外线控制动事故产品　　　　　　　　　　　　表1-3

事故产品/车型	事故简介	原因分析
iBooster；本田 CR-V，雪佛兰 Bolt/Volt	本田 CR-V 在高速上速度大概为 70~80km/h，突然制动踏板发硬无法制动，仪表盘提示：请检查制动系统、检查胎压监测等。只能慢慢停靠在停车带上，强制熄火，过了几分钟后车子又恢复正常。2017年8月12日到9月6日，在汽车之家论坛里爆出的 CR-V 制动失灵事故就多达17起，东风本田被迫召回了30509辆全新 CR-V	iBooster 的控制软件设计有缺陷。由于车辆振动，该软件可能会产生误判（误判制动系统失效），从而启动制动后备模式，导致制动故障灯点亮及制动踏板力增大
	雪佛兰 Bolt/Volt"速度35km/h时，踩了制动踏板将近1s之后才有反应。"（出自雪佛兰电动车论坛和 Car Complaint,2018年3月）	—
ACT；日产 Leaf	日产 Leaf 在极其寒冷（-18℃以下）的条件下会出现制动失灵问题。具体症状是，需要用更大的脚力踩制动踏板才管用，但这会延长制动距离、拖延时间。2015年2月，在舆论压力下，日产被迫在美国市场召回45859辆 Leaf，在加拿大召回679辆	车辆熄火后，制动系统中继电器箱里的低温度高湿度环境会使继电器终端结冰。结果，在车辆下次起动后，电流及电信号无法及时被输送到制动系统
MK C1；阿尔法罗密欧 Ciulia	欧盟委员会向阿尔法罗密欧发出安全警告，称2016年3~6月生产的 Gilulia 上所使用的线控制动包含了带有瑕疵的电子元器件，可能引发制动故障，有造成人员伤亡的风险（2016年11月）	包含了带有瑕疵的电子元器件，可能引发制动故障
	罗密欧车间内部在做质检的时候发现有两辆车的制动力不足，可能造成制动系统失灵、制动效果下降，甚至完全失灵，直至在毫无提醒的情况下遭遇车祸（2017年11月23日）	制动系统的制动液和离合器油均遭一种矿物油污染——该矿物油与制动液不兼容

　　在产品设计中，iBooster 与 ESP 互为制动冗余，这使 iBooster 在一定程度上满足了自动驾驶的需求。不过，作为制动冗余的 ESP 仍然是传统电液压的东西，所需要的制动时间为 iBooster 等主制动系统的三倍。并且，每一次使用柱塞泵都要承受高温、高压、频繁使用，会导致柱塞泵发热严重，精密度下滑，导致 ESP 寿命急剧缩短。但在本田 CR-V 事故中，在 iBooster 失灵的时候，作为冗余的 ESP 也亮起了故障灯，这意味着主制动系统和制动冗余系统同时出了问题！这种"双重不靠谱"，不仅无法应用在 L4 级自动驾驶，甚至应用于 L2 级自动驾驶也有点勉强。

　　L4 级自动驾驶必须具备电子冗余，不能单纯依靠机械冗余，否则，要求驾驶人在短时间内接管车辆就会陷入责任划分的泥潭。针对这种潜在风险，博世又在 iBooster 的基础上推出了 One-Box 方案，即将 iBooster 和 ESP 的功能整合在一起的高度集成化产品 IPB。同时，又为 IPB 配备了 RBU 作为制动冗余。这就实现了机械冗余+电子冗余的双安全失效模式。实现了双重冗余的 IPB+RBU 方案，可支持 L3 与 L4 级自动驾驶。

大陆集团的线控制动 MK C1，在供给阿尔法罗密欧时，尚未解决 One-Box 方案的生产工艺问题，因此，并不具备制动冗余。如果 MK C1 失效，系统会通过警告灯提醒驾驶人。驾驶人是最终的"制动冗余"的实现方，可以踩制动踏板制动。2017 年，One-Box 方案的生产工艺问题已经接近，大陆集团推出了能满足 L3 以上自动驾驶需求的 One-Box 方案，即将 MK C1 与冗余系统 MK 100 HBE 集成到同一个盒子里。如果主制动系统完全失效，MK 100 HBE 单元将利用两个前轮对汽车实施制动，起到防抱死制动系统的作用。如果主制动系统的电机执行器和泵的功能发生故障，但控制阀未受到影响，则 MK 100 HBE 单元会进入协同制动模式，一部分液压会被送入静止的 MK C1 的功能阀，以驱动后轮制动系统。大陆集团在官网对 MK C1 的介绍中都特别提到了"适用于高级自动驾驶""制动过程无需人工干预"。在 2019 年的上海车展上，大陆集团中国区 CEO 汤恩明确宣布，MK C1 能满足 L4 级自动驾驶的要求，但由于成本原因，MK C1 + MK 100 HBE 整套方案目前还没有已公开的量产订单。

其他几家的线控制动，目前最高只能支持 L2。采埃孚的官网上明确说，IBC 适用于"半自动驾驶"。采埃孚-天合的首席工程师 Ajey Mohile 在接受媒体采访时说，"IBC 没有真正的冗余"。威伯科方面也开诚布公，"威伯科的 EBS 不具备冗余功能，需要跟其他系统如 EPH 来做冗余。目前最多只能支持 L2。"爱德克斯的官网上明确说，EBC 可支持 ADAS，即不超过 L2 级。考虑到丰田自动驾驶的重点在 L2 级上，也许，未来相当长一段时间内，爱德克斯都没有太强的动力推出可支持 L4 级的线控制动。除前面提到的供应商外，奥托立夫、日信、万都、摩比斯等公司也可提供线控制动产品，但离自动驾驶的需求还相差甚远。

2020 年 11 月，中国国务院发布的《新能源汽车产业规划（2021—2035）》，明确提出来要攻克线控执行系统。作为"卡脖子"的核心技术，万向钱潮、万安科技、亚太机电、拿森、伯特利等都在研究线控制动技术。其中，亚太机电的 IEHB 已实现集成装车北汽银翔，拿森的 Nbooster 已在 2019 年 1 月份成功装配于北汽 EC3，伯特利的 WCBS 也已计划于 2020 年 5 月份开始量产。这几家供应商的线控制动产品，都盯上了自动驾驶市场，但产品的成熟度及可靠性还有待市场验证。

One-Box 方案已成为主流趋势，定义 One-Box 方案和 Two-Box 方案的标准在于 AEB/ESP 系统是否和电子助力器集成在一起。在 Two-Box 方案下，作为冗余的 ESP 和电子助力器是相互独立的，而在 One-Box 下，电子处理器本身就集成了 ESP。One-Box 能实现更高的能量回收效率，并且由于集成度高，体积和重量大大缩小，成本也更低。但技术上的挑战并不少，比如需要与制动踏板解耦，由于制动踏板仅用于输入信号，不作用于主缸，而由传感器感受踏板力度带动电动机推动活塞，制动踏板感受需要软件调教，可能有安全隐患。这些技术难题导致 One-Box 方案量产时间较晚。如博世的 iBooster，第一代和第二代均采用 Two-Box 方案，最新一代 IPB 才采用 One-Box 方案；采埃孚 EBB 属于 Two-Box 方案，IPB 属于 One-Box 方案；大陆集团 MK C1 和伯特利 WCBS 则直接采用 One-Box 方案。

第 2 章　线控制动系统的常见类型及特点

2.1　制动系统的常见分类

2.1.1　液压制动系统

该系统是商用车最常见的制动系统。它通过利用液体的不可压性来将压力转换成制动力,使车辆停止或减速。液压制动系统包括制动主缸、制动管路、制动器等部分,常见的制动器有盘式制动器和鼓式制动器。液压制动系统组成如图 2-1 所示。

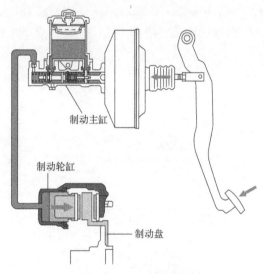

图 2-1　液压制动系统组成

液压制动系统利用制动液来传递制动力,实现车辆制动。液压制动系统由制动踏板、主缸、制动管路、制动器等部分组成。液压制动系统的工作原理如下。

(1)驾驶人踩下制动踏板,踏板压力通过连杆传递给主缸。

(2)主缸内部的活塞随即向前推动,将制动液推入制动管路中。

(3)制动管路中的制动液被压缩,并将制动力传递到车轮处的制动器。

(4)制动器内部的制动摩擦片夹紧车轮,实现车辆制动。

液压制动系统的优点如下。

(1)制动力可控性好,可根据驾驶人踏力的大小来控制制动力的大小。

(2)制动灵敏度高,制动反应时间短。

(3)制动系统的故障率低,可靠性高。

(4)操作简单,驾驶人易于掌握。

液压制动系统的缺点如下。

(1)制动系统需要定期检查和维护,制动液的更换周期较短。

(2)制动系统需要专业技能进行维护。

(3)制动管路容易出现泄漏,需要及时处理。

总之,液压制动系统是乘用车线控制动系统的重要组成部分,通过液压原理实现车辆制动,具有可控性好、灵敏度高、可靠性高等优点,同时需要定期维护,确保制动系统的安全性和稳定性。

2.1.2 电子控制制动系统

电子控制制动系统(Electronic Brake Control System,EBS)是乘用车线控制动系统的一种高级形式,采用了电子控制单元(ECU)来控制车辆的制动系统。相比传统的液压制动系统,EBS具有更高的智能化和自动化水平,可以实现更加精准和可靠的制动,而且在EBS电控系统上可以拓展许多先进的制动辅助系统,如电子稳定性控制(Electric Stability Control,ESC)、自适应巡航控制(Adaptive Cruise Control,ACC)、防撞警告控制系统(Collision Warning System,CWS)及自动紧急制动控制系统(Autonomous Emergency Braking,AEB)。EBS的主要部件包括制动踏板、制动液泵、制动传感器、制动控制器、制动器等。EBS系统工作原理如图2-2所示。

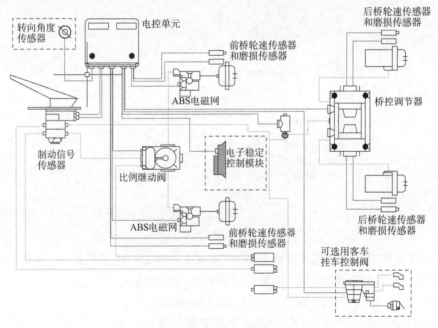

图2-2 EBS系统工作原理

EBS的工作原理如下。

(1)驾驶人踩下制动踏板,制动控制器通过传感器感知到踏板的力度和速度,并计算出需要的制动力。

(2)制动控制器通过电磁阀控制制动器的压力和制动力的大小,从而实现车辆的制动。

(3)制动控制器还可以通过防抱死制动系统(ABS)等功能实现车轮的锁定和解锁,提高行驶的安全性和稳定性。

EBS 的优点如下。

(1)制动控制精度高,制动响应时间短,大大提高了车辆制动时的反应速度,可以根据驾驶人的需求和车辆的状态实现更加准确和可靠的制动效果。

(2)自动化程度高,全程制动系统监测,驾驶人无需考虑复杂的制动操作,可减轻驾驶负担。

(3)具有 ABS 等功能,可以避免车轮的锁定和制动距离过长,提高行驶的安全性和稳定性。

EBS 的缺点如下。

(1)制造成本高,需要采用更多的电子元件和控制系统,同时需要进行复杂的调试和测试。

(2)维护成本高,需要具有专业技能的维修人员进行维护,维护难度较大。

总之,EBS 是乘用车线控制动系统的一种高级形式,采用电子控制单元实现车辆的制动控制,具有制动控制精度高、自动化程度高、ABS 功能等优点,同时需要高成本的制造和维护成本,需要专业技能的人员进行维护。

2.1.3 驻车制动系统

乘用车线控制动系统中的驻车制动系统,也称为紧急制动系统或手制动系统,是一种用于在车辆行驶或停车时进行制动的系统,常见的驻车制动方式为拉动驻车制动器操作杆。

驻车制动系统主要由驻车制动操作杆、传动机构、制动器等部分组成。当拉起驻车制动器操作杆时,传动机构会将制动力传递到制动器上,使制动器夹紧车轮,从而实现车辆的制动。驻车制动系统通常采用机械原理,与液压制动系统和电子控制制动系统相比,其制动效果较为简单,但是更加可靠和稳定。

驻车制动系统通常用于以下场景。

(1)停车时,驻车制动系统可以用于防止车辆滑动或移动,确保车辆安全停放。

(2)当液压制动系统或电子控制制动系统出现故障时,驻车制动系统可以作为备用制动系统,保证车辆的安全行驶。

(3)在陡坡等需要加强制动效果的情况下,驻车制动系统可以作为补充制动系统,提高行驶的安全性和稳定性。

驻车制动系统需要在停车时正确使用,否则会影响车辆的安全性和稳定性。一般情况下,驻车制动系统需要在车辆完全停稳后才能使用,而且需要在车辆行驶前取消驻车制动系统。

然而,商用车线控制动系统中的驻车制动系统是一种备用制动系统,通常被称为紧急制动系统,用于在其他制动系统失效时提供紧急制动能力。

与乘用车的驻车制动系统不同的是,商用车的驻车制动系统通常采用了气压式制动技术,通常称为紧急制动阀,而不是机械式驻车制动器。

商用车驻车制动系统的主要组成部分包括紧急制动阀、气压管路、手动阀和空气储罐等。当驾驶人操作驻车制动操作杆时,驻车制动阀通过气压管路控制紧急制动阀,从而释放制动气压,并使车辆制动。由于商用车的制动力通常较大,因此,驻车制动系统需要足够的气压来确保有效制动。

需要注意的是,在正常情况下,商用车的驻车制动系统并不是主要的制动系统,而是一个备用制动系统,只有在其他制动系统失效时才会使用。因此,在日常维护和使用过程中,需要定期检查和测试驻车制动系统的工作状态,以确保它在紧急情况下能够可靠工作。同时,驾驶人需要了解驻车制动系统的操作方法和使用规则,以在必要时能够正确地操作系统,确保车辆安全行驶。

2.1.4 空气制动系统

商用车线控制动系统中的空气制动系统是一种基于气压传动力量的制动系统。它通常由制动踏板、空气压力发生器、空气压力管路、制动阀门和制动器等部分组成。

当驾驶人踩下制动踏板时,制动阀门会将压缩空气从空气压力发生器中传送到制动器上,使制动器夹紧车轮,从而实现车辆的制动。

空气制动系统具有制动力强、制动平稳、制动可靠等优点,尤其适用于重型商用车辆,如卡车、大巴车等。与液压制动系统相比,空气制动系统的制动效果更为精确和高效。

空气制动系统有一个重要的安全特点,即它可以在管路破裂时保持一定的制动力。因为一旦管路破裂,压缩空气就会迅速流失,导致制动力下降,但空气制动系统的设计会保留一部分气压,以维持制动力的一定水平,保障车辆的制动安全。

在使用商用车空气制动系统时,需要注意以下几点。

(1)确保空气压力发生器处于正常工作状态,保持适当的气压,以确保制动系统正常运行。

(2)定期检查制动器、制动阀门和制动管路的密封性,确保制动系统不漏气。

(3)在长时间停车后,制动器会因为静摩擦力而黏合在制动盘或制动鼓上,导致车轮无法自由转动,因此需要特别注意在起步前先将制动踏板踩几次,使制动器分离,确保车辆安全行驶。

(4)定期检查空气制动系统的压力表,以确保气压处于正常范围内。如果发现气压过低,需要及时补充气压,以保证制动效果。同时,要确保空气制动系统的配套部件,如压力调节器等正常工作,保障车辆制动安全。

2.1.5 电子机械制动系统

电子机械制动系统(EMB)是一种现代化的制动系统,它采用了电子和机械相结合的方式来实现车辆的制动。EMB 系统的核心是由电子控制单元(ECU)、电动机、减速器、制动器等组成的电子机械制动器,它能够通过控制电动机来实现制动。EMB 工作原理如图 2-3 所示。

EMB 优点如下。

(1)采用机械和电气连接,信号传递迅速,反应灵敏;

(2)机械连接少,没有制动管路,结构简洁,体积小;

(3)模块式结构更加整体化,装配简单,便于维修。

EMB 缺点如下。

(1)系统线路出现故障或者电源出现故障时,制动系统得不到保障;

(2)在制动过程中产生大量的热量,因此对驱动电机的工作性能和稳定性要求较高;

(3)采用大量的传感器、控制芯片和新的技术,使得成本较高。

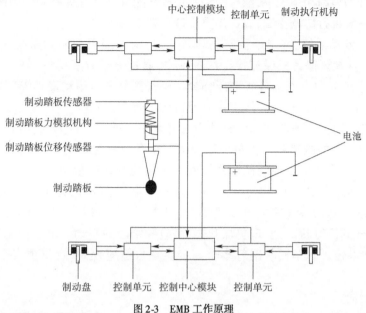

图 2-3　EMB 工作原理

2.1.6　特殊的制动系统

（1）商用车发动机制动系统。

商用车线控制动系统中，发动机制动系统也称为引擎制动系统，是一种通过利用发动机负载制动的技术，减少车辆行驶过程中制动器的磨损，提高整车制动效率和寿命的制动系统。

发动机制动系统通常采用液压或电子控制技术，可以通过操纵制动踏板或手柄实现操作。在使用发动机制动时，驾驶人不需要使用制动器来减速或制动车辆，而是通过减小加速踏板的开度，降低发动机转速并利用发动机负载实现制动。这种方式可以减少制动器的磨损和热量，提高制动效率和整车寿命。

发动机制动系统在商用车中应用广泛，特别是在载货汽车和载客汽车等重载车辆中，这些车辆需要经常行驶在陡峭的山路或长时间高速行驶的情况下，发动机制动可以帮助减少制动器的磨损，降低车辆制动温度，提高整车安全性和经济性。

需要注意的是，在使用发动机制动时，驾驶人应当注意发动机的运行状况，避免过度减速或超过发动机的承受范围，影响整车的安全性和寿命。同时，在日常维护和使用过程中，需要定期检查和维护发动机制动系统的各个组成部分，确保其工作正常。

（2）商用车混合动力制动系统。

商用车线控制动系统中的混合动力制动系统是一种结合了液压制动系统和电子控制制动系统的高级制动系统。该系统主要应用于混合动力电动商用车，旨在提高整车能源利用率和制动效率，同时降低燃油消耗和排放量。混合动力制动系统组成如图2-4所示。

混合动力制动系统通常由以下子系统组成。

①液压制动系统：该系统主要用于提供额外的制动力，以减少动力总成的负载，同时提高整车制

图 2-4　混合动力制动系统组成

动效率。在混合动力制动系统中,液压制动系统通常配备了具有更高制动力的制动器,并与电子控制制动系统进行协调控制,以提供更准确和高效的制动力。

②电子控制制动系统:在电子控制制动系统中,制动踏板与制动系统其他部分(制动助力器)之间不再永久保持机械连接。在系统中,通过电子方式感知驾驶人的制动要求,随后将制动要求划分为电气部分和液压部分。电气部分通过主动变速器的电动机转化为电能并存储在高电压蓄电池内。液压部分通过传统行车制动器产生减速度。划分制动要求时会考虑制动强度、行驶情况和混合动力组件状态。通过这种方式,混合动力制动系统可以实现最高 $3m/s^2$ 的减速度。但更为重要的一个参数是在所有行驶情况下可以回收利用的制动能量百分比。电子控制制动系统回收利用的制动能量可以达到80%以上,也就是说,在所有制动能量中只有10%~20%通过行车制动器转化为无用热量,电子控制制动系统是混合动力制动系统的关键组成部分,可以通过控制发动机、电动机、发电机和制动器等各个部分的运行状况,实现更加智能、高效和精准的制动。电子控制制动系统可以根据车速、驾驶人输入和车辆状况等多个因素实现自适应控制,提供更安全、平稳和可靠的制动性能。

(3)储能装置。

混合动力制动系统通常包括一些储能装置,如蓄电池、超级电容器或动力电池等,用于储存电能,并在需要时提供额外的动力支持和制动力。储能装置可以通过电子控制制动系统进行智能管理和控制,提高制动效率和能源利用率。

混合动力制动系统可以通过多种方式实现制动,例如再生制动、机械制动和混合制动等。该系统在商用车中应用广泛,特别是在公交车、载货汽车等高负载车辆中,可以有效提高整车的经济性、可靠性和环保性。同时,在使用混合动力制动系统时,驾驶人需要注意熟悉系统的工作原理和操作方法,避免误操作和故障发生。

2.2 乘用车线控制动系统及其特点

乘用车线控制动系统是车辆中极为重要的系统之一,其主要作用是通过控制车轮制动器的制动力来实现车辆的减速和停车。乘用车线控制动系统具有以下特点。

(1)安全性高。乘用车线控制动系统的设计和制造都要符合严格的安全标准,确保系统的稳定性和安全性。比如,ABS系统可以避免车轮在制动时发生锁死,避免车辆失控,提高了车辆行驶的安全性。

(2)灵敏度高。乘用车线控制动系统的制动力可以通过控制单元的调节得到精细控制,使车辆的制动更加灵敏,能够更好地适应不同的路面和行驶条件。

(3)舒适性好。乘用车线控制动系统可以通过精细的控制使车辆的制动更加平稳,提高了乘坐的舒适性,降低了车辆的噪声和振动。

(4)维护成本低。乘用车线控制动系统一般由少量的部件组成,维护成本较低。同时,由于线控制动系统与发动机和变速器等系统关联紧密,因此,在系统的设计和制造上也要考虑到其整体的可维护性和易用性。

总之,乘用车线控制动系统高安全性、灵敏度和舒适性,以及低维护成本等这些特点,其使得乘用车线控制动系统成为车辆中必不可少的重要部分。

2.3 商用车线控制动系统及其特点

商用车线控制动系统是商用车中非常重要的系统之一,其主要作用是通过控制车轮制动器的制动力来实现车辆的减速和停车。相对于乘用车线控制动系统,商用车线控制动系统有以下几个特点。

(1)承载能力强。商用车一般用于运输货物或人员,因此,商用车线控制动系统需要具有较强的承载能力。商用车的制动系统通常采用盘式制动器或鼓式制动器,这些制动器的制动力较大,能够满足商用车较高的承载需求。

(2)耐久性好。商用车需要长时间运行和高强度的使用,因此,商用车线控制动系统需要具有较好的耐久性。商用车的制动系统通常采用较厚的制动鼓和制动盘,以及较大的制动摩擦片面积,这些设计能够提高制动器的使用寿命和可靠性。

(3)稳定性强。商用车线控制动系统需要在高速行驶、紧急制动等复杂条件下保持制动的稳定性。商用车的制动系统通常采用 ABS 等先进技术,能够有效地防止车轮在制动时发生锁死,提高了制动的稳定性和可靠性。

(4)维护成本高。商用车一般用于商业运营,因此,商用车线控制动系统需要具有较高的可靠性和稳定性,以降低维护和维修成本。同时,商用车的制动系统通常由更多的部件组成,因此,在维护和维修时需要更多的时间和人力。

综上所述,商用车线控制动系统承载能力强、耐久性好、稳定性强和维护成本高等特点,其使得商用车线控制动系统能够满足商用车较高的运营要求。

2.4 线控制动系统中的再生制动系统特点

线控制动系统中的再生制动系统是指通过电动机把制动能量转化为电能储存,再用于驱动电机的一种制动方式。这种制动方式主要应用于混合动力电动汽车、纯电动汽车等新能源汽车中,通过电子控制系统控制制动器的作用,把制动器释放的制动能量回收到车辆的蓄电池中,以实现能量的再利用和提高能源利用效率。再生制动系统原理示意图如图 2-5 所示。

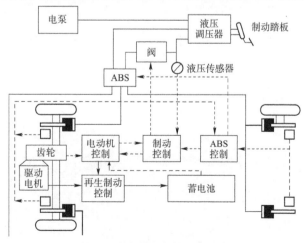

图 2-5　再生制动系统原理示意图

再生制动系统的基本工作原理是：当驾驶人踩下制动踏板时，电子控制系统通过传感器检测车速、加速度等参数，决定采用哪种制动方式。当车速较快时，电子控制系统会将驱动电机设置成发电机状态，利用转动的车轮带动驱动电机产生电能，并将电能储存到蓄电池中。当车速降低到一定程度时，电子控制系统再通过制动器将车辆制动至停止。通过这种方式，再生制动系统可以有效减少制动时产生的热能损失，提高车辆的能源利用效率，从而延长车辆续航里程并降低运营成本。

其主要特点，可以归纳为以下几点。

(1) 能够回收能量。再生制动系统能够将制动时产生的动能转换成电能，回收并储存到蓄电池中，以供车辆在行驶中使用，提高了车辆的能源利用率和续航里程。

(2) 制动过程平稳。再生制动系统在制动过程中通过驱动电机发生回馈作用，将动能转换成电能，因此，制动过程平稳、制动距离短，避免了传统制动器制动时产生的热量和磨损，同时减少了能源的浪费。

(3) 环保节能。再生制动系统能够将制动时的能量回收并储存起来，减少了能源的消耗，降低了污染物的排放，对环境更加友好。

(4) 技术先进。再生制动系统需要借助电子控制器实现动力的转换和管理，因此，其技术含量较高，需要具备高精度传感器、高效的电子控制单元和先进的电动机控制技术等。

(5) 维护成本高。再生制动系统需要较高的技术含量和成本投入，同时，在维护和维修时需要专业技能和设备支持，因此，其维护成本较高。

需要注意的是，再生制动系统的使用仍具有一定的局限性。例如，当车速较低或制动次数较多时，驱动电机很难产生足够的电能储存到蓄电池中，此时需要通过机械制动或液压制动等方式来完成制动任务。此外，在使用再生制动系统时，驾驶人需要注意熟悉系统的工作原理和操作方法，合理使用制动踏板，以确保行车安全和最大限度地利用再生制动系统的优势。

综上所述，再生制动系统能够回收能量、制动过程平稳、环保节能、技术先进和维护成本高等这些特点，其使得再生制动系统成为未来汽车制动系统发展的方向之一，能够提高汽车的能源利用率和环境友好性。

第 3 章 典型线控制动产品介绍

3.1 博世线控制动产品

电子机械制动器是通过电动机驱动制动钳来实现制动的装置,相比于传统液压管路制动,其具有响应快、结构简单、便于维护等优点。随着车辆向电动化、智能化发展,电子机械制动器由于更容易与电动控制系统整合,成为制动系统的发展趋势。

博世线控制动产品提供了一种电子机械制动器,包括:一个或两个制动电动机;与所述一个或两个制动电动机连接的传动装置;以及与所述传动装置连接的制动执行装置,所述传动装置将所述一个或两个制动电动机的制动力矩传递至所述制动执行装置;其中,所述一个或两个制动电动机和所述制动执行装置位于所述传动装置的同一侧,所述电子机械制动器还包括转动位置传感器,所述转动位置传感器包括探测器和磁体,所述转动位置传感器的磁体设置在所述制动电动机的输出轴或者所述传动装置的齿轮轴上。还提供了一种车辆,包括根据各个实施例所述的电子机械制动器。

电子机械制动器的安装图如图 3-1 所示,其中示出了转轴 91、减振器 92、轴承 94、转向节臂 93、制动盘 95 和车轮 96,以及根据实施例的电子机械制动器 100,其由电机驱动以利用制动卡钳夹持制动盘 95 来提供制动力。在组装时,电子机械制动器 100 安装在转向节臂 93 上,同时容纳在车轮 96 的轮毂内侧的紧凑空间内。

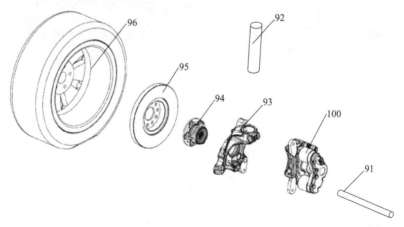

图 3-1 电子机械制动器的安装图

图 3-2 示出了根据实施例的电子机械制动器,包括一个或两个制动电动机 11 和 12;与一个或两个制动电动机 11 和 12 连接的传动装置 2;以及与传动装置 2 连接的制动执行装置 3,传动装置 2 将一个或两个制动电动机 11 的制动力矩传递至制动执行装置 3。图 3-2 中,电子机械制动器包括两个制动电动机 11 和 12,该电子机械制动器可用于需要制动力矩较大

的主制动轮,例如车辆前轮。而对于车辆后轮的电子机械制动器可仅配置一个制动电动机,其中,壳体和传动装置2也相应地改变。

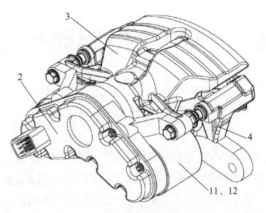

图3-2　电子机械制动器结构图

在图3-3所示的实施例中,传动装置2和制动执行装置3的壳体是可分离的。传动装置壳体和制动执行装置壳体30包括限定对应的一对螺栓孔的凸缘211和301,以便通过一对螺栓5将传动装置壳体和制动执行装置壳体30连接在一起。另外,如图3-4所示,螺栓5在穿过传动装置壳体和制动执行装置壳体30的凸缘211和301后,由一对轴向引导杆51背侧的螺栓孔接收,制动执行装置3的摩擦盘支架4可通过轴套部41轴向滑动地安装在一对轴向引导杆51上,由此实现制动执行装置壳体30相对于摩擦盘支架4的轴向浮动。最终,组装的电子机械制动器通过摩擦盘支架4的凸缘43安装至图3-1所示的转向节臂93上,并且摩擦盘支架4上的两个摩擦盘分别位于制动盘95的两侧。

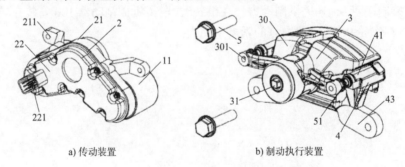

a) 传动装置　　　　b) 制动执行装置

图3-3　传动装置与制动执行装置壳体分离图

电子机械制动器的具体结构如图3-5～图3-7所示。传动装置壳体可由通过螺栓连接第一壳体部分21和第二壳体部分22组成,其间容纳传动装置2的传动齿轮组20,包括中间齿轮201、毂齿轮202和行星齿轮组203。在所示的实施例中,第一壳体部分21和第二壳体部分22大致呈人字形,以限定人字形的容腔,由此容纳大致呈人字形的传动齿轮组。一个或两个制动电动机11和12安装在第一壳体部分21上,并且与它们的输出轴连接的小齿轮111和121延伸至内部容腔并与对应的中间齿轮201啮合。因此,根据实施例的一个或两个制动电动机和制动执行装置位于传动装置

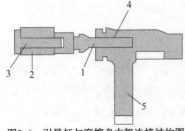

图3-4　引导杆与摩擦盘支架连接结构图

2 的同一侧,由此使得电子机械制动器在轴向上具有较小的长度,以便布置在车轮轮毂内侧的紧凑空间中,而在存在双制动电动机时又能提供足够大的制动力矩。在一些实施例中,一个或两个制动电动机 11 和 12 的输出轴上设置了转动位置传感器的磁体部分 112 和 122。另外,相对应的转动位置传感器的探测器 112 和 122(图 3-8),如霍尔传感器设置在电路板上对应于磁体部分 112 和 122 的位置,以探测磁体部分 112 和 122 产生的磁场变化,由此探测一个或两个制动电动机 11 和 12 的相位和转速。第二壳体部分 22 还提供了接口 221,以用于与车辆 ECU 连接,由此使用电子机械制动器与 ECU 通信,使得 ECU 可控制一个或两个制动电动机 11 和 12,并且通过转动位置传感器获知制动电动机的状态。另外,还可设置总输出扭矩传感器 81 和分别对应电动机 11 和 12 的电流传感器 82 和 83,由此将电子机械制动器的总输出扭矩和一个或两个制动电动机 11 和 12 的电流传输至 ECU。通过以上布置,转动位置传感器将电机转子转动状态反馈给 ECU,而扭矩传感器和电流传感器将夹紧扭矩反馈给 ECU。

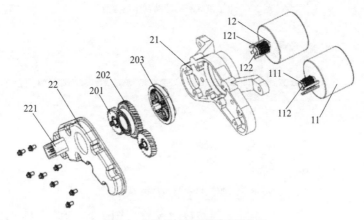

图 3-5　电子机械制动器分离结构图

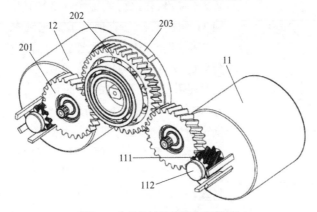

图 3-6　电子机械制动器的具体结构

在所示的实施例中,中间齿轮 201 进一步与毂齿轮 202 啮合,齿轮啮合示意图如图 3-9 所示,而毂齿轮 202 与行星齿轮组 203 的太阳轮 2031 连接以共同旋转,而行星齿轮组 203 的多个行星齿轮 2033 位于固定的齿圈 2032 和太阳轮 2031 之间,多个行星齿轮 2033 将随太阳轮 2031 的旋转而进动,行星架 204 与多个行星齿轮 2033 连接由此转动,其包括轴孔 2041,该轴孔 2041 将与制动执行装置的输入轴连接。因此,制动电动机 11 和 12 的转动经过传动装置 2 的减速增扭后传递至制动执行装置 3。

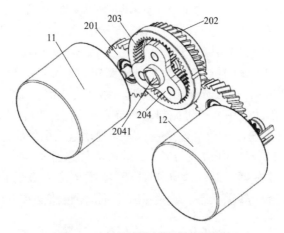

图 3-7 电子机械制动器的具体结构图

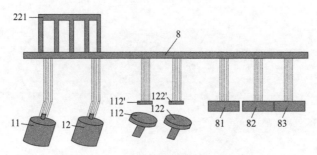

图 3-8 转动位置传感器的探测器示意图

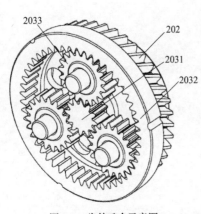

图 3-9 齿轮啮合示意图

制动执行装置如图 3-10 和图 3-11 所示。制动执行装置包括制动执行装置壳体 30,其中容纳了丝杆螺母机构 31 和柱塞 35。在所示的实施例中,丝杆螺母机构的丝杆包括用于与传动装置连接的输入端 311 和与螺母 313 配合的丝杆主体 312。所述输入端 311 例如具有与行星架的轴孔 2041 匹配的截面形状如方形来承接力矩,另外,密封环 36 提供在制动执行装置和传动装置之间以提供密封。所述输入端 311 通过销 33 与布置在其外圈的支撑环 32 配合,支撑环 32 一方面抵靠丝杆主体 312 的背侧,一方面由卡环 37 限位,由此被轴向限位但其能够与丝杆一起转动,并且由轴承 34 支撑。在一些实施例中,轴承 34 为止推轴承。备选实施例中,轴承 34 可为深沟球轴承,角接触球轴承或中心球轴承等。备选实施例中,丝杆可直接由轴承支撑。

丝杆螺母机构的螺母 313 与柱塞 35 在周向上耦合,例如螺母 313 的外侧具有凹槽或凸起以与柱塞 35 的对应凸起或凹槽配合。在一些实施例中,柱塞 35 与摩擦盘 71 在周向上耦合,例如柱塞 35 轴向上的前端面上具有凹槽或凸起以与摩擦盘 71 的对应凸起或凹槽配合。进一步地,摩擦盘 71 由摩擦盘支架 4 支撑,摩擦盘支架 4 对摩擦盘 71 周向限位,由此对柱塞35和螺母313周向限位,使得这些部件仅能够轴向移动而不能周向转动,由此实现丝杆螺母机构的螺母313的周向限位和轴向移动。因此,通过螺母与柱塞以及柱塞与摩擦盘之间的周向耦合以及摩擦盘支架4对摩擦盘71的周向限位,无需在壳体内设置针对螺母周向限位的特征。

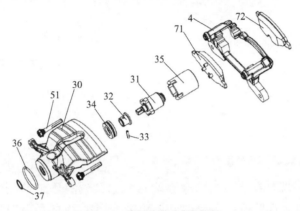

图3-10 执行装置分离结构图

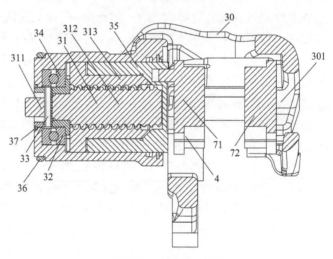

图3-11 执行装置结构图

螺母、柱塞、摩擦盘以及摩擦盘支架的具体结构如图3-12和图3-13所示。在一些实施例中,螺母313的外圈具有多个键314,柱塞35具有套设在螺母313外圈上的套筒部分,套筒部分的后侧具有与多个键314配合的多个槽口351,通过螺母313的多个键314与柱塞35的套筒部分的多个槽口351的配合,实现了两者的周向耦合。在一些实施例中,套筒部分的前侧的前端面352上具有多个凹槽353,摩擦盘71的面对套筒部分的前端面352的邻近表面具有对应的多个凸起713,通过螺母的前端面352上的多个凹槽353与摩擦盘71的多个凸起713的配和实现了两者的周向耦合。应当理解,上述螺母313、柱塞35和摩擦盘71在轴向向并未互相耦合,因此,可相对于彼此发生轴向位移,而多个键314、多个槽口351、多个凹槽353以及多个凸起713应设置成具有足够的轴向长度,使得在发生轴向位移时,上述螺母313、柱塞35和摩擦盘71不会彼此脱离。

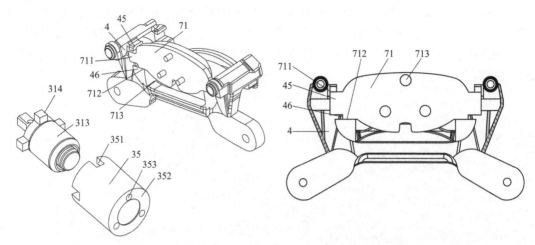

图 3-12　螺母、柱塞、摩擦盘以及摩擦盘支架安装结构图　　图 3-13　螺母、柱塞、摩擦盘以及摩擦盘结构图

在摩擦盘 71 的两端具有耳部 711,摩擦盘 71 通过两端的耳部 711 插入摩擦盘支架 4 的两侧槽道 45 中来实现周向限位。在一些实施例中,摩擦盘 71 的耳部 711 与摩擦盘支架 4 的槽道 45 之间可存在间隙并设置减振复位弹簧,此时,摩擦盘 71 还包括耳部内侧的肩部 712,摩擦盘支架 4 还包括支撑摩擦盘两端的肩部 712 的一对凸台 46,由此实现摩擦盘 71 的周向限位,而摩擦盘 71 在轴向上可相对于摩擦盘支架 4 移动。应当理解,尽管图 3-12 中未绘制,如图 3-11 所示,摩擦盘支架 4 上还设置了与摩擦盘 71 对置的对置摩擦盘 72,对置摩擦盘 72 与摩擦盘 71 具有类似的形状(但无需具有与柱塞配合的特征)并以类似的方式能够轴向移动地布置在摩擦盘支架 4 上。如前所述,制动执行装置壳体 30 通过轴向引导杆 51 浮动安装在摩擦盘支架 4 上。组装的电子机械制动器通过摩擦盘支架 4 上的凸缘 43 与转向节臂 93 固定连接,使得摩擦盘 71 和对置摩擦盘 72 位于制动盘 95 两侧。在建立扭矩的过程中,制动电动机的转动经由传动装置 2,使得丝杆螺母的丝杆转动,螺母平移,推动柱塞由此推动摩擦盘 71 接触制动盘 95,另外由于制动盘 95 和摩擦盘支架 4 是固定的,螺母 313 平移时对丝杠 312 的反作用力传递给电子机械制动器的制动执行装置壳体 30,从而使制动执行装置壳体 30 反向移动(图 3-11 中向左),而制动执行装置的壳体的钩部 301 将带动对置摩擦盘 72 轴向地向左移动而与摩擦盘 71 一起夹持制动盘 95。在释放制动扭矩时,制动盘 95 的转动将推开摩擦盘 71 和对置摩擦盘 72,以提供允许制动盘 95 自由转动的足够的间隙,直到下一次制动。

柱塞 35 与摩擦盘 71 之间的周向耦合的其他方式如图 3-14 和图 3-15 所示。在图 3-14 的实施例中,柱塞 35 的前端面具有多个凹槽 353,而摩擦盘 71 的邻近表面具有对应的多个凹槽 714,多个销 8 提供在柱塞 35 的凹槽 353 和摩擦盘 71 的凹槽 714 之间,由此实现两者的周向耦合。在该实施例中,销 8 的长度应当保证在制动的整个行程中不会从凹槽中脱出。在图 3-15 的实施例中,柱塞 35 的前端面具有非圆形截面的单个凸起 355,例如六边形截面凸起,摩擦盘 71 的邻近表面具有对应的单个凹槽 715,由于非圆形截面的设计,单个凸起和凹槽便可实现两者的周向耦合。在备选实施例中,单个凹槽或凸起可具有多边形、椭圆形、雪花形等截面形状。应当理解,本领域技术人员通过螺母、柱塞和摩擦盘接合面的形状的各种等同设计能够实现它们之间的周向耦合和轴向相对位移,本实用新型旨在覆盖这些等同设计。

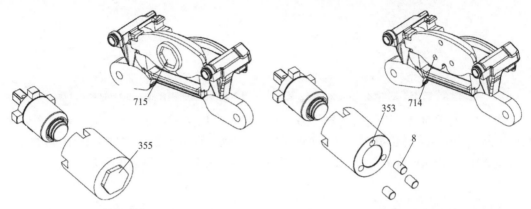

图 3-14　柱塞和摩擦盘的周向耦合方式 1　　　　图 3-15　柱塞和摩擦盘的周向耦合方式 2

另一些电子机械制动器实施例如图 3-16 和图 3-17 所示。在图 3-16 所示的实施例中，相比于图 3-6 的实施例而言，将设置在制动电动机的输出轴上的两个转动位置传感器磁体更改为设置在毂齿轮上的单个转动位置传感器磁体 206，而霍尔传感器也相应地更改。在图 3-17 的实施例中，将中间齿轮 201 更改为双齿轮 2011，其包括同轴相互连接的第一齿轮 2011 和第二齿轮 2012，其中第一齿轮 2011 与制动电动机输出轴的小齿轮啮合，第二齿轮 2022 与毂齿轮 203 啮合。通过更改双齿轮的齿轮比，可根据不同用户需求而调节传动装置的齿轮比。另外，在图 3-17 的实施例中，转动位置传感器的磁体 207 可安装在双齿轮上。

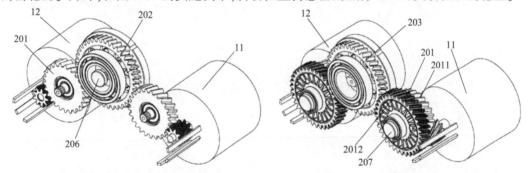

图 3-16　电子机械制动器电动机部分结构图　　　　图 3-17　双齿轮啮合方式

图 3-18～图 3-21 给出了转动位置传感器的磁体的结构。在该实施例中，磁体 207 包括圆盘形磁体部分 2071 和轴部 2072，轴部 2072 安装至齿轮轴 2013 的轴孔中，圆盘形磁体部分 2071 包括一对或多对间隔 180°的磁极。继续参考图 3-22、图 3-23，其中图 3-22 示出了转动位置传感器的磁体 207″的另一种结构，其包括环形磁体部分 207 和环形磁体部分 2071″内侧的轴圈 2072″，转动位置传感器的磁体通过轴圈 2072″套设在齿轮轴的突出端部 2014 来安装，同样环形磁体部分 2071″可包括一对或多对间隔 180°的磁极。如上所述，转动位置传感器的磁体可安装至一个或两个制动电动机的输出轴，一个或两个中间齿轮或者毂齿轮上。

图 3-18　圆盘形磁体部分和轴部　　　　图 3-19　圆盘形磁体和齿轮轴

图3-20 圆盘形磁体部分2071的磁极示意

图3-21 圆盘形磁体部分2071′的磁极示意

图3-24所示为电子机械制动器的另一实施例。在该实施例中,制动执行装置壳体30与传动装置的第一壳体部分21一体成型,在该实施例中可省去第一壳体部分21与制动执行装置壳体30连接的部分,但对于壳体的模具和部件的组装具有更高的要求。

图3-22 转动位置传感器的磁体结构

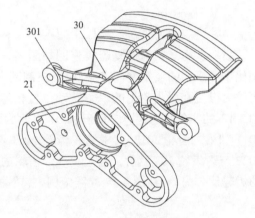
图3-24 电子机械制动器

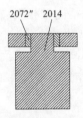
图3-23 轴圈套和齿轮轴的突出端部

3.2 采埃孚线控制动产品

3.2.1 IBC线控制动系统的组成

(1)供能装置:包括供给、调节制动所需能量以及改善传能介质状态的各种部件。产生制动能量的部分称为制动能源。IBC线控制动系统的组成如图3-25所示。

图3-25 IBC线控制动系统的组成

(2)控制装置:包括产生制动动作和控制制动效果的各种部件。制动踏板机构即是最简单的一种控制装置。

(3)传动装置:包括将制动能量传输到制动器的各个部件,如制动主缸和制动轮缸。

(4)制动器:产生阻碍车辆的运动或运动趋势的力(制动力)的部件,包括辅助制动系中的缓速装置。

(5)此外,还具有制动力调节装置以及报警装置、压力保护装置等。

3.2.2 IBC实物介绍

采埃孚在开发高度复杂的制动技术方面拥有多年的经验。以集成制动控制(IBC)为例:通过这种线控制系统,采埃孚将电子稳定控制和真空助力器替换为单个集成单元中的所有相关电缆、传感器、开关和电子控制单元。此外,IBC还有助于再生制动,以便为混合动力电动汽车或纯电动汽车驱动器中的电池充电。因此,制动系统可确保更长的续航里程和更低的排放。

目前,与所使用的制动系统相比,IBC最大的变化便是它不再依靠发动机或真空泵提供的真空动力驱动制动系统,而是由一个高速电动机为制动系统提供动力,IBC系统的集成化设计使得它具备ESC的全部功能,并且还可实现更多功能,如改善驾驶人操控制动踏板的感觉,快速形成减速度最大可达$9.8m/s^2$的制动力需求等。

IBC制动系统取消了真空助力器和真空助力泵,如图3-26所示。当车辆需要制动时,驾驶人踩下制动踏板,制动主缸中的油液进入踏板感觉模拟器,模拟踏板感觉。电子控制单元接收踏板位移传感器信号变化,控制驱动电机带动滚珠丝杠运动,滚珠丝杠推动制动主缸活塞运动,制动主缸中的油液进入制动轮缸,实现制动。

IBC制动系统可以实现智能辅助驾驶系统中的ACC、AEB、ABS和ESC等功能。因取消了真空系统,IBC制动系统的结构得以集成和简化,对汽车的轻量化有促进作用。同时,该系统能最大化制动能力回收率,节约能源。

运用IBC后,精密滚珠丝杠执行器将由极快的无刷电动机提供动力。该电动机为系统提供卓越的制动性能和ESC功能。若与雷达和摄像头等驾驶辅助系统配合则可启用AEB等功能,发挥超凡功效。

图3-26 IBC制动系统实物图

3.2.3 IBC线控制动系统实物解析

IBC线控制动系统实物解析如图3-27所示。

(1)制动液储液罐。制动液储液罐使整个系统充满了制动液。当系统制动液不足时,可通过储液罐进行补充。储液罐盖上一般装有液位报警开关,当液面高度过低时,报警开关将点亮位于仪表板内的制动警灯以警示驾驶人。制动液储液罐上有最高(MAX)和最低(MIN)标记。制动液液面必须符合规定才能满足制动系统的工作要求,保证车辆行驶的安全性。简单来说,制动液储液罐的作用是储存制动液和密封制动液。汽车制动液具有吸湿性,使用过程中会不断吸收周围空气中的水分,若制动液含水过多,则会腐蚀制动系统,加速机件磨损,制动液本身的沸点也将显著降低,严重影响制动效果和行车安全。同时,制动液会通过制动管路中的缝隙有所渗漏和挥发,造成制动液损耗,影响制动性能。因此,汽车行驶一定的里程后,必须检查、添加、更换制动液。IBC实物系统实物解析如图3-27所示。

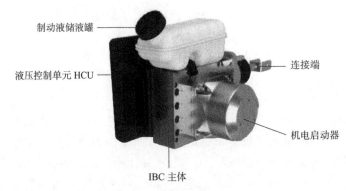

图 3-27 IBC 实物解析图

（2）液压控制单元 HCU。HCU 是 ABS 执行器，一般由增压阀（常开阀）、减压阀（常闭阀）、回液泵、储能器组成。增压阀和减压阀受控于 ECU 信号，实现液路的开关，从而实现常规、保压、减压、增压的制动过程，IBC 上的 HCU，有一个 CAN 总线接口负责连接 ECU 进行 CAN 收发，进行与 ECU 信息交流，可以实现智能辅助驾驶系统中的 ACC、AEB、ABS、ESC 等功能。

（3）IBC 主体。其他的部件都是安装在 IBC 主体上的，主体内部有液压腔室，用于安放活塞，经过 ECU 和 HCU 调节后产生合适的液压，主体上有四个螺纹圆孔，其作用是连接液压线路，向四个车轮制动器提供液压，以控制制动器的制动力。

（4）IBC 连接端。连接端是和制动踏板进行连接的部分，可以进行轴向移动，另一端连接的是 IBC 主体中的活塞，用于传递制动踏板力和 IBC 模拟的反作用力。

（5）机电启动器。机电启动器内有以滚柱丝杠作的传动机构，将电动机的旋转运动转变为制动主缸活塞的直线运动，实现主动快速建压；通过控制电动机的力矩大小，精确控制制动主缸的活塞位移，并与制动轮缸处的电磁阀协同作用，达到精确控制压力的目的。电动机作为系统的动力源，实现系统的解耦，在系统失效时，通过踏板制动实现失效保护。

3.2.3.1 电动液压机动车制动系统组成

图 3-28 所示为电动液压机动车制动系统 1000 的实施方式。图 3-29 所示的变形形式是具有第一制动回路 10 和第二制动回路 20 的双回路制动系统。本系统并不取决于制动系统 1000 中的制动回路的数量。

制动系统 1000 包括：液压生成器组件 100，其流体连接到制动回路 10、20；模拟器回路 145，其流体连接到组件 100；居中布置的液压流体贮存器 170；流体路径 140，其将液压流体贮存器 170 和模拟器回路 145 流体连接，并且其中布置有阀 132。制动系统 1000 还包括传感器技术 2000、2002，传感器技术 2000、2002 用于定量检测驾驶人方的意图（例如，检测制动踏板 126 上的踏板行程 s 和/或启动力 F）以及制动回路 10、20 中存在的液压；电子控制装置和电子控制电路 200（以下被称为 ECU）；液压控制单元 300（以下被称为 HCU）；轮制动器 401～404，其在各种情况下都流体连接到第一制动回路 10 和第二制动回路 20。制动系统 1000 还包括两个返回线路 30、40，每个返回线路中各自布置有阀 31′、41′。返回线路 30、40 各自第一端流体连接到对应的制动回路 10、20，并且第二端流体连接到未被施压的液压流体贮存器170。制动回路中已经建立的液压可通过返回线路30、40(通过打开在非启动状态下呈现出闭合阀位置的阀31′、41′)快速减小。

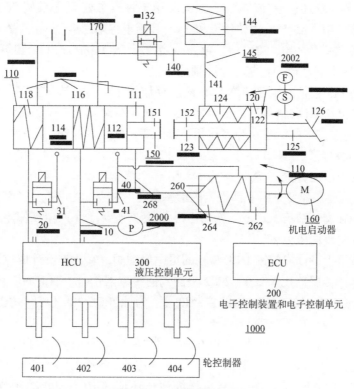

图3-28 IBC制动系统1000

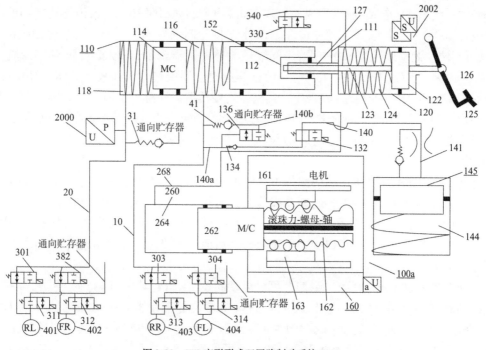

图3-29 IBC变形形式双回路制动系统1000a

液压生成器组件100包括第一缸-活塞装置110、112、114；第二缸-活塞装置260、262，具有作用于第二缸-活塞装置260、262的机电启动器160；具有第三缸-活塞装置120、122的踏板接口115。组件100还包括：流体路径268，其用于将第二缸-活塞装置260、262流体连接第一缸-活塞装置110、112、114；力传输装置150，其用于将第三缸-活塞装置120、122选择性连接到第一缸-活塞装置110、112、114。第一缸-活塞装置110、112、114和第三缸-活塞装置120、122相互空间上接连地并且基本上同轴地布置。

模拟器回路145包括液压存储体144，液压存储体144通过流体路径141（和布置在其中的节流阀或节流止回阀）流体连接到腔室124。液压存储体144被实现为活塞-缸布置，其中，可移位地接纳在缸中的活塞在弹簧作用下预张紧。在正常操作（第三活塞122没有连接到主活塞112，这意味着，没有作用于制动踏板126的反作用力）中制动踏板126启动时，从腔室124传递的液压流体通过流体路径141引导到液压存储体144中。流入液压存储体144中的流体由此使在弹簧作用下预张紧的活塞移位。将被施加的使活塞移位的力作为踏板恢复力反作用在制动踏板126上。换句话讲，液压存储体144产生反作用于第三活塞122和制动踏板126的反向压力。

ECU 200被至少设计成控制HCU 300的可电启动阀。它还被设计成控制组件100。控制过程这里是基于传感器技术2000、2002检测到的传感器信号。ECU 200评价传感器信号并且针对阀和/或组件100产生对应的控制信号。为此，ECU 200包括HCU300和组件100的控制功能。

HCU 300包括用于两个制动回路10、20中的液压调节的多个可电启动阀组。不同于HCU 300、阀31、41和第一阀装置132的单独构造，将阀31、41、132集成在HCU 300中同样是可能的。以下，结合图3-29更详细地描述证实HCU 300的阀或阀组的实现的示例。

制动系统1000a包括：液压生成器组件100a；两个制动回路10、20，其流体连接到液压生成器组件100a，并且其端部在各种情况下流体连接轮制动器401~404；两个返回线路30、40，其可与两个制动回路10、20关联；中间液压流体贮存器未示出；模拟器回路145；流体路径140，其中布置有阀132、134、136并且流体连接模拟器回路145和液压流体贮存器；以及其他流体路径340，其中布置有阀330并且流体连接模拟器回路145和组件100a。制动系统1000a还包括电子控制单元或简称为ECU，其用于控制组件100a和制动系统1000a的阀以及多个可电启动阀301~304，可电启动阀301~304布置在制动回路10、20中和返回线路30、40中。

组件100a与图3-28中示出的组件100的不同之处仅仅在于第一缸-活塞装置110的主活塞112的具体设计、用于在推-通制动操作中传输脚力的传输装置123和机电启动器160的具体设计。在图7中示出的实施方式中，主活塞112在其后面上具有U形轮廓，其中，轴127伸入主活塞112的U形切口中。通过活塞的后面以及第一缸110和轴127的内壁限定液压腔室111。

制动系统1000a还包括第二组四个可电启动阀311~314，其中，精确地，阀311~314与各轮制动器401~404关联。这里，阀311~314布置在轮制动器401~404的返回线路中，其中，制动回路10、20的轮制动器401~404的返回线路通向与阀311~314的阀出口处的制动回路10、20关联的返回线路30、40。返回线路30、40通向液压流体贮存器170。

相比于图3-28中示出的制动系统1000,在图3-29示出的制动系统1000a的流体路径140中,除了可电启动阀132之外,还布置两个其他的阀134、136。这两个阀134、136被构造为压力受控制的过压阀。

机电启动器160包括电动机161和齿轮162、163,齿轮162、163与电动机161连接,用于将电动机移动传输到第二缸-活塞装置260、262的第二活塞262。

3.2.3.2 电动液压机动车制动系统工作原理

(1)线控制动。

在正常制动操作中启动制动踏板126时,会存在间距152,因为在这种情况下,主活塞112和与其连接的活塞杆151在第二缸-活塞装置260、262中生成的启动压力的辅助下被液压启动。在这种情况下,主活塞112和与其连接的活塞杆151充分移位(移位至图6中的左部),使得即使当制动踏板126被压下时并因此当活塞122和第二柱塞123在活塞杆151的方向上移位时,也保持间距152。因此,在启动器组件100正常操作期间,第一柱塞123不接触活塞杆151并且作用于制动踏板126的启动力不可被传输到活塞杆151。在线控制动操作中,第一液压腔室111用于在压力建立阶段或压力保持阶段中接收从第二缸~活塞装置260、262传递的液压流体体积或者在压力降低阶段中将接收到的液压流体传递回第二缸~活塞装置260、262。

模拟器回路145制动踏板126启动时,从腔室124传递的液压流体通过流体路径141引导到液压存储体144中。流入液压存储体144中的流体由此使在弹簧作用下预张紧的活塞移位。将被施加的使活塞移位的力作为踏板恢复力反作用在制动踏板126上。换句话讲,液压存储体144产生反作用于第三活塞122和制动踏板126的反向压力。以这种方式,在线控制动操作中,产生作用于制动踏板126的反作用力,由此模拟踏板的恢复力。

两个阀311~314均假设在非启动状态下的闭合阀位置,使得液压流体不能够从各个轮制动器401~404流入未被施压的液压流体贮存器170。

(2)推-通操作(不通过启动器160建立液压)。

在启动器组件100的应急操作中,启动器160保持不启动。这意味着,活塞杆151没有液压移位。当制动踏板126被压下时,可快速克服第二柱塞123和活塞杆151的第二端之间的(小)间距152。第二柱塞123接触活塞杆151。活塞杆151随后将在制动踏板126被压下时出现的活塞122的移位在活塞杆151的方向上直接传输到主制动缸110的主活塞112(推-通原理)。主活塞112进而将移位传输到次活塞114。主活塞112和次活塞114的启动随后可造成在轮制动器401~404上建立液压。这里描述的机械力传输装置150因此使得在应急操作期间主活塞112能够与踏板接口115或制动踏板126的第三活塞122直接机械连接,以建立液压,即如果不能够通过启动器160建立液压。

3.3 大陆MK C1线控制动产品

3.3.1 MK C1线控制动系统结构及工作原理

MK C1电液线控制动系统结构如图3-30所示,主要由电控机械系统、液压系统、制动踏板和电子控制单元四部分构成,其中电子控制单元未在图中标注。本控制系统采用模块化设计思想,以模块组合形式将其分为三个子系统,即电控机械、液压及电气集成在一起。

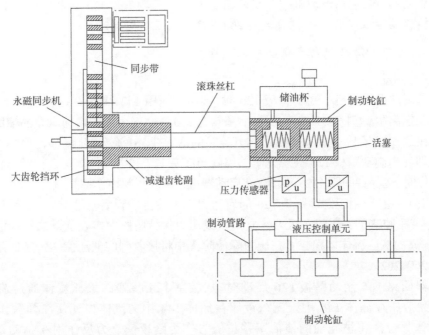

图3-30 MK C1电液线控制动系统结构图

在电液线控制动系统实施常规制动时,电池主控制单元(BCU)通过CAN总线传递期望的力矩信号,随后根据两级传动机构的降速增扭作用,将放大的力矩转化为水平推力,从而推动制动主缸的活塞产生制动压力。通过液压控制单元,将制动压力分配到各个轮缸,实现对车轮的制动功能。为了备份制动功能,在制动控制单元失效的情况下,可以通过驾驶人踩制动踏板来实现机械制动。

3.3.2 电液装置

图3-31中所示的"线控制动"型用MK C1的制动系统的电液装置第一实施形式,主要包括制动操作单元10、制动踏板1、踏板行程模拟器2、电子控制单元7以及必要时通过在中间连接液压控制或调节单元来与制动操作单元10相连接的未示出的车轮制动器。制动操作单元10包括优选为真空制动力放大器的制动力放大器3、连接在制动力放大器3后面的优选为串联的主制动缸的主制动缸4、以及配置给主制动缸4的压力介质存储容器5,上述机动车辆的车轮制动器与该主制动缸的未示出的压力室相连接。用于驾驶人操作制动力放大器3的制动踏板1,尤其在线控制动工作状态中与踏板行程模拟器2共同作用,该踏板行程模拟器使驾驶人获得通常的制动踏板感觉。用于检测驾驶人减速意图的优选设计得有冗余的传感器装置6根据制动踏板1的操作产生控制信号,该控制信号输送给电子控制单元7,该电磁体配置给制动力放大器,并独立于驾驶人意图操作气动的控制阀,该控制阀控制空气到制动力放大器3的输送。在制动踏板1与制动力放大器3之间的传递力连接脱离接合的过程中,设置了一个轴向间隙,该间隙位于与制动踏板1连接的活塞杆8的端部以及上述

控制阀的控制活塞之间。

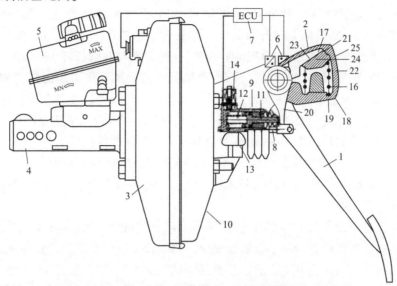

图 3-31　MK C1 制动系统电液装置第一实施形式的主要部分示图
1-制动踏板；2-踏板行程模拟器；3-制动力放大器；4-主制动缸；5-压力介质存储器；6-传感器装置；7-电子控制单元；8-活塞杆；9-活塞组件；10-制动操作单元；11-活塞；12-压力室；13-低压室；14-隔断阀；16-压簧；17-力传递件；18-双臂杠杆；19-双臂杠杆的第一臂；20-双臂杠杆的第二臂；21-摩擦元件；22-摩擦面；23、24-靠接面；25-壳体

　　如前所述，在线控制动工作状态中可通过踏板行程模拟器 2 与制动力放大器 3 的操作来模拟作用在制动踏板上的复位力，这样设计该踏板行程模拟器，使得在线控制动工作状态中在制动踏板 1 与制动力放大器 3 之间的传递力的连接、脱离、接合时，该踏板行程模拟器可接通，并且不在线控制动工作状态中时，可关断。在实施方式中，踏板行程模拟器 2 的连接和断开是通过电液装置完成的，该装置主要由液压缸—活塞组件 9 组成，该组件可通过可电磁地操作的隔断阀 14 进行断开。活塞组件 9 具有由活塞 11 限定边界的液压的压力室 12 以及与压力室 12 连通的液压的低压室 13，其中，如前所述隔断阀 14 可实现所述连接的断开或接通。可借助于电子控制单元 7 的制动信号操作或转换的隔断阀 14 设计成可电磁操作的常开二位二通阀（图 3-32）。朝压力室 12 敞开的止回阀 15（图 3-32）用于压力室 12 与低压室 13 之间的压力补偿。

　　第一有利的实施形式中，踏板行程模拟器具有压簧 16，该压簧夹紧在制动踏板 1 或无相对转动地连接在该制动踏板 1 上的力传递件 17 与双臂杠杆 18 之间。双臂杠杆 18 相对于制动踏板 1 同轴地安装、相对于该制动踏板偏置并可在一定范围内转动，其中，该双臂杠杆的第一臂 19 构成用于压簧 16 的支承面，而该双臂杠杆的第二臂 20 支承在活塞—缸组件 9 的液压活塞 11 上。

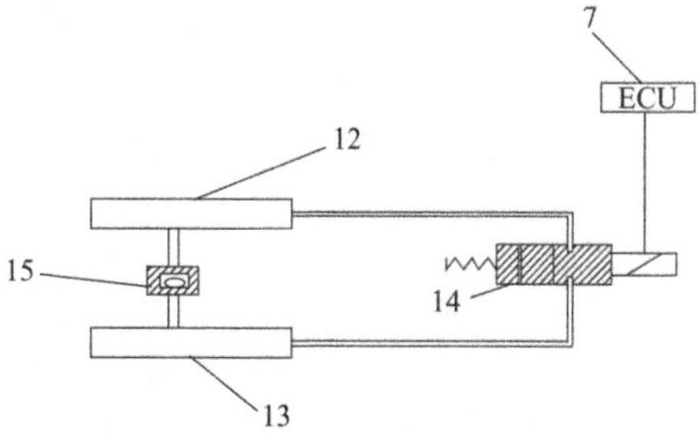

图 3-32　MK C1 的制动系统的电液装置简化视图
7-电子控制单元；12-压力室；13-低压室；14-隔断阀；15-止回阀

　　当模拟器压簧 16 发挥作用时，摩擦元件 21 被置于上述力传递件 17 的位置上。21 号摩擦元件与 22 号摩擦面协同作用，以实现摩擦作用。为了使摩擦力减小并且防止由于压力而引起的振动和噪声，需要对这种力传装置进行改进。

通过倾抖地设置靠接面23、24,摩擦元件21在力传递件17上的靠置得以实现,从而在操作踏板行程模拟器2时产生了一种分力,将摩擦元件21压在摩擦面22上。当操纵手柄从回位位置向工作位置运动时,由上述分力偶所引起的力矩会减小。在25号壳体中,我们优选设置了压簧、力传递件、摩擦元件、摩擦面等元件,这些元件与双臂杠杆18的第一臂19完美地融合在一起,形成了一体化的设计。因此,可以减小由机械动作引起的磨损和振动,使操作安全化,同时还可防止由于使用液压油所导致的油液污染问题。在制动系统中,电液装置9的液压压力室12通过常开隔断阀14与低压室13相连,同时也对应于返回级(图3-32)的无作用位置。当操作制动踏板1时,传感器装置6检测到制动踏板的运动,并将其报告给电子控制单元7,后者同时产生控制信号,以激励电磁体和隔断阀14,从而中断压力室12与低压室13之间的连接,最终接通踏板行程模拟器2。在图3-31所示的状态下,我们可以明显地观察到该状态的存在。

在出现车辆电子设备故障或整车电路网络故障的情况下,由于隔断阀14无法进行转换,因此,需要在返回级中进行制动以确保安全。当断开了液压系统和控制单元之间的连接后,切断该回路,从而可防止发生事故。当操作制动踏板1时,双臂杠杆18与制动踏板1协同旋转,从而带动电液装置9的活塞11向左侧移动,同时将压力介质从压力室12推入低压室13中,以达到所需效果。

在如图3-33~图3-35所示的根据MK C1制动系统电液装置第二实施形式中,电子控制单元7与控制仪器30共同作用,该控制仪器控制车辆的未示出的驱动电动机。此外,车门触点信号31,座位占用识别装置信号32或用于为驾驶人车门开锁的远程操纵装置信号33被输送给控制仪器30并且被处理成致动信号,该致动信号(通过电子控制单元7)作为用于上述隔断阀14的转换信号。因为所述装置的工作原理相应于结合图3-31、图3-32描述的制动系统的工作原理,所以无须再对其进行描述。

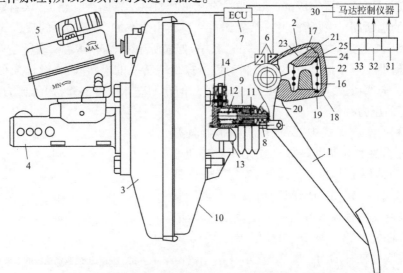

图3-33 MK C1制动系统电液装置第二实施形式的主要部分示图

1-制动踏板;2-踏板行程模拟器;3-制动力放大器;4-主制动缸;5-压力介质存储器;6-传感器装置;7-电子控制单元;8-活塞杆;9-活塞组件;10-制动操作单元;11-活塞;12-压力室;13-低压室;14-隔断阀;16-压簧;17-力传递件;18-双臂杠杆;19-双臂杠杆的第一臂;20-双臂杠杆的第二臂;21-摩擦元件;22-摩擦面;23、24-靠接面;25-壳体;30-控制仪器;31-车门接触点信号;32-座位占用识别装置信号;33-远程操纵信号

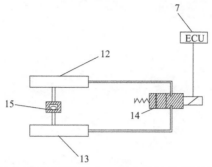

图 3-34 制动系统的电液装置处于不作用位置或返回级的简化视图
7-电子控制单元;12-压力室;13-低压室;14-隔断阀;15-止回阀

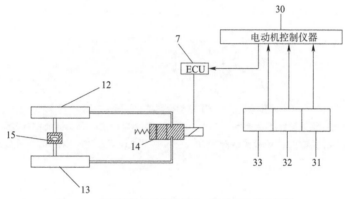

图 3-35 电液装置处于线控制动工作状态的简化视图
7-电子控制单元;12-压力室;13-低压室;14-隔断阀;15-止回阀;30-控制仪器;31-车门接触点信号;32-座位占用识别装置信号;33-远程操纵信号

3.3.3 制动操作单元

图 3-36 和图 3-37 中示意性地示出了 MK C1 的制动操作单元的第一实施例。制动操作单元 1 包括可借助于踏板杆(压力杆)2 由车辆驾驶人操作的液压缸—活塞装置,所述液压缸—活塞装置具有在制动操作单元的壳体 10 中沿着第一缸—活塞装置的纵向轴线 30 可移动的被导向的操作活塞,操作活塞限定液压压力室的边界,车辆制动设备的未示出的车轮制动器可借助于液压连接装置连接在所述液压压力室上。若液压缸—活塞装置是串联主缸。如果车轮制动器与液压缸—活塞装置的压力室液压连接,则液压缸—活塞装置若用于在制动设备的备用运行方式中通过驾驶人对车轮制动器加载压力。纵向轴线基本上相对于机动车的行驶方向平行地设置。

在壳体内部设置了至少部分可电控制的压力提供装置,该装置构造了第二液压缸—活塞装置 12,该装置的活塞可以通过电动机 7 和旋转—平移传动装置 9 沿着纵向轴线 31 移动。在制动装置的线控制动运行模式中,可利用压力提供装置 6 的作用,对车轮制动器进行压力操作。因此,能够使车辆安全、可靠地行驶。可以通过操作制动踏板来实现控制电动机 7。因此,可以将压力提供装置设计成能以电动形式实现其功能并具有良好性能的装置。机电式执行器由电动机 7 和旋转—平移传动装置 9 构成,其作用在于确保第二缸—活塞装置 12 的活塞能够在平移运动时保持稳定。当第一缸与第二缸之间存在间隙时,通过改变该间隙大小而使两个气缸间产生相对移动。在图 3-37 中,9 号传动装置被构造成了一种滚珠丝杠传动机构或者滚子丝杠传动机构。

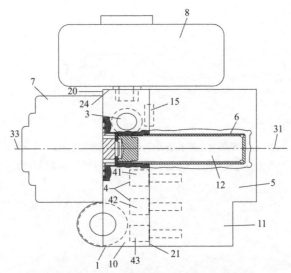

图 3-36 MK C1 制动操作单元的第一视图
1-制动操作单元;3-液压缸—活塞装置;5-调节单元;6-压力提供装置;7-电动机;8-压力介质储备容器;10-壳体;11-控制装置壳体;12-第二液压缸—活塞装置;15-行程传感装置;20、21、24-壳体的侧面;31-第二杠—活塞装置纵向轴线;33-电动机轴线;41、42、43-阀

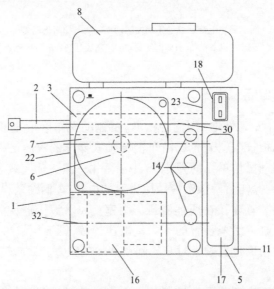

图 3-37 MK C1 制动操作单元的第一视图的垂直的第二视图
1-制动操作单元;2-踏板杆(压力杆);3-液压缸—活塞装置;5-调节单元;6-压力提供装置;7-电动机;8-传动装置;11-控制装置壳体;14-车轮制动器的液压连接器;16-制动踏板感觉模拟器;17、18-电连接元件;22、23-壳体的侧面;30-第一缸—活塞装置的纵向轴线;32-制动踏板感觉模拟器的纵向轴线

另外,包括多个阀的阀装置至少部分地设置在壳体中,借助于所述阀装置可调整依车轮而定的制动压力,并且车轮制动器可与第一缸—活塞装置或与压力提供装置分开或连接。

在公共壳体中,设置了第一缸—活塞装置、阀装置和压力提供装置。其中,电动机的轴线与第一缸—活塞装置的纵向轴线垂直或近似垂直。

电动机被直接固定在壳体的侧面上,以确保其与壳体紧密相连。通过采用侧面的最小延展构造,电动机的固定端侧得以完全封闭于壳体上,实现了完美的密封效果。

第一缸—活塞装置的纵向轴线与第二缸—活塞装置的轴线正交或近似正交,即沿着 Y 方向设置。在示例中,电动机的轴线和第二缸—活塞装置的轴线以对齐的方式进行了设置。

此外,制动操作单元包含一个电子控制和调节单元(ECU),该单元具有一个控制装置壳体,以及一个压力介质储备容器(制动液体容器),该容器处于大气压力下。壳体可以直接容纳压力介质储备容器的位置。当将其安装到压力机上时,可以避免与设备和工具发生接触而引起损坏。为了替换现有的容器,可以在壳体上设置至少一个连接器,用于连接压力介质储备容器。连接器与外部装置相连以使内部装置可以相对于外部装置运动。在壳体的上部侧面,可以方便地设置压力介质储备容器或其连接器。

在壳体的侧面上,设置了一个电子控制和调节单元,用于控制压力提供装置和阀装置,这些装置与电动机背对置。为了保护电连接装置,电动机和控制和调节单元之间的电连接装置(如用于控制电动机或传递传感器信号的电连接装置),巧妙地穿过壳体,实现了良好的延伸效果。

壳体的侧面与电动机背对而置,巧妙地设置了阀装置,从而实现了阀装置与控制和调节单元之间的简单电或磁连接。控制装置壳体遮盖了阀装置的所有或少部分。

为了检测制动踏板压力杆或第一缸—活塞装置的操作,制动操作单元配备了一种行程传感装置,该装置能够获取制动踏板的操作行程,例如行程或位置传感器,以便进行相应的检测。另外,在壳体的侧面上还提供一种车辆系统,集成了 15 个行程传感装置,这些装置可以被巧妙地利用或部分集成。因此,可实现将行程传感装置与控制和调节单元进行简单的电磁连接,从而实现高效的信号传输,可以防止由于使用机械部件而引起的误动作、故障以及可能导致的错误结果。控制装置壳体遮盖了行程传感装置,以实现其功能。

此外,壳体内嵌入了一套压力感应系统,可以将多个不同类型的压力传感器并联连接到一起。所述压力传感器装置包括至少一种用于探测第一缸—活塞装置的压力传感器,以及一种用于探测压力提供装置的压力传感器。当车辆处于紧急状态时,将压力传感器配置为与其他元件并联连接并且布置成位于其他元件之前或者之后。存在其他可选的压力传感器,可用于检测车轮制动回路或制动回路中的压力。当车辆停止时,可以将另一压力传感装置与该压力传感器分开以避免在关闭状态下发生故障。在阀装置 4 的阀 41、42、43 之间,压力传感器被巧妙地并行设置,以达到更高效的检测效果。此外,控制装置壳体巧妙地遮盖了压力传感装置,为其带来了极大的便利。

制动操作单元还配备了一种行程传感器,可用于检测第二缸—活塞装置中电动机或活塞的姿态位置。当第一和第二缸之间的压力差使活塞移动时,通过行程传感装置可以确定出与该活塞相对应的位移值。一款转子位置传感器被设计用于探测电动机的转子位置。此外,还提供了一种具有该结构和/或结构布置的制动器组件和车辆,其可通过上述方式实现对车轮的有效驱动。在壳体的侧面上,完全或部分集成了行程传感装置,其被控制装置壳体所覆盖。

控制和调节单元接收来自压力传感装置、制动踏板操作行程获得装置以及转子位置传感器的输出信号。

为了实现与前围板的机械固定,壳体在其压力杆侧的侧面上设置了一块适配板,以确保其与前围板的完美匹配(具体细节未予披露)。在前围板处,将适配板安装到该壳体内并使之形成为一体结构,并且通过对其施加力从而能够实现向后运动,以控制车辆前进速度、和/或转向角等。第一缸—活塞装置在行驶方向 X 上向壳体内部延伸,因此,在制动操作单元装配好的状态下,相对于车辆的前围板呈正交或近似正交状态延伸。

在示例中,控制装置壳体遮盖了压力提供装置的第二液压缸—活塞装置的一部分,使其从壳体伸出,从而实现了结构空间的进一步缩小。作为一种替代方案,控制装置壳体 11 可以容纳第二液压缸—活塞装置的延伸。

液压连接器作为制动操作单元的一部分,被设置在车轮制动器的侧面上,同时电动机也被安装在该侧面上。由于将与电动机相连的元件布置成可旋转地安装,从而减小了部件之间的相对位移,同时避免了摩擦面的磨损。由于液压连接器的存在,制动操作单元在 Y 方向上所需的结构空间并不显著增大。

在壳体的侧面上设置了一个电子控制和调节单元,该单元配备了一个控制装置壳体。在 X 轴方向上,控制装置壳体向外延伸的距离超过了侧面的限制。

在控制和调节单元上,或者说在控制和调节单元的壳体上,例如通过设置了一个或多个电连接元件,以实现电气连接。该电连接元件具有从其一端到另一端逐渐变细,并沿着与纵向轴线垂直的横向方向延伸的形状,并且能够插入到其中以将它们连接起来。在示例中,我们构建了一个连接插座,该插座可用于接收相应的插接元件。在控制装置壳体的超出侧面的范围内,设置了两个电连接元件。该延伸超出部分具有至少一部分为开口,以便能够被插入到对应于连接插座的位置处或者从其移除以形成一封闭结构。电插接件可用于将传输信号的数据或总线连接装置与其他控制装置相连,或连接至 CAN 总线。连接元件可用于为控制和调节单元提供电流,以确保其正常运行。

在行驶方向 X 上,连接元件可以在壳体之前从侧面插入到控制装置的相应伸出的壳体中,以实现连接。当车辆转向时通过操纵该连接件使其与车体保持接合或分离以允许车轮旋转运动。在相对于电动机轴线(Y 方向)平行的方向上,连接元件的插入方向呈现出一定的方向性。该转向使连接元件与壳体之间保持适当距离以避免因压力而引起接触件变形或磨损。连接元件因此被置于侧面的侧面,并位于制动液体容器的下方,插入方向与侧面平行。

在线控制动运行方式中,制动踏板感觉模拟器向车辆驾驶人传递恰当的制动踏板感觉,这一操作模块包含制动踏板感觉模拟器,制动踏板感觉模拟装置可以与其他部件一起组合,以产生用于操纵车轮运动和/或制动力分配系统的不同模式。在壳体内部,制动踏板的仿真器以完全或部分的方式延伸。当从汽车转向时,该单元与车身连接以便使其处于运动状态而不被驱动。为了替代方案,可以将制动踏板感觉模拟器转化为一个独立的模块,该模块可以套在壳体上。当提供一个单独的驱动时,该驱动与至少两个其他单元相关联。制动踏板感觉模拟器的纵向轴线被设置为垂直于第二缸—活塞装置的纵向轴线,且与第一缸—活塞装置的纵向轴线平行。

在液压系统中,制动踏板感觉模拟器的构造非常先进,因为它配备了至少一个可在缸中移动并被导向的活塞模拟器。该活塞可以具有相对于其自身运动方向倾斜设置,并且能够从一开始位置向另一未启动位置滑动以允许对制动器进行操纵。例如,制动踏板感觉模拟器由至少一个模拟器活塞、液压模拟器腔和具有弹性的元件(如弹簧)组成,其中液压模拟器腔与第一缸—活塞装置的压力室相连或可相连。通过模拟器释放阀的连接和关闭，制动踏板感觉模拟器的功能得以实现。

根据示例所示布置，包括缸—活塞装置、压力提供装置、阀装置、控制和调节单元、液压连接器和电连接元件，壳体在行驶方向（X方向）上的最大延展基本上取决于缸—活塞装置的最短长度。

3.3.4 MK C1产品优势及特点

随着自动驾驶技术的不断演进和进步，现今的汽车也在不断变革，但转向盘和制动装置仍是主动安全系统中不可或缺的两个核心组成部分。这两个部分一旦出现异常情况，就会造成行车过程中因意外而引发的交通事故。驾驶人将汽车的驾驶控制完全移交给自动驾驶汽车的车载系统，即使主电子制动系统出现故障，电子制动系统（EBS）也必须确保制动功能能够正常运转，以保证行车安全。

MK C1采用了尖端的制动技术，使其成为高度自动化驾驶车辆中不可或缺的一部分。它能够在保证安全性的同时实现更高的舒适性和操控性，从而使驾驶人能轻松操控汽车。对于自动驾驶汽车而言，MK C1作为一款线控系统具有卓越的自动压力增大功能、超快的速度和高精度。为了满足制动冗余的相关要求，大陆公司采用了其旗下的MK C1和MK 100 ESC衍生产品，以提供两种操作模式，一种是正常模式，另一种是合作模式。大陆公司线控制动系统如图3-38所示。

在正常的操作模式下，MK C1装置将提供全面的制动功能，以确保汽车行驶的稳定性和驾驶的舒适性。当汽车出现故障时，该系统可自动进行应急处理并恢复运行状态。MK 100液压制动扩展件（Hydraulic Brake Extension，HBE）是唯一能够确保MK 100 HBE能够实时进行全面自我检测的液压工具。

图3-38 大陆公司线控制动系统

通过采用合作制动模式，可以实现制动功能的最大化，从而提高汽车的安全性和稳定性。在主电子制动系统出现故障的情况下，辅助电子制动系统将介入车辆操作并提供必要的制动功能，以确保汽车的安全运行。通常情况下，电子制动系统故障可分为两种不同的类型：

（1）当MK 100 HBE装置完全失效时，电子制动系统将对前轮进行制动操作，并启用ABS功能，以确保汽车的安全性。

（2）在出现部分失效的情况下，电子制动系统将启用一种协作制动的模式。

在主制动系统的机电动作和泵功能失效的情况下，若该制动装置的控制阀未受到任何影响，则可采用协同制动模式。当合作制动发生故障而导致其控制阀无法动作或工作不可靠时，则需更换控制阀以恢复其作用。在此情形下，MK 100 HBE制动系统亦将进入协同制动模式。

该设备将启动后轮制动系统，通过向正常运转的MK C1阀门注入适当的液压来实现。这种独特设计使汽车行驶中能够通过手动或电动操作来进行紧急制动和紧急停车。该离式功能的灵活性和创新性保证了完全自动制动的能力，这归功于两个驱动轴的滑动控制减速装置。这种装置通过一个简单而可靠的机构使之能够根据实际需要调节速度和方向，从而有效地防止了由于操作不当所造成的汽车侧翻事故发生。即使在同一系统内出现装置部分失效的情况下，制动装置仍能发挥其应有的作用，确保系统的稳定性和可靠性。

3.4 瑞典 Haldex 公司电子机械制动系统

电子楔式制动器(Electronic Wedge Brake,EWB)不仅仅是一种制动,它还可以担当自动泊车的制动。标准的驻车制动器再也不需要了,因为 EWB 能够防止汽车意外溜走。瑞典 Haldex 公司 EMB 系统如图 3-39 所示。

制动踏板和制动机械的退耦可以被用于减少或甚至完全消除传统的 ABS 功能生效时难以掌握的对制动踏板的点制动操作。

利用制动踏板和制动机械的退耦,能够在出现事故时保护驾驶人的脚免受伤害。

电子楔式制动器(EWB)(图 3-40)可使车辆在冰雪路面上的制动距离缩短 15%。在瑞典北部进行的测试中,装备 EWB 的车辆从 80km/h 到停止运行,需要 64.5m 的制动距离。而装备液压制动器和防抱死系统(ABS)的车辆在相同运行速度条件下,平均制动距离约为 75m。这就意味着,当安装了 EWB 的车辆已经完全停止的时候,采用液压制动器的车辆仍将以 30km/h 的速度前进。

图 3-39 瑞典 Haldex 公司 EMB 系统

图 3-40 电子楔式制动器 EWB

EWB 设计减少的组件包括液压线、制动缸、制动增压器或 ABS 控制单元。电子楔式制动器结构如图 3-41 所示,其降低了整个制动的重量,简化服务,提高可靠性并增强安全性。摒弃整个液压系统,整个制动系统可以更经济地集成到汽车之中。取消液压制动系统也有助于减少汽车对环境的影响,例如,不再采用液压油并提高燃油效率。

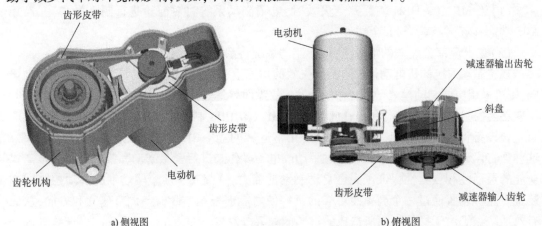

图 3-41 电子楔式制动器结构图

3.5 伯特利 EPB 线控制动产品

3.5.1 新型集成式 EPB 卡钳总成结构

执行机构整体布置在上壳体与下壳体包围成的半封闭式空间之中,执行机构整体包括动力和传输设备。动力设备包含有直流无刷电动机,直流无刷电动机上存在直流无刷电动机带轮,其本身安装在下壳体的旁边。传输设备包括传输皮带、齿形带轮总成、行星轮减速传动机构。行星轮减速传动机构包括由一些中心齿轮、齿圈、输出轴构成的两级减速传动机构。直流无刷电动机带轮通过传输皮带与齿形带轮总成整体相连,然后齿形带轮总成与行星轮减速传动机构通过传动轴完成传动。两级行星轮减速传动机构进行行星架的转动,行星架即输出轴总成。执行机构整体与 EPB 卡钳相配合,EPB 卡钳结构由制动钳体、本产品新加入的减摩片、驻车螺杆(减摩片安装位置)、驻车螺套、动力活塞与摩擦片组成。输出轴为旋转运动无法和其他部件直接配合,需要经过 EPB 卡钳内部的驻车螺杆配合驻车螺套和活塞变成往复直线运动才能和其他部件配合。驻车螺杆与输出轴之间设置花键毂,活塞内部安装在驻车螺套的锥面上,由驻车螺套带动活塞做直线往复运动,活塞外部紧靠摩擦片,而摩擦片装在稳定支架上,与活塞相配合实现直线运动,从而使得驻车制动器夹紧制动盘完成驻车制动过程。伯特利 EPB 一体式卡钳总成结构简图如图 3-42 所示。

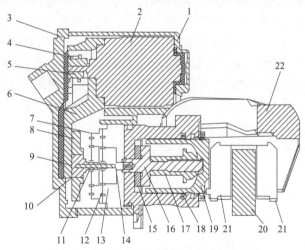

图 3-42 伯特利 EPB 一体式卡钳总成结构简图

1-下壳体;2-直流无刷电动机;3-上壳体;4-传输皮带;5-直流无刷电动机带轮;6-稳定支架;7-齿圈;8-齿形带轮体;9-传动轴;10-齿形带轮总成;11-中心销;12-中心齿轮;13-行星轮减速传动机构;14-输出轴;15-减摩片;16-驻车螺杆;17-驻车螺套;18-活塞密封圈;19-活塞;20-制动盘;21-制动片;22-EPB 执行钳体

3.5.2 产品的优点与缺点

该产品的优点可以概括为以下两点。

(1)推力滚针轴承存在着轴向尺寸难以缩短,想要足够的承载负荷能力就必须增加直径,导致占用汽车空间偏大,而相比之下伯特利 EPB 线控制动产品新加入的减摩片其实就是一个端面轴承,其较小的轴向尺寸与直径完美解决了上述推力滚针轴承引发的难题。

(2)推力滚针轴承因为制作工艺复杂,要求精密,并且当今市面上与推力滚针轴承安装相配套的技术还不够成熟,所以可能会导致产品产生失效的问题,进而导致生产成本提升,车企利润降低。然而,该产品新加的减摩片依靠的是端面轴承,就可以避免推力滚针轴承所带来的技术难题。

以上优点主要解决的是集成式EPB卡钳普遍使用推力滚针轴承所引发的一系列技术难题。除此之外,该产品还具有下面两条不可替代的优点。

(1)符合当今汽车行业轻量化发展浪潮,对集成式EPB卡钳的结构改造使得安装该产品的汽车在整车整备质量降低的同时,性能仍然不输于其他类型的汽车。

(2)该产品新加入的减摩片安装在驻车螺杆头部的凸缘盘处,其放置于驻车钳体的底面可以承受来自驻车钳体的制动力,相比推力滚针轴承,其传递制动力矩的稳定性更强。

然而,该产品也存在着以下的缺点。

由于该产品采用的是卡钳一体式EPB制动钳,虽然此类制动钳是当前汽车市场的主流,但是汽车零部件生产企业为了让驻车制动更加稳定,往往会给卡钳设置较多备用的制动夹紧力。然而,在实际情况中,大部分驾驶人启动电子驻车制动系统准备停车时,还会脚踩制动踏板,这就使得EPB卡钳所承受的力不仅仅只有预设的驻车制动力,还要再加上汽车行车制动器产生的液压力,两者叠加所产生的合力会超出卡钳内活塞所能承受的力的上限,进而引发了拖滞现象。所谓汽车的拖滞现象,其实和行车制动有着很大的关联。正常情况下,驾驶人在行驶时踩下制动踏板会使汽车减速行驶,然后当驾驶人松开制动踏板之后,汽车就会从减速行驶状态中脱离出来,保持当前车速继续行驶(若车速减到零则停车)。然而,一旦发生了拖滞现象,那么驾驶人就会发现当自己松开制动踏板时,汽车仍然在明显的减速,也就是说此时制动器上的制动力仍然很大,从时间上说,只要松开制动踏板后汽车减速行驶时间超过1s,就可以认为产生了拖滞现象。拖滞现象会导致制动摩擦片过热甚至烧蚀,对于传统汽车会增加其百公里燃油消耗量,而对于新能源汽车则会减少续航里程,使得汽车经济性下降。同时,持续减速也会影响汽车行驶的安全性,增加交通事故发生的概率。

3.6 亚太机电线控制动产品

3.6.1 亚太机电 EHB 介绍及解析

亚太机电EHB集成了ABS、ESC等先进电子制动系统各项功能,同时摒弃真空助力器将制动主动主缸集成一体。采用液电一体化控制实现对各轮缸的制动力独立线性控制。

APG分布式驱动制动系统为实现高集成度,采用集成制动主缸和踏板模拟器实现全解耦的方式。采用电动机泵预增压,高压蓄能器供液的形式为制动系统提供制动液压力,保证制动过程快速响应。亚太机电EHB制动系统实物如图3-43所示。

该产品包括阀体、储液模块、制动主缸、增压模块、踏板模拟器、阀组和控制器。其中,制动主缸置于阀体内;增压模块、储液模块、踏板模拟器、阀组、蓄能器至少部分处于阀体中。

储液器模块储存制动液;助力器模块吸取并输送制动液;踏板模拟器模拟制动踏板的感

觉；阀块安装在阀体的端面上，蓄能器缓冲制动液流出助力器模块时的压力；控制装置安装在安装阀块的阀体端面，并分别与助力模块和阀块电性连接，用于控制阀块和助力模块的转动。各个部件下的执行器的结构安排，将相同的小体积包围在阀体中，该体积更加紧凑，质量更小，成本更低。

阀体，除图中可视部分，其他 EHB 制动模块皆在阀体内部或有部分露出。阀体内部剖面如图 3-44 所示。

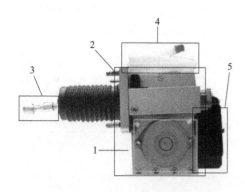
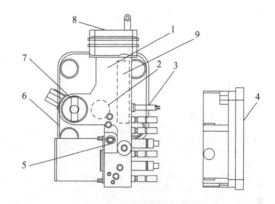

图 3-43 亚太机电 EHB 系统实物图
1-电动机；2-阀体；3-推叉杆；4-储液模块；5-控制器

图 3-44 阀体内部剖面图
1-阀体；2-制动主缸；3-阀组；4-控制器；5-泵组；6-电动机；7-踏板模拟器；8-储液模块；9-蓄能器

阀体中的制动主缸至少部分包含在阀体内的制动液储存器；助推器模块，至少部分位于阀体中，用于抽取和输送制动液；踏板模拟器，至少部分位于阀体中，用于模拟制动踏板的感觉；一个安装在阀体端面并至少部分位于阀体中的阀模块；一个蓄压器，至少部分位于阀体中，用于抑制来自相应助力模块的制动液压力；安装在阀体上的压力传感器，用于监测蓄能器出口处的压力。安装在阀体上的压力传感器，用于监测踏板模拟器的踏板模拟室中的压力；安装在阀体端面上的控制器，其上安装有与增压模块和阀块分别电连接的阀块，以控制阀块和增压模块。

推杆叉，它是连接到制动踏板的部件，可以移动车轴。另一端连接 EHB 车身制动踏板活塞，用于传递制动踏板力和 EHB 模拟踏板力。

驾驶人踩下踏板，推动杠杆叉，将驾驶人的制动力传递给制动主缸，制动主缸中积累的液压通过阀块上的阀门控制传递给踏板模拟器。此外，通过几个位移传感器并依靠压力传感器，对制动液出口模块进行加压，并通过多个出口端口，通过阀块调整制动液出口压力，并引导到制动缸，以完成制动过程。

3.6.2 EHB 制动系统原理

(1) EHB 制动系统原理。

EHB 制动系统原理是将电动机与液压系统结合在一起，以替代真空助力器。EHB 系统液压管路布置如图 3-45 所示。

当驾驶人踩下制动踏板，制动（电子）踏板配有踏板感觉模拟器和电子传感器，制动踏板中的内置传感器将控制踏板踩下时的制动踏板位移程度和位移变化速度，将其转换成电信号的形式传送给 ECU，然后其单元利用 CAN 总线同外部系统进行通信，与其他电信号结合以对车辆运行状况做出定论。ECU 可以通过传感器信号评估驾驶人的制动意图,计算出每个车轮的最佳制动力,并利用智能接口向液压系统提供控制信号。液压系统包括一个液压动力单元、一个电控油泵、一个高压蓄能器以及一个车轮制动压力模块,独立控制和调节每个车轮制动器的油压,通过电动机驱动液压泵进行制动,令制动器工作对轮毂进行制动。当车轮的制动力减少时,或者当制动器被释放,液压回弹,轮缸油压减少,制动力减少,直到制动器完全释放。轮缸里面的制动液不是通过主缸过来的,是通过高压蓄能器里面,通过液压泵来提供压力源,提供制动液源进入轮缸,达到需要的制动力。EHB 系统的车轮制动模块可以准确地模拟不断变化的行驶状态,从而实现精准的制动,减少制动距离,增加行驶的安全性。EHB 使用驾驶踏板模拟器,即模拟器上的阻力随着制动距离的增加而增加,从而让驾驶人制动体验与采用传动的液压制动系统的驾驶人的体验更加接近。

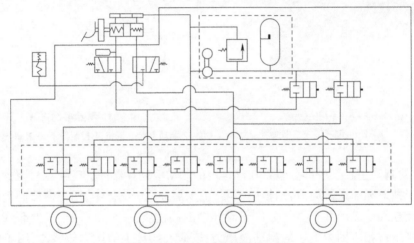

图 3-45　EHB 系统液压管路布置图

当系统运行正常时,液压系统中的踏板会被切断,是完全解耦的。此外,隔离阀/开关也会被关掉。当系统运行时,会自动调节液体的流量,以达到节能的目的。例如,当系统运行时,会自动调节蓄能器的流量,使液体能够流入轮缸,并在轮缸内产生动力。如果系统运行不良,会自动调节液体的流量,以达到节能的目的。在特定的情况下,为了确保轮缸的正常运行,必须先打开平衡阀,然后再启动相应的进油阀门与排油阀门。

为了确保 EHB 系统能够正确地执行任务,它采取了一种新的技术,即将原有的液压制动技术改装,以便在电子系统出现问题的情况下,能够及时启动备用开关(阀),从而使得 EHB 系统能够正确地执行任务,满足汽车的正确制动和安全行驶的要求。这时,假设液压泵坏了,液压油进去了,但是备用阀打开之后,那么从制动踏板和主缸过来的制动液,还是可以进入相应的轮缸,达到一定常规制动的效果,所以这是安全性保证。当踩下制动踏板时,制动液从主缸中流出,经过备用阀门,被分配到每个轮胎上,从而实现常规的液压制动,这是确保车辆安全行驶的关键步骤。

如果 EHB 供能装置发生了问题,导致隔离阀不能正常工作,但是驾驶人可以依靠踩加速踏板来控制节气门开度,从而使油缸中的油能够流入轮缸,从而达到足够的制动效果。

备用系统的出现大大提高了车辆的安全性,即使在线控制动系统出现故障,也能够及时采取措施,例如,当制动器接触水时,EHB 系统可以迅速采取措施,将其干燥,从而维持其正常的运行状态。EHB 的线控技术使得制动器与踏板之间的连接变得更加坚固,进而在制动强度超出预料,进行防抱死处理时,踏板上的反冲作用力也得以抑制,从而极大地改善了驾驶人的操作体验。

（2）EHB 工作过程。

EHB 系统通过引入先进的智能技术,将传统的机械式制动踏板替换为智能式制动踏板,从而实现对车辆的实时监测和自主调节,从而更好地反映车辆的运行状态,并及时响应车辆的制动需求,从而实现车辆的安全制动。EHB 系统通过电子技术来实现对汽车的自主操作,这个过程包括电子控制单元接收来自电子设备的电子指令,来实现对汽车的自主操作。此外,还有电子控制单元对不断变化的气压进行监测,来确保汽车的安全行驶。EHB 的驱动系统通过监测和控制电磁阀的开启和关闭来实现对轮缸的制动。该系统的主要工作原理是通过加速、降速和停止三个阶段来实现的。

增压阶段系统如图 3-46 所示。当踩下制动踏板时,ECU 根据制动踏板的运动信息确定所需的制动压力,并控制相应的电磁阀来增加轮缸中的制动压力,控制增压电磁阀的打开和减压电磁阀的关闭。

保压阶段系统如图 3-47 所示。当电子控制单元决定必须保持制动系统的压力时,制动伺服阀和泄压阀就会闭合,将油路和轮缸制动液隔绝,轮缸内压力维持平衡。

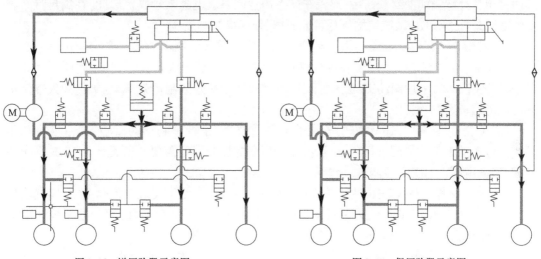

图 3-46　增压阶段示意图　　　　　图 3-47　保压阶段示意图

减压过程,当释放制动踏板时,或当控制策略决定车轮缸需要加压时,电子控制单元检查压力阀是否始终关闭,这使制动液流回主缸储液罐,车轮缸内的压力降低,以完成减压过程。通过调整电子控制系统的参数,使得 ECU 的系统具有良好的稳定性。通过调整参数,系统可以根据轮速传感器、压力传感器和 ABS、ASR 等传感器的数据,实现对轮缸的有效调节,从而实现减压。该系统的核心原理就是通过调整参数,使得系统的性能达到最佳,从而实现最佳的减速效果。通过调整前轮与后轮的平衡阀、高速开关电磁阀等,可实现双向的制动,从而确保 EHB 控制系统的稳定运行,并可避免出现制动跑偏的情况。该系统保留了液压技术,可确保即便发生故障,也可以保证有足够的制动效果。

第4章 乘用车 EHB 系统设计

4.1 EHB 系统方案设计

EHB 系统直接影响到汽车的制动性能,从传统燃油汽车到新能源汽车的开发来看,传统的燃油车大多采用真空助力器的形式进行助力制动,新能源汽车大多以装载真空泵的形式进行助力制动。显而易见,真空助力器的助力制动具有响应慢,体积大等缺点;真空泵的助力制动虽提高了制动的响应速度,但在新能源汽车上应用存在明显的安全隐患。同时,人们对制动系统的需求也不断提高,因此,开发一款合适的 EHB 系统显得尤为重要。其中 EHB 系统需满足以下设计要求:

(1) 结构紧凑,便于拆卸和安装。随着新能源汽车不断向智能汽车方向发展,人们更加趋向使用各种智能辅助驾驶系统,对汽车的占用空间要求也越来越高。因此,在满足汽车制动性能的条件下,EHB 系统结构应尽可能紧凑,便于拆卸和安装。

(2) 能够产生足够大的制动力。制动系统产生足够大的制动力是汽车行驶过程中必要的安全保证,EHB 系统除了需要满足常规制动工况外,还需要满足连续制动、间断制动和紧急制动等工况。在上述制动工况条件下,同时需要产生良好的制动效果,且给驾驶人带来良好的制动踏板感觉。

(3) 安全性能高。EHB 系统的安全性至关重要,它是行车制动的核心,其相应的 EHB 系统的电动助力部分需要进行独立设计,制动所需的控制器更需要与所设计的 EHB 系统相匹配,以满足制动的安全性能。

(4) 电动化程度高。EHB 系统应该具有电动化程度高,便于集成其他辅助制动功能,如 ABS、EPS、ADAS 等。同时,EHB 系统对整车的控制具有较强的兼容性,便于整车控制器对 EHB 系统故障的检测,为汽车智能化和网联化提供良好的基础。

(5) 便于集成控制。传统汽车主要以驾驶人实施制动为主,不利于汽车的智能网联化发展。因此,EHB 系统应该具备集成的控制功能,能够实时将路面的信息反馈到控制器中,使 EHB 系统能主动产生期望的制动强度。

(6) 成本低,绿色环保。在能源短缺和绿色工业的大环境下,EHB 系统的电动化要求耗能小,排放低,同时,在制动过程中具有能量回收功能。

本节分析汽车 EHB 系统制动模式切换的工作原理,给出汽车 EHB 系统的设计方案,并讨论其在线控制动模式和失效备份制动模式下的工作原理。同时,对电磁阀的设计进行动态特性计算,并基于设计的液压特性测试台架对电磁阀的液压性能进行测试试验。其次,对制动踏板模拟器的设计方法和原理进行仿真分析。最后,通过搭建液压测试台架对压力传感器的压力测试进行分析。

4.1.1 汽车 EHB 系统制动模式工作原理

汽车 EHB 系统的制动模式主要分为线控制动模式和失效备份制动模式,其工作原理如图 4-1 所示。其中,线控制动包括常规制动和主动制动。

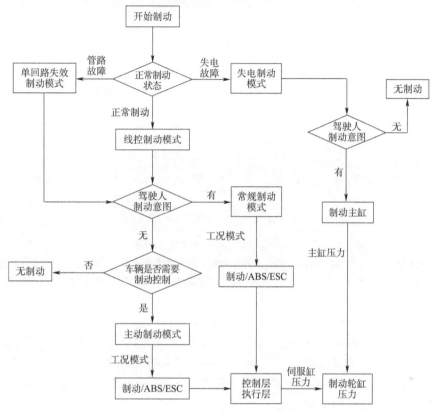

图 4-1 汽车 EHB 制动模式工作原理

当车辆开始制动时,汽车电子液压制动系统进行制动状态检测,当制动系统电子控制单元检测到制动系统各模块正常时,制动系统进入线控制动模式,并检测驾驶人是否有制动意图,当电子控制单元检测到驾驶人踩下制动踏板后,制动系统进入常规制动模式,通过控制层控制执行层输出目标制动轮缸压力,实现紧急制动和 ABS 等功能要求;当驾驶人未踩下制动踏板且车辆有制动需求时,制动系统进入主动制动模式,从而实现 ESC 等功能要求。

当电子控制单元检测到制动系统失电时,进入失效制动模式,制动踏板与轮缸处于非解耦状态,驾驶人踩下制动踏板后,制动主缸液压力通过管路直接传递到轮缸来实现制动。当电子控制单元检测到制动系统某一制动管路失效时,进入单回路失效制动模式,只通过调节单一制动回路的轮缸压力来实现制动。

因此,为保证制动的安全性、舒适性和制动功能要求,汽车 EHB 系统需要基于上述制动系统制动模式切换的工作原理来进行设计。

4.1.2 汽车 EHB 系统的设计方案

为适应汽车电动化和自动化驾驶的发展潮流,本文设计的汽车 EHB 系统是完全解耦式的汽车 EHB 系统,以电控单元取代传统的真空助力器单元,采用两个盒子的分立式设计方案,该汽车 EHB 系统的设计方案如图 4-2 所示。

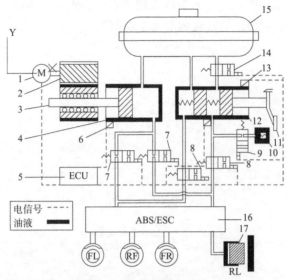

图 4-2 汽车 EHB 系统设计方案

1-电动机;2-齿轮减速组;3-滚珠丝杆机构;4-伺服缸;5-电子控制单元;6-压力传感器;7-常闭电磁阀;8-常开电磁阀;9-制动踏板模拟器常闭电磁阀;10-制动踏板模拟器;11-制动踏板;12-串联制动主缸;13-位移传感器;14-储液罐常开电磁阀;15-储液罐;16-ABS/ESC 电磁阀组;17-制动轮缸

该设计方案中零部件 1-15 均布置于一个"盒子"上,ABS/ESC 电磁阀组则布置于另一个盒子上。其中,常闭电磁阀通电时打开,断电时关闭,且常闭阀可用作踏板模拟器电磁阀;常开电磁阀通电时关闭,断电时打开,且常开阀可用作储液罐电磁阀。

该设计方案的液压架构主要包括以下子模块,分别是制动踏板驱动单元、线性驱动器单元、储液罐单元和轮缸回路单元。

踏板驱动单元包括制动踏板、制动主缸、模拟器常闭电磁阀、踏板模拟器、位移传感器和压力传感器,是制动踏板与驾驶人的接口。驾驶人踩下制动踏板后,制动液经制动主缸第一液压腔进入制动踏板模拟器,制动时给驾驶人以虚拟的制动踏板感觉,并通过传感器感知驾驶人的制动意图。

线性驱动器单元包括电动机、齿轮减速组、滚珠丝杆机构、伺服缸、压力传感器、常闭电磁阀和常开电磁阀。当制动系统有制动需求时,常开电磁阀通电关闭使制动踏板与制动轮缸解耦,常闭电磁阀通电打开使伺服缸与轮缸回路连接。

储液罐单元通过三个接口给踏板驱动单元以及线性驱动器单元提供所需制动液。

轮缸回路单元包括 ABS/ESC 电磁阀组,并连接所有制动轮缸到液压系统中。其中制动主缸第一液压回路连接至轮缸第一回路,制动主缸的第二液压回路连接至轮缸第二回路。

该设计方案以电动机为动力源,通过电子控制单元(ECU)控制电动机运转,使伺服缸产生高压制动液,高压制动液经液压管路流入制动轮缸后产生所需制动力。

1)线控制动模式设计方案

(1)常规制动模式设计方案。线控制动模式主要包括常规制动和主动制动。汽车 EHB 系统常规制动设计方案如图 4-3 所示,在常规制动模式下,驾驶人踩下制动踏板,制动系统

ECU检测到驾驶人制动意图后,使模拟器常闭电磁阀通电打开,制动踏板驱动单元中的制动液从制动主缸第一液压腔经常闭电磁阀后进入制动踏板模拟器,给驾驶人反馈制动踏板感觉。同时,ECU给线性驱动器单元发出控制指令,常开电磁阀通电关闭使踏板与轮缸解耦。

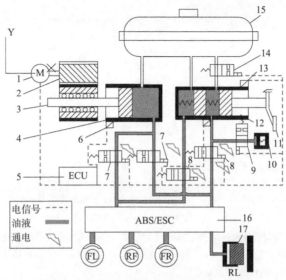

图4-3 汽车EHB系统常规制动模式设计方案

1-电动机;2-齿轮减速组;3-滚珠丝杆机构;4-伺服缸;5-电子控制单元;6-压力传感器;7-常闭电磁阀;8-常开电磁阀;9-制动踏板模拟器常闭电磁阀;10-制动踏板模拟器;11-制动踏板;12-串联制动主缸;13-位移传感器;14-储液罐常开电磁阀;15-储液罐;16-ABS/ESC电磁阀组;17-制动轮缸

同时,线性驱动器单元中的电动机以设定速度运转,驱动齿轮减速组和滚珠丝杆机构,电动机输出轴的旋转运动转变为伺服缸活塞的直线运动,从而使伺服缸建立起高压制动液,常闭电磁阀通电打开使伺服缸与轮缸之间液压回路连通,进而建立起汽车所需制动力。

(2)主动制动模式设计方案。主动制动模式下,踏板驱动单元未工作,EHB系统的液压原理如图4-4所示。

当驾驶人没有踩下制动踏板,而汽车需要调节车辆运动状态时,整车控制器发出控制指令到制动系统ECU,从而改变车轮所受制动力来调节汽车运动状态。制动控制时,常闭电磁阀通电打开,常开电磁阀通电关闭,模拟器常闭电磁阀断电关闭,制动踏板驱动单元并未工作。制动系统ECU驱动线性驱动器单元,通过控制电机驱动旋转直线运动转换机构,推动伺服缸活塞建立起伺服缸压力,伺服缸制动液经常闭电磁阀和ABS/ESC电磁阀组进入制动轮缸达到所需轮缸压力。

2)失效备份制动模式设计方案

(1)系统失电失效备份制动模式设计方案。

系统失电失效备份制动模式下,其液压原理如图4-5所示,当制动系统处于全部失电等失效状态下,常闭电磁阀断电关闭,常开电磁阀断电打开,模拟器常闭电磁阀断电关闭。线性驱动单元的常闭电磁阀自动断开与轮缸的连接,制动踏板驱动单元通过常开电磁阀与轮缸直接相连,当驾驶人踩下制动踏板,驾驶人的踏板感由制动主缸提供,高压制动液分别通过常开电磁阀进入轮缸回路,进而建立起轮缸压力。

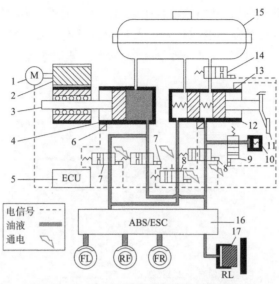

图 4-4 汽车 EHB 系统主动制动模式设计方案

1-电动机;2-齿轮减速组;3-滚珠丝杆机构;4-伺服缸;5-电子控制单元;6-压力传感器;7-常闭电磁阀;8-常开电磁阀;9-制动踏板模拟器常闭电磁阀;10-制动踏板模拟器;11-制动踏板;12-串联制动主缸;13-位移传感器;14-储液罐常开电磁阀;15-储液罐;16-ABS/ESC 电磁阀组;17-制动轮缸

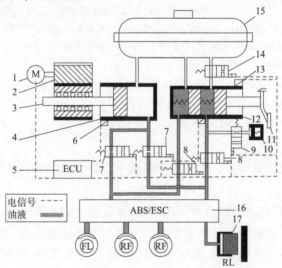

图 4-5 汽车 EHB 系统失电失效制动模式设计方案

1-电动机;2-齿轮减速组;3-滚珠丝杆机构;4-伺服缸;5-电子控制单元;6-压力传感器;7-常闭电磁阀;8-常开电磁阀;9-制动踏板模拟器常闭电磁阀;10-制动踏板模拟器;11-制动踏板;12-串联制动主缸;13-位移传感器;14-储液罐常开电磁阀;15-储液罐;16-ABS/ESC 电磁阀组;17-制动轮缸

（2）系统单回路失效备份制动模式设计方案。

单回路失效制动模式下,其液压原理如图 4-6 所示,由于汽车制动系统管路是布置成 X 形管路的,所以可通过一条制动回路实现左前轮与右后轮压力的建立,并可通过另一条制动回路实现右前轮和左后轮压力的建立。当系统中某条制动回路在汽车制动过程中发生泄漏等故障时,制动系统进入单回路失效制动模式。此时,常开电磁阀通电关闭,模拟器常闭电磁阀通电打开,即制动踏板感觉仍由制动踏板模拟器提供,两个常闭电磁阀分别处于通电打开和断电关闭。线性驱动器单元中伺服缸高压制动液进入未失效制动轮缸制动回路中,保证制动过程中的驾驶安全和舒适性。

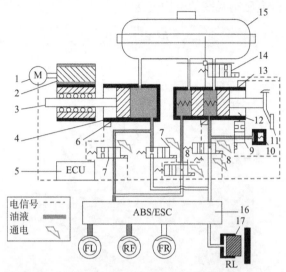

图4-6 汽车EHB系统单回路失效制动模式设计方案

1-电动机;2-齿轮减速组;3-滚珠丝杆机构;4-伺服缸;5-电子控制单元;6-压力传感器;7-常闭电磁阀;8-常开电磁阀;9-制动踏板模拟器常闭电磁阀;10-制动踏板模拟器;11-制动踏板;12-串联制动主缸;13-位移传感器;14-储液罐常开电磁阀;15-储液罐;16-ABS/ESC电磁阀组;17-制动轮缸

综合分析上述设计方案,汽车EHB系统压力控制功能的实现有赖于各零部件协调工作,零部件设计的好坏对制动系统的性能有着极为重要的影响。在上述设计方案中,电磁阀、制动踏板感觉模拟器、滚珠丝杆、制动主缸、伺服缸、压力传感器和位移传感器等是系统的重要零部件。目前,由于滚珠丝杆、制动主缸、伺服缸和位移传感器的设计较为成熟,所以本书只针对电磁阀、制动踏板模拟器和压力传感器进行设计分析。

4.1.3 汽车EHB系统电磁阀的设计

1) 电磁阀的建模

为指导电磁阀产品的前期设计,需要对电磁阀的动态特性进行性能计算以保证设计参数可靠性,减少产品开发成本,同时需要通过实验进一步验证基于性能计算模型参数所设计的电磁阀满足相应的性能要求。根据电磁阀在EHB系统中的功能作用,主要有两类电磁阀,分别是常闭电磁阀和常开电磁阀。常闭电磁阀和常开电磁阀分别布置于伺服缸与轮缸、制动主缸与轮缸之间的液压管路中,实现制动踏板与轮缸的解耦,其中,常闭电磁阀可布置于制动踏板模拟器与制动主缸之间来调节踏板感。常开电磁阀可布置于储液罐与制动主缸之间来调节主缸第一液压腔的进液量。如图4-7所示为上述两种电磁阀的剖面结构,它们的主要组成零部件有动铁、定铁、线圈、阀芯、阀口、阀体、隔磁管和基座等。

电磁阀的阀芯动铁总成在电磁力(F_{m_1}和F_{m_2})、液动力(F_{p_1}和F_{p_2})、弹簧弹力(F_{s_1}和F_{s_2})、摩擦力(F_{f_1}和F_{f_2})和阻尼力(F_{c_1}和F_{c_2})的合力作用下运动,实现对管路液压力通断的控制,从而控制制动轮缸压力的变化。

根据图4-8对电磁阀阀芯运动过程的受力分析,设电磁阀阀芯总成质量为m,阀芯位移为x,考虑阻尼力和摩擦力,可得电磁阀阀芯位移运动方程为:

$$m\ddot{x} = F_m - F_s - F_p - F_c - F_f \tag{4-1}$$

当电磁阀线圈通电时,设线圈电流强度为 i,电阻为 R,二极管压降为 U_d,磁链为 ψ,因此,由基尔霍夫定律可得电磁阀线圈的电压表达式:

$$U = Ri + \frac{d\psi}{dt} - U_d \tag{4-2}$$

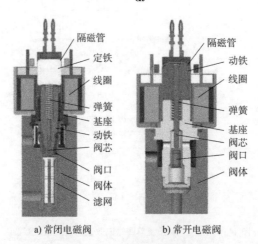

a) 常闭电磁阀　　b) 常开电磁阀

图 4-7　电磁阀剖面结构

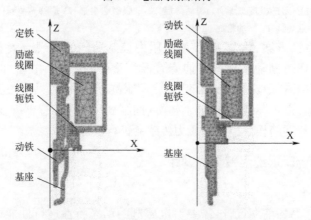

a) 常闭电磁阀有限元二维模型　　b) 常开电磁阀有限元二维模型

图 4-8　电磁阀电磁场有限元分析二维模型

根据法拉第电磁感应定律,设线圈电感为 L,对磁链 $\psi = Li$ 进行全微分,并联立方程(4-2)得到电流 i 的微分方程为:

$$\frac{di}{dt} = \frac{1}{L + i\frac{\partial L}{\partial i}}\left(U - Ri - U_d - i\frac{\partial L}{\partial x}\dot{x}\right) \tag{4-3}$$

电磁阀通过线圈插针安装在 ECU 电路板上,二极管并联在电磁阀线圈两端,考虑二极管特性及其对电流和电压影响,得到二极管续流过程中压降 U_d 与电流 i 关系式:

$$U_d = (\lg i + 4.75)/4 \tag{4-4}$$

通过电磁阀运动基本方程(4-1)的分析可知,电磁力、弹簧弹力、液动力、阻尼力以及摩擦力在阀芯运动中调节阀芯的开度状态。其中,电磁力是关于阀芯位移以及电流的函数,液动力是关于阀芯位移的函数,可分别通过电磁场和流场有限元分析得到。弹簧弹力可通过力-位移线性函数得到。阀芯在液压油运动时受到摩擦力较小,因此,摩擦力采用估算值。阻尼力可由阻尼系数与阀芯运动速度乘积得到。为获得上述仿真参数,下面将对电磁阀的动态特性仿真参数进行计算。

2)电磁阀的动态特性仿真参数计算

(1)电磁阀电磁力的计算。

根据上述电磁阀通电时的数学模型,为获得数学模型中的电磁力或电感和电流、阀芯位移关系曲线数据,需要通过对电磁阀的电磁场进行相关计算。

为了提高仿真精度,利用 Maxwell 有限元软件对电磁阀电磁场进行分析。仿真分析前,需要对电磁阀模型进行简化,电磁仿真只考虑磁导率较高的线圈以及磁性材料,非磁性材料磁导率接近空气。设非磁性材料及空气的相对磁导率为1,因此,对励磁线圈、线圈轭铁、定铁、动铁和基座进行建模,简化后的模型为轴对称结构。

将轴对称结构的电磁阀模型导入 Maxwell 软件,设置空气模型包裹电磁阀模型,以三角形单元划分网格,给常闭电磁阀和常开电磁阀赋予模型空气、铁磁材料及线圈材料属性。设置线圈电流励磁,设置分析步为静态磁场分析,设置模型计算区域,设置电磁力和电感计算参数,得到两种电磁阀的二维轴对称电磁场有限元分析模型如图4-8所示,为方便观察电磁阀网格结构,图4-8的有限元分析模型并未显示空气模型网格。

常开电磁阀和常闭电磁阀的相关参数数值见表4-1,其中,铁磁材料的磁感应强度 B 和磁场强度 H 关系曲线可通过查工程材料手册得到。

表4-1 常开电磁阀和常闭电磁阀的相关参数

电磁阀	电阻值(Ω)	线圈匝数	弹簧刚度(N/m)	工作气隙(mm)	铜材料属性	铁磁材料属性
常闭电磁阀	1.5	310	3720	0.45	励磁线圈	动铁、定铁、轭铁、基座
常开电磁阀	3.0	340	4150	0.16		

图4-9给出了常开电磁阀和常闭电磁阀的电磁场仿真结果的电磁力和阀芯位移、电流关系三维图,在阀芯位移一定时,阀芯所受电磁力随电流增大而增大,其增长速度随着磁性材料 B-H 特性达到饱和区而变慢。同时,在电磁阀整个工作电流下,电磁力未达到饱和时对应的电流均满足使用要求;在电流一定时,阀芯位移随着电磁力的增大而增大,且在大位移时电磁力相对电流增长更快。

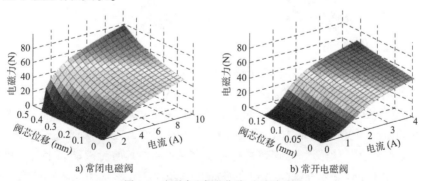

a) 常闭电磁阀 b) 常开电磁阀

图4-9 电磁力和阀芯位移、电流关系图

图4-10给出了常开电磁阀和常闭电磁阀的电磁场仿真结果的电感和阀芯位移、电流关

系三维图,在阀芯位移一定时,电感随着电流的增大而减小,当常闭电磁阀和常开电磁阀阀芯位移达到 0.45mm 和 0.16mm 时,随着电流增大,电感越小;在电流一定时,电感随着阀芯位移的增大而增大,当常闭电磁阀电流达到开启电流 2A 左右时,常开电磁阀达到关闭电流 0.5A 左右时,随着阀芯位移增大,电感增大速率越快。

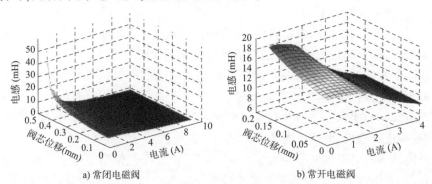

a) 常闭电磁阀　　　　　b) 常开电磁阀

图 4-10　电感和阀芯位移、电流关系图

(2) 电磁阀液动力的计算。

为得到电磁阀阀芯所受液动力与阀芯位移间关系,基于软件 Fluent 进行电磁阀流场仿真,进行模型假设时,忽略流体温度和重力影响。常闭电磁阀和常开电磁阀的流体流动方向分别是从伺服缸、制动主缸端流入,从两侧轮缸端流出,依此可提取出电磁阀节流口处的流场控制体。利用 3D 四面体混合单元对流场控制体划分网格,设置制动液属性参数并采用标准 $k\text{-}\varepsilon$ 模型模拟阀座节流口处的湍流状态,以流体速度输入和压力输出为边界条件,其中速度输入数值为 2m/s,压力输出边界的出口压力设定为 0。软件求解过程设置为基于压力的稳态求解,得到两种阀的流场控制体有限元分析三维模型如图 4-11 所示。

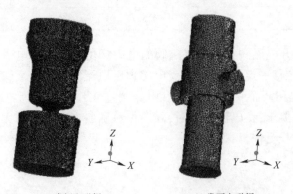

a) 常闭电磁阀　　　　　b) 常开电磁阀

图 4-11　电磁阀流场控制体有限元分析三维模型

图 4-12 分别给出了不同阀芯位移下,常闭电磁阀和常开电磁阀阀芯所受的液动力曲线。从曲线得,当常闭电磁阀阀芯趋于完全开启时,阀芯受到较大的液动力,当阀芯位移超过行程位移 30% 时,其所受液动力下降速度减缓至 0;当常开电磁阀阀芯趋于完全关闭时,阀芯受到较大的液动力,当阀芯位移超过行程位移 75% 时,其所受液动力上升速度最大。

综上,基于方程(4-1)~方程(4-4),在 Simulink 软件建立起常闭电磁阀和常开电磁阀动态特性仿真模型,为对比仿真与实验结果,其仿真结果见后续小节。在常闭电磁阀和常开电磁阀模型中,动铁阀芯质量分别为 3.74g 和 3.01g;弹簧预紧量分别为 2.77mm 和 1.72mm;

速度阻尼系数均为 0.034;电磁阀阀芯设定摩擦力均为 0.01N。

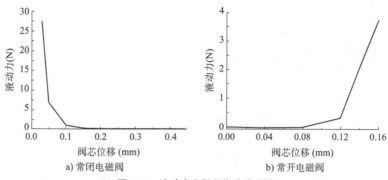

图 4-12　液动力和阀芯位移关系图

4.1.4　汽车 EHB 系统制动踏板模拟器的设计

1)制动踏板模拟器的结构及工作原理

汽车 EHB 系统处于线控制动阶段,制动踏板模拟器液压原理及结构如图 4-13 所示,驾驶人以制动踏板力 F_p 踩下制动踏板后,制动液依次经过制动主缸第一液压腔、模拟器常闭阀以及制动踏板模拟器,并作用于制动踏板模拟器弹簧组给驾驶人提供制动踏板感觉。以模拟 3 段斜率的制动踏板力-行程特性曲线为设计目标,设计了组合弹簧式被动制动踏板模拟器,其结构主要由活塞、U 型帽、弹簧 1、弹簧 2 和弹簧 3 组成。

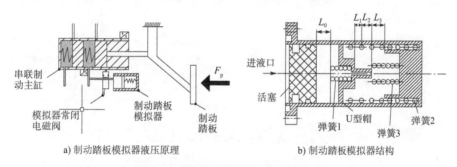

图 4-13　制动踏板模拟器液压原理及结构

制动踏板模拟器的工作过程如图 4-14 所示。第一阶段,活塞在制动液液压力下压缩弹簧 1 和弹簧 2 达到行程($L_0 + L_1$)后与 U 型帽开始接触,弹簧 1 和 2 串联工作;第二阶段,活塞与 U 型帽进一步压缩弹簧 2 达到行程 L_2 后与弹簧 3 开始接触,弹簧 2 单独工作;第三阶段,活塞与 U 型帽压缩弹簧 2 和弹簧 3 后达到行程 L_3,弹簧 2 和 3 并联工作。因此,随着不同阶段组合弹簧的压缩量的增大,模拟器提供的回位力和制动踏板感觉越强,制动的舒适性越好。

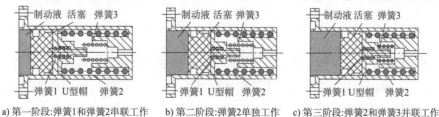

图 4-14　制动踏板模拟器工作过程

根据模拟器各弹簧工作压缩阶段,制动踏板模拟器 3 段等效刚度 k_{es1}、k_{es2} 和 k_{es3} 表达式如下:

$$\begin{cases} k_{es1} = \dfrac{k_1 k_2}{k_1 + k_2}, & 0 < x_{ps} < L_0 + L_1 \\ k_{es2} = k_2, & L_0 + L_1 < x_{ps} < L_0 + L_1 + L_2 \\ k_{es3} = k_2 + k_3, & L_0 + L_1 + L_2 < x_{ps} < L_0 + L_1 + L_2 + L_3 \end{cases} \quad (4\text{-}5)$$

式(4-5)中,弹簧 1、2 和 3 的刚度分别为 k_1、k_2 和 k_3(N/mm);x_{ps} 是模拟器活塞位移(mm);L_0、L_1、L_2 和 L_3 为不同弹簧压缩阶段的活塞行程(mm)。

2) 制动踏板模拟器制动踏板力-行程特性仿真

结合制动踏板模拟器结构及其工作原理,基于软件 Amesim 建立仿真模型如图 4-15 所示。

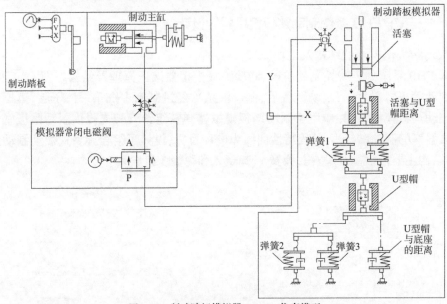

图 4-15 制动踏板模拟器 Amesim 仿真模型

驾驶人以制动踏板力 F_p 踩下制动踏板后,主缸活塞在推杆力作用下运动,主缸制动液经过模拟器常闭电磁阀进入模拟器液压腔,得到主缸活塞的动力学方程为:

$$m_p \ddot{x}_p + c_p \dot{x}_p + k_p x_p = \beta_p F_p - A_p P_p \quad (4\text{-}6)$$

式中,m_p 是主缸第一液压腔主缸活塞质量;x_p 是主缸第一液压腔活塞位移;β_p 是制动踏板操纵机构杠杆比;c_p 是阻尼系数;k_p 是主缸第一液压腔等效弹簧刚度;A_p 是主缸第一液压腔活塞面积;P_p 是主缸第一液压腔活塞受到的液压力。

制动踏板模拟器常闭电磁阀通电时打开,将该常闭电磁阀简化为节流器,其流量方程 Q_{ps} 为:

$$Q_{ps} = k_{ps} \sqrt{(P_p - P_{ps})} \quad (4\text{-}7)$$

式中,k_{ps} 是模拟器常闭阀方程等效系数;P_{ps} 是模拟器活塞受到的液压力。

制动液进入模拟器液压腔后,推动活塞压缩弹簧,以得到驾驶人所需的制动踏板感觉,得到踏板模拟器活塞的动力学方程为:

$$m_{ps} \ddot{x}_{ps} + c_{px} \dot{x}_{ps} + k_{esi} x_{ps} = A_{ps} P_{ps} \quad (4\text{-}8)$$

式中，m_{ps}是模拟器活塞质量，x_{ps}是模拟器活塞位移，c_{px}是阻尼系数，k_{esi}是不同压缩阶段 i 的弹簧等效刚度，A_{ps}是活塞面积。

由于流出制动主缸与流入制动踏板模拟器的制动液流量相等，根据流量连续性原理，可得主缸活塞行程位移与模拟器活塞行程位移的关系表达式：

$$A_p \dot{x}_p = A_{ps} \dot{x}_{ps} \tag{4-9}$$

在图 4-16 所示的 Amesim 仿真模型中，制动踏板力以 0~500N 线性输入，设置弹簧 1 的刚度为 4N/mm，弹簧 2 刚度为 7.5N/mm，弹簧 3 刚度为 9.5N/mm，并以制动踏板行程为输出，图 4-16 给出了不同踏板行程下，制动踏板模拟器提供的制动踏板力仿真曲线。该制动踏板力-行程特性曲线具有 3 段斜率，分别对应弹簧不同的压缩阶段，斜率大小分别 2.6N/mm、7.5N/mm 和 16.9N/mm。从曲线可得，随着驾驶人踩制动踏板行程的增加，制动踏板模拟器提供驾驶人制动踏板感觉呈阶段性加强，满足不同制动工况下的制动踏板感觉要求和使用要求。

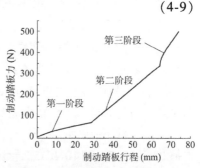

图 4-16　制动踏板力-行程特性曲线

通过对汽车 EHB 系统制动踏板模拟器的设计，在实现制动系统完全解耦同时，可为驾驶人提供制动时合理的制动踏板感觉反馈，满足汽车 EHB 系统的使用舒适性。

4.1.5　汽车 EHB 系统压力传感器的设计

压力传感器布置于汽车 EHB 系统制动主缸和伺服缸制动液的输出处，用于测量制动主缸和伺服缸输出液压力，其测量精度影响制动系统的压力控制精度和汽车安全性。因此，为获取压力传感器的压力误差补偿值，提高 EHB 系统压力测试精度，需要对其进行压力测试。压力传感器型号及结构如图 4-17 所示，该款传感器具有两个互为冗余的压力输出端 P1 和 P2，其中，P1 能测量压力，P2 能同时测量压力和温度。

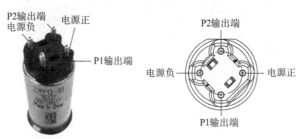

a) 压力传感器型号　　　　b) 压力传感器结构

图 4-17　压力传感器型号及结构图

测试时，压力传感器输出的是电压模拟量，为得到 P1 和 P2 端的压力和温度值，需要建立起电压模拟量与压力、温度的函数关系，设 V_{pwr} 为压力传感器供电电压，P1 端压力 P_1 与电压 V_{P1} 关系表达式为：

$$V_{P1} = (80 \times P_1/250 + 10)/V_{pwr} \tag{4-10}$$

同理，P2 端压力 P_2、温度 T_{P2} 与压力电压 V_{P2} 和温度电压 V_{temp} 关系表达式为：

$$\begin{cases} V_{P2} = (-80 \times P_2/250 + 90)/V_{pwr} \\ V_{temp} = [-80 \times (T_{P2} + 40)/165 + 90]/V_{pwr} \end{cases} \tag{4-11}$$

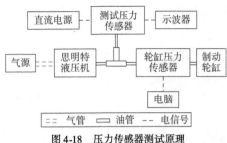

图4-18 压力传感器测试原理

为测试压力传感器精度,确定压力控制器补偿值,将压力传感器安装到汽车EHB系统总成上,以制动主缸出口处的压力传感器为测试对象,搭建压力传感器的测试台架,其测试原理如图4-18所示。液压动力源、制动主缸压力传感器和制动轮缸压力传感器通过三通接头连接,当系统建立液压力时,三个压力传感器的压力相等。液压动力源与制动系统总成某轮缸压力出口相连接,制动主缸压力传感器由直流电源供电。因此,测试压力时,液压动力源压力值由自带显示仪表得到,制动主缸压力传感器压力值由示波器读取,制动轮缸压力传感器压力值由电脑软件得到。

室温条件下,制动主缸压力传感器供电电压为5V,可通过分别设定液压动力源输出压力值0MPa、5MPa和10MPa,油管压力稳定后,通过示波器采集制动主缸压力传感器电压数据,并通过电脑软件测取制动轮缸压力传感器压力值。

经过软件滤波处理后的不同液压动力源输出压力下的制动主缸压力传感器电压曲线如图4-19所示。从曲线分析得,P2端输出电压呈现高电平电压-低电平电压-温度电压-压力电压的变化规律,其中,P1端输出电压与P2端压力输出电压之和为一定值,压力值互为冗余。由于P1和P2端输出电压存在波动,分别对P1和P2端输出电压在各自对应时间段求平均值,并通过式(4-10)和(4-11)计算压力传感器压力和温度值,液压动力源、制动主缸压力传感器和轮缸压力传感器输出电压对比见表4-2。

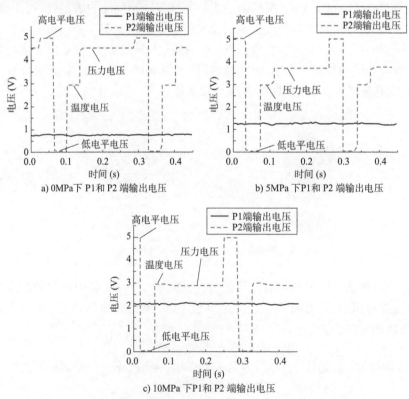

图4-19 不同液压动力源输出压力下的制动主缸压力传感器电压曲线

液压动力源、制动主缸压力传感器和轮缸压力传感器输出电压对比　　表 4-2

液压动力源压力（MPa）	制动主缸压力传感器						制动轮缸压力传感器	
	P1端压力电压（V）	P1端压力（MPa）	P2端压力电压（V）	P2端压力（MPa）	P2端温度电压（V）	P2端温度（℃）	压力电压（V）	压力（MPa）
0	0.49	-0.0022	4.52	-0.004	2.90	25.6	0.001	0.005
5	1.32	5.14	3.70	4.96	2.92	25.01	1.006	5.03
10	2.11	10.09	2.92	9.86	2.92	25.05	1.961	9.806

通过分析表 4-2 可得,与制动主缸和轮缸压力传感器相比,液压动力源随着设置压力的增大,10MPa 时压力值误差达到 2%,原因是液压动力源设定压力值误差在 3% 以内。当液压动力源设定压力为 0MPa 时,制动主缸压力传感器 P1 和 P2 端压力与轮缸压力传感器绝对误差分别为 0.0072MPa 和 0.009MPa,因此,可利用上述压力分别对主缸压力传感器 P1 和 P2 端设置正的零点补偿值。

当液压动力源设定压力为 5MPa 时,制动主缸压力传感器与轮缸压力传感器最大相对误差为 2.1%;当液压动力源设定压力为 10MPa 时,制动主缸压力传感器与轮缸压力传感器最大相对误差为 2.8%。制动主缸压力传感器压力误差在 3% 误差范围内,满足设计要求。因此,分别以各段压力值为标准并通过设置 3% 的最大压力误差补偿值来提高压力测量精度。

综上,通过对压力传感器的测试,验证了所设计选用的压力传感器的可行性,可得到其在不同压力下的误差补偿值,为压力控制器的设计提供数据参考。

4.1.6　其他布置方案

4.1.6.1　方案一

(1) EHB 系统实施方案。

EHB 系统包括装有制动踏板力传感器的踏板部件、电动助力制动器、制动力分配单元、制动轮缸、控制器(ECU)、制动液管路、采集信号的各类传感器以及可对各路信号进行实时监测的上位机监控平台等,电动助力式 EHB 系统方案如图 4-20 所示。在制动过程中,ECU 通过采集制动踏板力信号、制动踏板位移信号、制动管路油压信号、车速信号等并进行相应的滤波处理,再根据相应算法综合判断出驾驶人的实际制动意图,并根据不同的制动意图实施不同的助力方案。电动助力制动器在 ECU 助力信号控制下,对制动踏板实施助力,增大制动器输出油液压强。制动力分配单元将制动油液分配到四个制动轮缸,从而完成车辆制动。当电源故障、传感器故障等问题导致电控系统失效时,ECU 的报警系统会自动报警并开启紧急模式。驾驶人可以通过重踩制动踏板的方式对车辆实施制动,通过失效备份制动提高车辆的行驶安全性。

此外,系统不附加制动踏板感觉生成装置,仅仅通过相应的算法控制电动机运动形成平滑制动踏板感觉,模拟真空助力制动踏板感觉,提升驾驶体验。

综上可以看出,对于常规情况下的制动,制动器需要结合其自身安装的各类传感器提供制动信号。采集的信号经过 ECU 处理之后转换为助力信号再反馈到制动器为整个系统提供合理的助力。为了实现失效备份制动功能,制动器不能发生自锁,以便在电子控制单元失效的情况下依然能够通过驾驶人踩踏制动踏板的机械力实现制动。因此,EHB系统对整个助力制动器的性能有很高的要求。

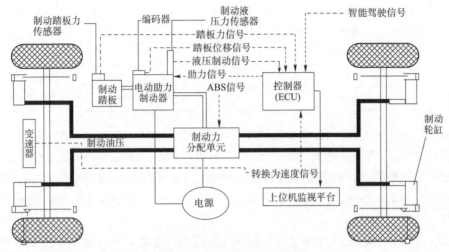

图4-20 电动助力式EHB系统方案

(2) EHB电动助力制动器设计需求。

电动助力制动器作为EHB系统的核心部件,其性能直接影响到汽车的制动性能,从普通汽车以及新能源汽车的制动需求出发,EHB系统的电动助力制动器的性能应该满足以下要求。

①结构体积小,易于安装。由于普通的新能源汽车或传统汽车发动机舱内部空间已经十分狭小、紧凑,因此,在达到汽车制动性能的大前提下,EHB系统的制动器的结构应该尽量满足体积小、质量轻及易于安装的要求。

②制动力充足。鉴于目前市场上的大部分新能源汽车的制动系统需要安装额外的真空泵,需要单独的储罐储存真空,在连续制动时,往往会出现制动力不足、制动效果差的问题。因此,EHB系统制动器应该根据驾驶人实际制动意图产生精准充足的制动助力,以形成良好的制动效果和驾驶体验。

③便于采集信号。整个EHB系统在运行时对制动踏板力信号、制动管路油压信号、制动踏板位移信号采集模块均集成到制动器ECU上,因此,在尽量减少制造成本的同时,采集模块的安装布置也应该进行合理的设计。

④安全性能高。EHB系统可靠性决定着汽车行驶制动的安全性。因此,制动器以及控制器的相应元件都应该进行专门的优化设计,使之能在恶劣工作环境下持续稳定运行,除此之外,整个EHB系统还应具备失效备份制动功能。

⑤便于集成其他功能。EHB系统应方便集成主动制动、ABS、EPS以及智能驾驶等辅助制动系统,系统应具有较强的兼容性,并留有相应的接口,以便实现与其他模块间的通信。

⑥节能环保。在绿色工业以及绿色车辆的大背景下,制动器应该达到能耗低、污染小的标准,最好是在汽车制动时才消耗电能。

(3) 电动助力制动器结构设计方案。

为了完成上述的制动器设计需求,现对整个制动器的结构进行方案设计,电动助力制动器结构及作用原理如图 4-21 所示。

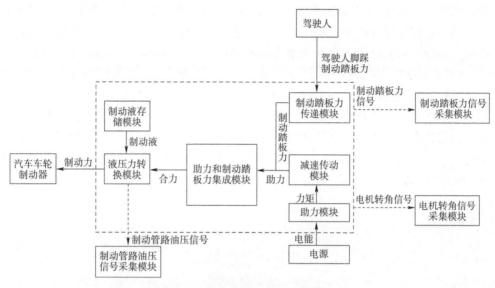

图 4-21 制动器结构及作用原理图

为了实现制动器的设计需求,电动助力制动器应该包括以下 7 个模块。

①助力模块:助力电动机可以精准提供助力,而且电动机能够在复杂环境下安全准确的运行。

②减速传动模块:为了保证制动系统提供制动力能达到汽车制动需求,需要通过减速装置实现降速增扭。

③制动踏板力传递模块:该模块的主要作用是连接制动踏板与制动器,把制动踏板力传递到制动器作为输入力。

④助力和制动踏板力集成模块:由于电动机是以扭矩的形式进行助力,所以需要将电动机的扭矩转换为直线运动助力,再和制动踏板力一起传递到液压力转换模块。

⑤制动液存储模块:该模块的功能主要是存储备用补充制动液。

⑥液压力转换模块:由于 EHB 系统保留了汽车原有的液压回路,所以需要将制动踏板力与电动机助力的合力在该模块转换为液压力。

⑦制动信号采集模块:本模块是进行制动信号采集,如制动踏板力信号、制动踏板位移信号以及制动管路油压信号。为了减小空间、节约成本,采集信号的电子元件的选型以及其安装布局将是结构设计的重点。

目前,国外已经进行装车试验的制动器大多只能用于一些安装空间较大的特殊车型,对于普通汽车尤其是新能源汽车则无法进行安装。因此,研发一款体积小,可适用于各种车型的制动器具有很重要的意义,所以这 7 个模块之间的互相连接要满足紧凑布置的要求,并且要留有相应的接口,以便其他功能的集成。综上所述,本书 EHB 系统电动助力制动器结构设计方案如图 4-22 所示。

电动助力制动器通过制动踏板连接杆与制动踏板操纵机构连接,将制动踏板力传递到制动器。制动踏板连接杆通过一个球铰与滚珠丝杠端头连接,实现制动踏板连接杆与丝杠的运动解耦。辅助电机为带有角度编码器的永磁同步电机,通过减速机构与滚珠丝杠副的螺母实现传动关系。当辅助电机施加扭矩时,扭矩通过减速机构放大作用到螺母上,并通过滚珠丝杠副转换为丝杠的直线作用力。滚珠丝杠一端与制动器输入端连接,另一端通过连接块与制动主缸活塞推杆相连。通过以上结构使来自驾驶人的踩踏力与来自电动机的助力共同作用到制动主缸上进而转化为制动所需的液压力。减速机构采用非自锁结构,当助力失效时,驾驶人仍能施加制动力,而且可单独控制电动机进行制动,从而实现主动制动的功能。辅助电机内置角度编码器,可通过各元件之间的连接关系计算出当前的制动踏板位移。制动踏板连接杆上安装了制动踏板力传感器用于检测制动时驾驶人施加的制动踏板力。制动主缸上还安装有液压压力传感器,用于检测输出的液压压强。此外,整个制动器各部件均以紧凑化方式进行连接,将相应的传感器也集成到了制动器里,最大限度地减小了制动器的尺寸,使制动器可适配各类常规车型。

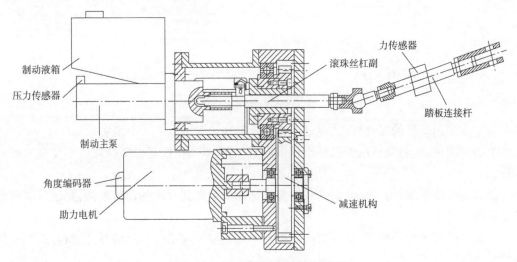

图 4-22 电动助力制动器结构设计方案

4.1.6.2 方案二

(1) 试验台预期试验目标。

基于 EHB 试验台试验,更好地实现如下传统制动功能。

① 制动防抱死系统(ABS)功能;
② 电子制动力分配(EBD)功能;
③ 电子稳定性控制(ESP)功能;
④ 牵引力控制系统(TCS)功能;
⑤ 主动防侧翻功能。

基于此试验平台,可以进一步研究相应的控制策略及状态估计算法(如车速及路面估计)。在条件许可情况下,还可以加入制动踏板力模拟及应急制动模块,进而研究制动踏板力反馈、EHB 容错控制等。

(2) 试验台试验工况。

① 行车制动(轻微制动工况)

行车过程中,驾驶人采取轻微制动使得车速有所缓慢下降,在此工况下可以检验制动压力的稳定性及实际轮缸制动压力对其理想值的跟随效果。

② 紧急制动

a. 均一附着路面

在低附着系数（附着系数 0.1~0.3）路面上，以 $v=40$km/h 车速直行；高附着系统（附着系数 0.7~0.9）路面上，以 $v=0.8v_{max}\leq 120$km/h 车速直行。车速稳定后，急促全力制动。

b. 对开路面

车辆的纵向中心平面通过对开路面交界线，在 $v=50$km/h 的初速度下急促全力制动。制动时可利用转向来修正行驶方向，汽车的任何部分不应越过交界线。

c. 对接路面

在高附着系数（附着系数 0.7~0.9）路面上，急促全力制动，保证车辆以速度 $v=40$km/h 和速度 $v=0.8v_{max}\leq 120$km/h 从高附着系数路面驶入低附着系数路面；在低附着系数（附着系数 0.1~0.3）路面上，急促全力制动，保证车辆以 $v=40$km/h 从低附着系数路面驶入高附着系数路面。

(3) EHB 系统总体方案。

EHB 系统以电子元件加以替代原始制动系统中的部分机械元件，制动系统中原有的液压系统不做大的改变。这样可以由液压系统提供动力，电子系统提供柔性控制，是机电液一体化的高新技术产品，有很大的发展潜力。EHB 系统的总体方案如图 4-23 所示。

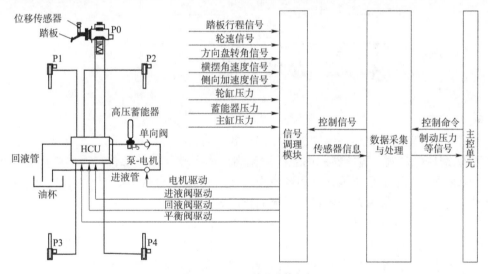

图 4-23　EHB 系统的总体方案

EHB 系统的主要包括液压执行机构，电子控制单元及一系列传感器几个部分。液压执行机构主要包括高压蓄能器，液压泵，制动液储油杯，进、出液电磁阀等；电子控制单元主要包括传感器信号输入单元，主控单元，执行器驱动单元；一系列传感器包括挡位传感器，转向盘转角传感器，横摆角速度传感器，制动踏板行程传感器，加速踏板行程传感器，离合器行程传感器，轮速传感器和压力传感器，纵向及侧向加速度传感器等。

在制动踏板生产位移的过程中，数据采集系统将采集到的踏板行程传感器、各制动器压力传感器等反馈信号输入到电子控制单元进行分析和判断，对进出液电磁阀分别进行调节。当系统需要增压时，进液阀打开，出液阀关闭；当系统需要保压时，进出液阀均关闭;当系统需要减压时,进液阀关闭,出液阀打开。通过输入 PWM 控制信号给高速开关阀从而控制各车轮上的制动压力。通过 CAN 总线技术 ECU 还可以接收来自 ABS,ASR,ESP 的汽车动态数据,经过分析和处理,将控制信号发送到相应的控制单元,对汽车进行优化控制。

(4) EHB 系统执行机构结构。

EHB 系统的执行机构包括液压控制单元、制动踏板单元和制动器,如图 4-24 所示。

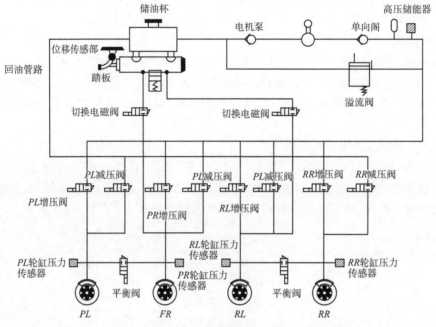

图 4-24　EHB 系统的执行机构

① 液压控制单元主要包括电动机、液压泵、蓄能器、止回阀、溢流阀及四套结构相同的增压电磁阀、减压电磁阀。蓄能器一端连同溢流阀的输入端与四路二位二通的常闭增压电磁阀输入端相连。电动液压泵输入端和溢流阀的输出端汇成一路与储油杯的出油口相连。在蓄能器与电动机之间装有防止制动液回流的止回阀。

四路二位二通的常闭增压电磁阀的输出端连同四路二位二通的常闭减压电磁阀的输入端汇成一路分别与制动器相连接,每个制动器与各自的增压电磁阀、减压电磁阀回路之间都装有压力传感器。四个减压电磁阀的输出端汇成一路连接到储油杯的回油端。

前轮两个制动器和后轮两个制动器之间分别装有一个平衡控制阀。制动主缸上的一个出油孔与前轮制动器的应急制动管路及连接有制动踏板行程模拟器的液压管路相连,制动主缸上的另一个出油孔与后轮制动器的应急制动管路相连。模拟器控制管路装有监测主缸压力变化的压力传感器。电动机泵与高压蓄能器共同组成 EHB 系统的压力源。电动液压泵为蓄能器提供高压制动液,持续为其蓄能,蓄能器为液压执行机构提供所需的制动压力,使系统能够实现多次连续制动。

② 制动踏板单元包括制动踏板、制动主缸、制动踏板行程模拟器、转角传感器,电磁阀和储油杯。储油杯与制动主缸的两个进油孔相连,安装有制动踏板行程传感器的制动踏板直接与制动主缸的推杆相连。

(5) EHB 系统的工作原理。

EHB 系统的工作过程主要是对压力供给单元的控制和高速开关阀的控制。①对压力供给单元的控制：压力供给单元包括电动液压泵和高压蓄能器，制动系统开始工作时，电动液压泵开始为高压蓄能器提供高压制动液，监测高压蓄能器的压力的压力传感器实时将测到的信号反馈给电子控制单元，当测得的值高于系统所标定的阈值时，高压蓄能器出液端连接的溢流阀打开，直至等于系统阈值时溢流阀关闭。从而高速开关阀的一端得到的是持续且基本稳定的高压制动液。②对高速开关阀进行控制：高速开关阀通过 PWM 方式，通过调制控制信号的占空比，使阀口开度改变，控制输出流量。

驾驶人踩下制动踏板，数据采集系统将制动踏板行程传感器及力传感器的信息会同车辆的行驶状态（转向盘转角、轮速、车速、横摆角速度等）信息采集到电子控制单元（ECU）中进行综合分析和判断。当得知系统需要增压时，电子控制单元输出 PWM 控制信号，对电磁阀进行控制，使进液阀输入流量增大，出液阀输出流量减小，直到达到所需制动压力；当得知系统需要保压控制时，电子控制单元通过对电磁阀进行控制，使增压电磁阀和减压电磁阀输出的流量保持不变；当得知系统需要减压时，电子控制单元对使进液阀输入流量减小，出液阀输出流量增大最终减小到所需的制动压力。当某几个高速开关阀控制回路失效时，电子控制单元将切换成应急控制模式，制动踏板力的液压管路与应急制动管路连通，制动踏板力直接通过液压管理加载在制动器上。

EHB 系统取消了真空助力器及一些机械装置，并用电子器件代替。作为系统动力源的高压蓄能器可以持续稳定输出 16MPa 的制动压力，可使系统对驾驶人的制动命令快速响应。另外，在 EHB 系统中，设置有制动备用系统，保留了车轮制动器和制动主缸，主制动系统与辅助制动系统互不干涉，当 EHB 系统失效时，备用系统开始作用，驾驶人的制动踏板力会按照传统的液压制动方式经制动主缸传递到前轮制动器上，大大提高了行驶安全性。

(6) EHB 系统控制器（ECU）方案。

根据 EHB 线控制动系统的基本原理，EHB 控制系统主要由 4 部分功能组件组成，如图 4-25 所示。

①输入通道：输入通道包括制动踏板行程传感器、轮速传感器、压力传感器、转向盘转角传感器、横摆角速度传感器、侧向加速度传感器及其信号处理模块等。通过 xPC 系统将传感器信号采集到电控单元 ECU，ECU 经分析判断输出控制信号。

②输出通道：输出通道部分包括制动踏板模拟器上的电磁阀驱动模块、制动钳液压通路上的电磁阀驱动模块、故障容错通路上的电磁阀驱动模块以及液压泵电动机驱动模块等。

③电子控制器单元（ECU）。ECU 是 EHB 控制系统的核心部分，其主要功能是完成对外来传感器信号的采集、处理，对各种数据进行逻辑分析，识别驾驶人制动意图，计算出车轮的参考速度、参考滑移率和车轮的加减速度，并通过相应的控制算法得出结论，做出正确的判断，最后发出控制信号给执行机构，实现 EHB 系统的制动功能。

④执行机构：接收 ECU 发过来的控制信号，执行相应的动作。这里包括各个通路上的电磁阀和液压泵电动机，以满足不同工况制动的要求。

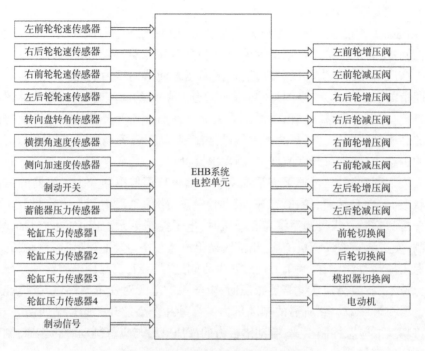

图 4-25 EHB 控制系统的组成结构图

4.2 EHB 系统动力学模型

4.2.1 电机动力学模型

结合上文的电动机参数选择,本文制动器的助力电动机最终采用永磁同步直流电动机,该电动机的动力学模型与参数如图 4-26 所示。图中 U_m 为电枢电压;E_m 为额定励磁下的感应电动势;I_m 为电枢电流;R_m 为电枢电阻;T_e 为电动机电磁转矩;T_f 为摩擦力矩;L_m 为电枢回路总电感;T_L 为负载转矩。

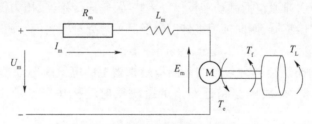

图 4-26 永磁直流电动机动力学模型

为了便于分析,简化了整个系统的模型,本文假定电动机铁磁部分的磁路呈线性,经分析可以得到直流电动机的动态方程如下式:

$$U_m = I_m R_m + L_m \frac{dI_m}{d_t} + E_m \tag{4-12}$$

$$E_m = C_e \phi n = K_t W_m \tag{4-13}$$

$$J_\text{m}\frac{d\omega_\text{m}}{dt} = T_\text{e} - T_\text{f} - T_\text{L} \tag{4-14}$$

$$T_\text{e} = C_\text{t}\Phi I_\text{m} = K_\text{t}I_\text{m} \tag{4-15}$$

式中,J_m 为等效转动惯量;C_e 为电动势常数;K_t 为转矩系数;C_t 为转矩常数;ϕ 为每极气隙磁通;ω_m 为电机转速。

4.2.2 减速机构动力学模型

选用 5M 同步带轮作为助力电机的减速增扭机构,通过该机构把直流电机的输出力矩放大,再通过滚珠丝杠副把助力力矩转换为丝杠直线方向上的作用力,从而推动制动主缸活塞运动,进而把高压制动液推动到各分轮缸以实现制动,整个减速机构的数学模型如式(4-16),式(4-17),式(4-18)所示:

$$T_\text{e} - T_\text{f} - T_\text{L} = J_\text{m}\left(\frac{d^2\beta_\text{m}}{dt^2}\right) \tag{4-16}$$

$$\beta_\text{s} = \frac{\beta_\text{m}}{i} \tag{4-17}$$

$$L_\text{x} = \frac{\beta_\text{s}}{2\pi}P_\text{h} \tag{4-18}$$

式中,T_e 为电机的电磁转矩;T_L 为电机的负载转矩;i 为同步带轮的传动比;β_m 为丝杠的转角;L_x 为滚珠丝杠的直线位移;β_s 为电机的转角;J_m 为电机等效转动惯量;T_f 为摩擦转矩;P_h 为滚珠丝杠的导程。

4.2.3 滚珠丝杠动力学模型

在本文的电动助力制动系统中,滚珠丝杠的主要作用是将直流电动机的控制力矩转变为制动主缸的活塞推力,在本次建模中,滚珠丝杠的模型主要在基于螺母机构、螺杆和忽略掉两者中的滑动摩擦力的基础上简化而得到的。结合滚珠丝杠能够把电动机轴的旋转运动转换为丝杠直线方向运动的特性,其动力学方程为:

$$F_\text{mc} = \frac{T_\text{m}p_\text{h}}{2\pi\eta_\text{s}i} \tag{4-19}$$

式中,T_m 为电动机扭矩;p_h 为滚珠丝杠导程;η_s 为滚珠丝杠机械效率;i 为减速机构传动比。

4.2.4 制动踏板动力学模型

在电动助力制动系统建模过程中,一般不考虑制动踏板惯量的影响,通常采用静力学杠杆模型来代替制动踏板,汽车制动踏板结构简图如图 4-27 所示。

当制动踏板的旋转角度较小时,制动踏板的动力学模型可近似为:

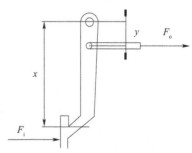

图 4-27 汽车制动踏板结构简图

$$\frac{F_\text{o}}{F_\text{i}} = \frac{x}{y} \tag{4-20}$$

式中,F_i 为制动踏板的输入力;F_o 为制动踏板的输出力。

4.2.5 制动主缸动力学模型

本 EHB 系统的制动主缸为双腔串联式,其结构原理如图 4-28 所示。

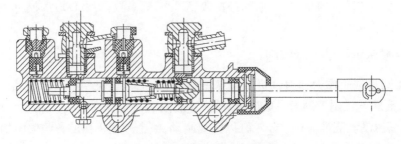

图 4-28 制动主缸的结构原理图

当制动踏板力与电机助力的合力作用到推杆后,后腔的活塞推杆还没有碰触到前腔的活塞推杆,而且这时前腔的活塞也还没有与制动主缸的缸壁相接触,因此,前腔、后腔的活塞可以视为两个独立刚体,其压力平衡方程为:

$$\begin{cases} m_1 \dfrac{d^2 l_1}{dt^2} = P_2 S_2 + F_{s2} + F_{d2} - P_1 S_1 - F_{s1} - F_{d1} \\ m_2 \dfrac{d^2 l_2}{dt^2} = F_c - P_2 S_2 - F_{s2} - F_{d2} \end{cases} \quad (4\text{-}21)$$

式中,m_1 为前腔的活塞质量;m_2 为后腔的活塞质量;l_1 为前腔的活塞位移;l_2 为后腔活塞的位移;P_1 为前腔产生的液压力;P_2 为后腔产生的液压力;S_1 为前腔活塞的截面积;S_2 为后腔活塞的截面积;F_{d1} 为前腔活塞阻尼力;F_{d2} 为后腔活塞阻尼力;F_c 为制动主缸输入力;F_{s1} 为前腔复位弹簧弹力;F_{s2} 为后腔复位弹簧弹力。

制动主缸前腔和后腔的制动液流量为:

$$\begin{cases} Q_1 = S_1 \dfrac{dl_1}{dt} \\ Q_2 = S_2 \dfrac{dl_2}{dt} \end{cases} \quad (4\text{-}22)$$

式中,Q_1 为前腔的实际流量;Q_2 为后腔的实际流量。

基于上述动力学模型的分析,在 Amesim 中搭建的制动主缸仿真模型如图 4-29 所示。

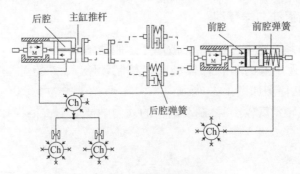

图 4-29 制动主缸仿真模型

4.2.6 制动轮缸动力学模型

制动轮缸可以看成一个弹簧阻尼系统,其仿真模型主要由活塞、液压缸、弹性元件、阻尼元件以及一个做平移的质量块5部分组成。具体模型如图4-30所示。

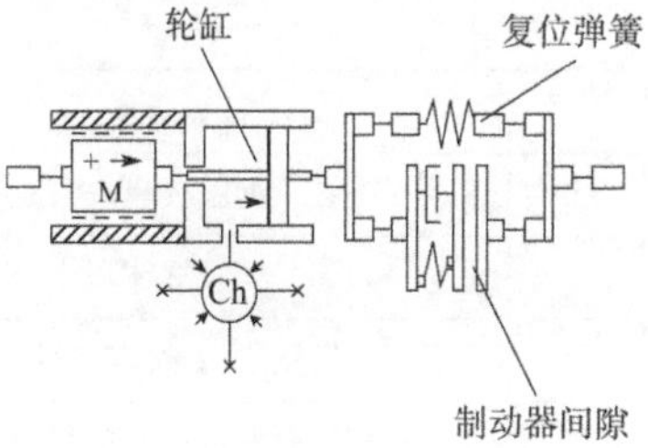

轮缸制动活塞运动方程式为:

$$m_q \frac{d^2 l_q}{dt^2} = F_{bs} - F_{b1} \quad (4-23)$$

图 4-30 制动轮缸仿真模型

式中,m_q 为制动活塞质量;F_{bs} 为复位弹力;F_{b1} 为制动压力;l_q 为制动活塞位移。

复位弹力的运动方程式为:

$$F_{bs} = (l_q + S_q) k_q \quad (4-24)$$

式中,S_q 为复位弹簧预紧量;k_q 为复位弹簧刚度。

4.2.7 制动油管动力学模型

整个制动管路中的流体动力学问题,最主要的是管壁摩擦所产生的制动液沿程压力损失,制动液油管的沿程压力损失的动力学表达式为:

$$\Delta P = \xi \frac{l_e \rho v^2}{2 D_e} \quad (4-25)$$

式中,ξ 为沿程阻力系数;l_e 为管路长度;D_e 为管路内径;v 为制动液在制动油管中的平均流速;ΔP 为管路沿程压力损失。

4.2.8 EHB 系统的建模

EHB 系统是完全解耦的机电液复合制动系统,以单个轮缸增压液压回路为研究对象,当 EHB 系统检测到制动需求时,电机驱动齿轮减速组和滚珠丝杆机构,进而推动伺服缸活塞建立起伺服缸压力,此时高压制动液经电磁阀后建立起轮缸压力,进而得到 EHB 系统的简化物理模型如图4-31所示。

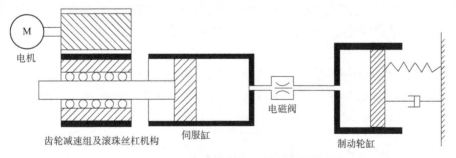

图 4-31 汽车 EHB 系统的简化物理模型

(1)电机-活塞子系统建模。

EHB 系统的线性模型可以分为电机-活塞子系统模型与伺服缸、电磁阀和制动轮缸子系统模型。电机-活塞子系统模型包括电机、齿轮减速组、滚珠丝杆机构和伺服缸活塞。图中各个变量的含义及下面推导过程中公式的变量含义见表4-3。

方程中符号变量的含义 表 4-3

符号	变量含义	单位	符号	变量含义	单位
Q_s	伺服缸流量	m^3/s	Q_w	制动轮缸流量	m^3/s
V_s	伺服缸体积	m^3	V_w	制动轮缸体积	m^3
L_s	伺服缸初始储液长度	m	L_w	制动轮缸初始储液长度	m
A_d	电磁阀开口有效横截面积	m^2	A_w	轮缸活塞有效横截面积	m^2
k_d	电磁阀线性化系数	—	k_w	轮缸活塞的等效刚度	N/m
c_w	制动轮缸等效阻尼系数	$N \cdot s/m$	m_w	制动轮缸活塞等效质量	kg
x_w	制动轮缸活塞位移	m	P_w	制动轮缸液压力	Pa
C_d	电磁阀流量系数	—	Q_d	电磁阀流量	m^3/s
β	制动液等效体积模量	Pa	ρ	制动液密度	kg/m^3

EHB 系统电动机-活塞子系统运动分析图如图 4-32 所示。在常规制动过程中,电动机接收电子控制单元的控制信号后输出驱动力矩,从而驱动齿轮减速组和滚珠丝杆机构,驱动过程中电动机的输出功率方程为:

$$W_{mot} = T\dot{\theta} \tag{4-26}$$

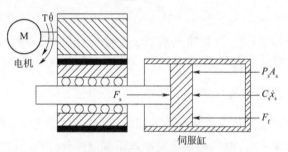

图 4-32 EHB 系统电动机-活塞子系统运动分析图

电动机通过旋转直线运动转化机构(齿轮减速组和滚珠丝杆机构)以推力 F_s 来推动伺服缸活塞运动,伺服缸活塞在伺服缸内运动时受到液压力、阻尼力和摩擦力的阻力作用,在该过程中伺服缸活塞因受阻力而做负功的损失功率方程为:

$$W_{ms} = -(P_s A_s + C_s \dot{x}_s + F_f) v_s \tag{4-27}$$

工作时,电机输出轴因旋转而具有转动动能,伺服缸推杆-活塞因水平运动而具有平动动能,忽略旋转直线运动转化机构惯量,电机-活塞子系统模型总动能 E_k 的方程为:

$$E_k = \frac{1}{2} J_m \dot{\theta}^2 + \frac{1}{2} m_s \dot{x}_s^2 \tag{4-28}$$

式中,活塞位移 x_s 可表达为电机角位移 θ 的 G 倍,即 $G\theta$。

假设齿轮减速组和滚珠丝杆机构的传动效率为 100%,即忽略旋转直线运动转化机构的摩擦及其损失功率,根据子系统合外力做的功等于总动能 E_k 的变化量,联立方程式(4-26)~式(4-28),对电动机-活塞子系统模型应用功率平衡原理,得到的平衡方程的表达式为:

$$W_{ms} + W_{mot} = \frac{dE_k}{dt} \tag{4-29}$$

(2) 伺服缸、电磁阀和轮缸子系统建模。

EHB 系统的伺服缸、电磁阀和制动轮缸子系统模型包括伺服缸、电磁阀和制动轮缸,其模型如图 4-33 所示。建模时,假设制动液的流动状态是层流的。

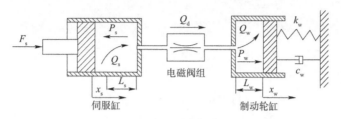

图 4-33 EHB 系统伺服缸、电磁阀和制动轮缸子模型

伺服缸的活塞在推力 F_s 作用下排出制动液,且由于活塞运动迅速,制动液受到压缩,由流体力学得伺服缸的流量连续性方程为:

$$\begin{cases} Q_s = \dot{x}_s A_s - \dfrac{V_s}{\beta}\dfrac{dP_s}{dt} \\ V_s = (L_s - x_s)A_s \end{cases} \quad (4\text{-}30)$$

为了简化起见,对 EHB 系统进一步简化,把 EHB 系统的液压子模型的多个电磁阀组等效成单个节流器,得节流器的压力-流量关系的方程为:

$$Q_d = C_d A_d \sqrt{\dfrac{2(P_s - P_w)}{\rho}} \quad (4\text{-}31)$$

制动时,当电磁阀阀芯处于平衡工作点,节流器出油口与进油口间的压力差近似一定,并在流量平衡点处对节流器压力-流量关系的方程 Q_d 进行一阶泰勒展开,省略微量符号后得到节流器的线性化方程为:

$$Q_d = k_d(P_s - P_w) \quad (4\text{-}32)$$

方程(4-32)中,节流器的线性化系数 k_d 可通过节流器在流量平衡点处求导后的一阶泰勒展开得到,即在流量平衡点下电磁阀流量与两端压差的偏导数。为了后续计算方便,利用后续小节的 Amesim 模型对电磁阀两端压差与流量关系在压力 0~10MPa 进行分段拟合,得线性化系数 k_d 值为 0.0142。

制动液进入制动轮缸后,制动液填充制动轮缸,推动活塞运动,由流体力学得到制动轮缸的流量连续性方程为:

$$\begin{cases} Q_w = \dot{x}_w A_w + \dfrac{V_w}{\beta}\dfrac{dP_w}{dt} \\ V_w = (L_w + x_w)A_w \end{cases} \quad (4\text{-}33)$$

计算分析时,伺服缸流量 Q_s、节流器流量 Q_d 和制动轮缸流量 Q_w 是互为相等的关系。

车辆制动时,制动轮缸的活塞受到液压力、惯性力、阻尼力和弹簧弹力作用下运动,根据牛顿第二定律,得到制动轮缸活塞在该状态下的动力学方程为:

$$m_w \ddot{x}_w + c_w \dot{x}_w + k_w x_w = P_w A_w \quad (4\text{-}34)$$

分析式(4-34),当轮缸活塞在平衡位置时,制动轮缸的制动衬块紧密挤压制动盘,此时活塞的运动速度及加速度可近似为 0,故制动轮缸活塞受到的惯性力和阻尼力可忽略不计,进一步表达式为:

$$k_w x_w = P_w A_w \tag{4-35}$$

由于制动液弹性模量为1700MPa，所以对于制动轮缸存在如下关系 $\beta A_w^2 \gg V_w k_w$。

4.2.9 EHB系统线性化与验证

(1) EHB系统线性化建模。

为得到EHB系统线性化的模型，假设忽略系统中伺服缸活塞所受 F_f 等摩擦力，定义EHB系统的空间状态变量为：

$$\boldsymbol{x} = \begin{bmatrix} x_1 & x_2 & x_3 & x_4 \end{bmatrix}^T = \begin{bmatrix} \theta & \dot{\theta} & P_s & P_w \end{bmatrix}^T \tag{4-36}$$

$$\boldsymbol{y} = \begin{bmatrix} P_s & P_w \end{bmatrix}^T \tag{4-37}$$

将EHB系统的状态变量代入到方程(4-26)~方程(4-35)中，设电动机输出轴的输出力矩为EHB系统状态方程的输入，即 $\boldsymbol{u} = [T]$，定义EHB系统的空间状态方程为：

$$\begin{cases} \dot{\boldsymbol{x}} = \boldsymbol{A}(x_1)\boldsymbol{x} + \boldsymbol{B}\boldsymbol{u} \\ \boldsymbol{y} = \boldsymbol{C}\boldsymbol{x} \end{cases} \tag{4-38}$$

其中，方程(4-38)中，矩阵 $\boldsymbol{A}$ 是与EHB系统电动机输出轴角位移 x_1 相关的系数矩阵，矩阵 $\boldsymbol{B}$ 是系统输入的系数矩阵，矩阵 $\boldsymbol{C}$ 是系统输出的系数矩阵，因此，矩阵 $\boldsymbol{A}$、$\boldsymbol{B}$ 和 $\boldsymbol{C}$ 的系数表达式为：

$$\boldsymbol{A}(x_1) = \begin{bmatrix} 0 & 1 & 0 & 0 \\ 0 & -a_3 & -a_2 & 0 \\ 0 & b_1(x_1) & -b_2(x_1) & b_2(x_1) \\ 0 & 0 & c_1 & -c_1 \end{bmatrix}, \boldsymbol{B} = \begin{bmatrix} 0 \\ a_1 \\ 0 \\ 0 \end{bmatrix}, \boldsymbol{C} = \begin{bmatrix} 0 & 0 \\ 0 & 0 \\ 1 & 0 \\ 0 & 1 \end{bmatrix}^T \tag{4-39}$$

EHB系统的状态空间方程中系数矩阵 $\boldsymbol{A}$ 和 $\boldsymbol{B}$ 中各变量元素符号定义见表4-4。

表4-4 EHB系统的状态空间方程矩阵 $\boldsymbol{A}$ 和 $\boldsymbol{B}$ 中变量元素符号的含义

符号	表达式	符号	表达式
a_1	$1/(J_m + m_s G)$	a_2	$A_s G/(J_m + m_s G)$
a_3	$C_s G^2/(J_m + m_s G)$	b_1	$\beta k_d/[A_s(L_s - G x_1)]$
b_2	$\beta G/(L_s - G x_1)$	c_1	$k_w k_d/A_w^2$

为了推导EHB系统传递函数，采用平衡法，当EHB系统处于平衡状态时，此时伺服缸和制动轮缸活塞位移处于工作平衡点，分别记为 $G\bar{x}_1$ 和 $\bar{x}_u$，电动机输出轴转角处于平衡点状态，记为 $\bar{\theta}$，得到电动机输出轴在平衡稳定状态下的角位移和角速度方程为：

$$\begin{cases} \theta = \bar{\theta} = \bar{x}_1 \\ \dot{\theta} = \dot{\bar{\theta}} = 0 \end{cases} \tag{4-40}$$

当且仅当EHB系统达到某平衡点时进行分析，设 $\boldsymbol{\delta x}$ 为系统空间状态变量的变化微量，此时 $\boldsymbol{\delta x}$ 空间状态变量方程为：

$$\boldsymbol{\delta x} = \begin{bmatrix} \delta x_1 & \delta x_2 & \delta x_3 & \delta x_4 \end{bmatrix}^T = \begin{bmatrix} \delta \theta & \delta \dot{\theta} & \delta P_s & \delta P_w \end{bmatrix}^T \tag{4-41}$$

把变化微量 $\boldsymbol{\delta x}$ 代入式(4-38)中，并以电动机输出轴的输出力矩微量变化 $\boldsymbol{\delta u}$ 为方程的输入，得到EHB系统达到某平衡点时的空间状态方程为：

$$\begin{cases} \delta x = A'(\delta x_1)\delta x + B\delta u \\ \delta y = C\delta x \end{cases} \qquad (4\text{-}42)$$

式中，A' 为状态矩阵；δy 为输出矩阵。

且时变矩阵 A' 的系数表达式为：

$$A'(\delta x_1) = \begin{bmatrix} 0 & 1 & 0 & 0 \\ 0 & -a_3 & -a_2 & 0 \\ 0 & b_1(\bar{x}_1+\delta x_1) & -b_2(\bar{x}_1+\delta x_1) & b_2(\bar{x}_1+\delta x_1) \\ 0 & 0 & c_1 & -c_1 \end{bmatrix} \qquad (4\text{-}43)$$

矩阵 A' 中相关变量的含义见表4-5，通过对表分析，系数矩阵 A' 变量中的分子均为常量，但分母仍含有系统状态变量。在 EHB 系统达到平衡点时，电动机输出轴转角的微量变化可忽略不计，伺服缸的体积可认为保持不变，得到线性表达式为：

$$V_s = A_s[L_s - G(\bar{x}_1 + \delta x_1)] \approx A_s(L_s - G\bar{x}_1) \qquad (4\text{-}44)$$

矩阵 A' 中相关变量的含义   表4-5

变量	含义	变量	含义
$b_1(\bar{x}_1+\delta x_1)$	$\beta k_d/\{A_s[L_s-G(\bar{x}_1+\delta x_1)]\}$	$b_2(\bar{x}_1+\delta x_1)$	$\beta G/[L_s-G(\bar{x}_1+\delta x_1)]$

此时，时变系数矩阵 $A'(\delta x_1)$ 转变为常系数矩阵 $A'(\bar{x}_1)$，对状态空间方程进行拉普拉斯变换，得到矩阵形式的传递函数方程为：

$$G(s) = \frac{Y(s)}{U(s)} = C(sI - A')^{-1}B \qquad (4\text{-}45)$$

结合方程(4-44)，将线性化后的方程(4-43)的矩阵参数代入到方程(4-45)中，可分别近似得到不同稳态压力下的伺服缸压力和制动轮缸压力与电动机输出力矩的关系式 $G_{bs}(s)$ 和 $G_b(s)$，计算表达式为：

$$\begin{cases} G_{bs}(s) = \dfrac{\delta P_s(s)}{\delta T(s)} = \dfrac{\alpha_1 + \alpha_2 s}{s^3 + \beta_1 s^2 + \beta_2 s + \beta_3} \\ G_b(s) = \dfrac{\delta P_w(s)}{\delta T(s)} = \dfrac{\alpha_1}{s^3 + \beta_1 s^2 + \beta_2 s + \beta_3} \end{cases} \qquad (4\text{-}46)$$

在 EHB 系统的三阶传递函数方程(4-46)中，各变量的定义见表4-6。

传递函数方程中变量的含义   表4-6

符号	表达式	符号	表达式
α_1	$a_1 b_1 c_1$	α_2	$a_1 b_1$
β_1	$a_3 + b_2 + c_1$	β_2	$a_2 b_1 + a_3(b_2 + c_1)$
β_3	$a_2 b_1 c_1$	-	-

在方程(4-46)代入表4-6的相关参数，以 2MPa 为间隔，可得不同压力下 EHB 系统传递函数的各项系数 α_1、α_2、β_1、β_2 和 β_3 的大小，见表4-7。

不同压力下 EHB 系统传递函数的各项系数　　表 4-7

系统稳态压力	α_1	α_2	β_1	β_2	β_3
2MPa	5.92×10^9	7.99×10^{19}	6.11×10^9	2.71×10^{11}	9.85×10^{12}
4MPa	5.95×10^9	8.01×10^{19}	6.14×10^9	2.74×10^{11}	9.87×10^{12}
6MPa	5.98×10^9	8.03×10^{19}	6.17×10^9	2.77×10^{11}	9.89×10^{12}
8MPa	6.01×10^9	8.05×10^{19}	6.20×10^9	2.80×10^{11}	9.91×10^{12}
10MPa	6.03×10^9	8.07×10^{19}	6.23×10^9	2.83×10^{11}	9.93×10^{12}

分析表 4-7 可发现 β_1、β_2 和 $\beta_3 \gg 1$，忽略 3 次项，三阶传递函数方程（4-46）降阶，得到面向控制的伺服缸压力和制动轮缸压力与电动机输出转矩的计算式 $G_{bs}(s)$ 和 $G_b(s)$，为便于书写，省略微量符号 δ，因此 EHB 系统的线性模型方程为：

$$G_{bs}(s) = \frac{P_s(s)}{T(s)} = \frac{\alpha_1 + \alpha_2 s}{\beta_1 s^2 + \beta_2 s + \beta_3} \tag{4-47}$$

$$G_b(s) = \frac{P_w(s)}{T(s)} = \frac{\alpha_1}{\beta_1 s^2 + \beta_2 s + \beta_3} \tag{4-48}$$

本文 EHB 系统的相关参数见表 4-8。

EHB 系统参数　　表 4-8

参数	符号	数值	单位
电动机输出轴等效转动惯量	J_m	1×10^{-5}	$kg \cdot m^2$
伺服缸推杆-活塞等效质量	m_s	0.35	kg
伺服缸制动液等效阻尼	C_s	2×10^4	$N \cdot s/m$
伺服缸初始储液长度	L_s	32	mm
伺服缸活塞直径	d_s	25.2	mm
旋转直线运动机构总角线传动比	G	3×10^{-4}	m/rad
制动轮缸初始储液长度	L_w	10	mm
制动轮缸活塞直径	d_w	32	mm
制动轮缸等效阻尼系数	c_w	10000	$N \cdot s/m$
轮缸活塞的等效刚度	k_w	1.2×10^6	N/m
电磁阀开口有效横截面积	A_d	0.4	mm^2
电磁阀流量系数	C_d	0.7	—
制动液密度	ρ	850	kg/m^3
制动液体积弹性模量	β	1700	MPa

(2) EHB 系统非线性化建模。

实际上，EHB 系统的压力特性是非线性的。在考虑 EHB 系统的电磁阀压力—流量关系和制动轮缸压力—体积关系等非线性特征下，可得到 EHB 系统的非线性模型。由图 4-33 所示的电动机—活塞子模型，对伺服缸的活塞应用牛顿第二定律，得到该活塞在受力时的动力学方程为：

$$m_s\ddot{x}_s + C_s\dot{x}_s = F_s - P_sA_s - F_f \tag{4-49}$$

式(4-49)中,电动机输出轴力矩 T 可表达为伺服缸活塞所受推力 F_s 的 G 倍,即 GF_s。为方便后续计算,伺服缸活塞所受摩擦力 F_f 为估算值,取值为 0.5N。

假设初始状态下充满伺服缸的制动液体积为 V_{ini},在伺服缸开始建压时,活塞推动伺服缸内的制动液进入制动回路,活塞运动时伺服缸内制动液体积变化表达式为:

$$V_s = V_{ini} - A_s x_s \tag{4-50}$$

伺服缸排出的制动液流经电磁阀,在建立电磁阀线性模型过程中,需要对电磁阀进行线性化的处理。但是,在建立 EHB 系统非线性模型的过程中,需要考虑电磁阀压力—流量关系的非线性特征,并将电磁阀模型的压力流量方程表示为方程(4-31)。

当流量为 $Q(Q_w)$ 的制动液流经电磁阀后进入制动轮缸并填充轮缸,即流量 Q_w 等于填充轮缸制动液的体积变化量,此时制动轮缸制动液体积变化量为:

$$\Delta V = \int Q_w \mathrm{d}t \tag{4-51}$$

假设制动轮缸中初始制动液体积为 V_0,得到制动轮缸中制动液的总体积表达式:

$$V_w = V_0 + \Delta V \tag{4-52}$$

为完成非线性模型的迭代计算过程,引入电机输出力矩与轮缸压力计算关系,该关系式可通过下一节图 4-37 的 Amesim 模型仿真计算拟合得到,即得到不同电动机输出力矩阶跃输入下的稳态轮缸压力值,利用数值计算方法拟合出电机输出力矩与轮缸压力关系式,两者成正比关系,比例系数为 4.5。

制动轮缸的压力-体积(P-V)特性如图 4-34 所示,由于制动盘与制动轮缸摩擦片存在间隙,而且制动管路存在弹性变形的特性,在制动过程中制动液需要先填充以消除制动系统的间隙以及制动管路的变形。因此,制动轮缸压力-体积特性在低压时呈现出非线性,在高压时呈现近似线性的关系,所以制动轮缸的非线性方程为:

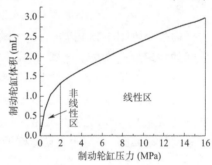

图 4-34 EHB 系统制动轮缸的压力-体积特性

$$V_w = \begin{cases} k_{w1}P_w^{\varphi}, & P_w \leqslant P_{w\_thre} \\ k_{w2}P_w + P_b, & P_w > P_{w\_thre} \end{cases} \tag{4-53}$$

方程(4-53)中,k_{w1} 为制动轮缸压力-体积特性低压非线性段的体积压力比例系数,k_{w2} 为制动轮缸压力-体积特性高压线性段的体积压力比例系数,P_{w_thre} 为制动轮缸压力曲线低压非线性与高压线性界限值,φ 为制动轮缸压力指数系数。k_{w1}、k_{w2}、P_{w_thre} 和 φ 可通过实验测出的制动轮缸压力-体积特性曲线采用最小二乘法进行参数拟合辨识得到,其取值见表 4-9。

制动轮缸非线性方程的参数取值   表 4-9

符号	数值	单位
k_{w1}	0.52	mL/MPa
k_{w2}	0.33	mL/MPa
P_{w_thre}	2	MPa
φ	0.21	—

因此，联立方程(4-26)~方程(4-34)以及方程(4-48)~方程(4-53)，得到 EHB 系统的非线性模型，在 Simulink 软件上进行仿真模型搭建，该模型在 Simulink 中建压时的迭代计算过程如图 4-35 所示。

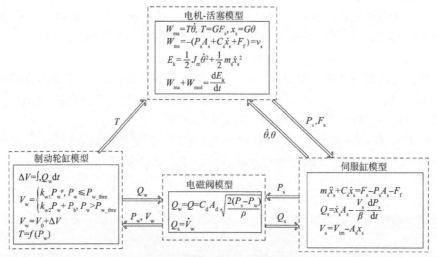

图 4-35　EHB 系统建压计算过程

通过分析图 4-35 可知，通过电动机-活塞模型、伺服缸模型、电磁阀模型和制动轮缸模型之间的物理量迭代交换计算，完成了非线性模型建压计算过程。

(3) EHB 系统线性与非线性模型验证。

为了验证所建立的 EHB 系统线性模型二阶传递函数和非线性模型的正确性，在 Amesim 软件上建立 EHB 系统仿真模型，所得的 Amesim 模型如图 4-36 所示。该 Amesim 模型为单个制动液压回路，并与简化物理模型结构保持一致。

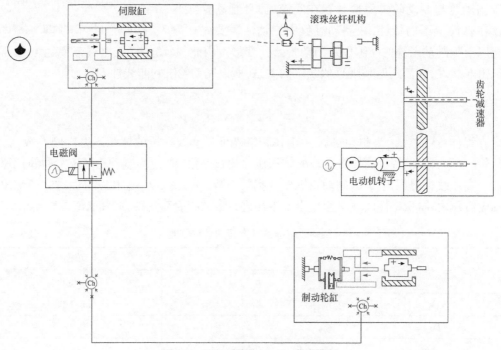

图 4-36　EHB 系统的 Amesim 仿真模型

结合 EHB 系统的线性模型、非线性模型和 Amesim 模型,并分别以 2MPa、6MPa 和 8MPa 为目标轮缸压力,以电动机输出力矩为输入,以伺服缸压力和制动轮缸压力为输出。把表 4-9 的 EHB 系统参数代入到其线性模型和非线性模型中,并在 Matlab/Simulink 软件上进行求解,Amesim 仿真模型在 Amesim 软件上求解。通过对比分析线性模型、非线性模型与 Amesim 仿真模型的压力响应曲线,验证线性模型与非线性模型的正确性。

①以阶跃形式的电动机输出力矩为输入时,伺服缸与轮缸压力响应曲线。

当电动机的输出力矩为阶跃函数时,且以 8MPa 为目标压力时,由 EHB 系统的线性模型和非线性模型以及 Amesim 仿真模型计算得到的伺服缸与轮缸压力-时间关系曲线如图 4-37 所示。从仿真曲线结果可以看到,线性模型、非线性模型和 Amesim 仿真模型上升曲线基本吻合,当系统达到稳态时,线性模型、非线性模型和 Amesim 模型达到的稳态值基本一致,从而说明了建立的线性模型和非线性模型是正确的。在以 2MPa、6MPa 和 8MPa 为目标压力时,线性模型的最大超调量分别为 15.2%、16.5% 和 17.5%,非线性模型和 Amesim 模型没有超调量,即只有线性模型出现了超调现象,是因为线性模型将液压部分模块进行线性化处理,得到的是二阶传递函数,超调现象是二阶传递函数特点。

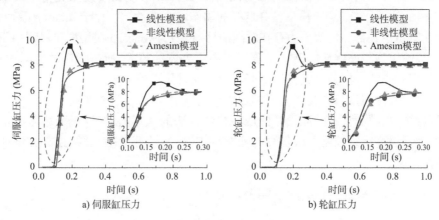

图 4-37 伺服缸与轮缸压力的阶跃响应曲线

在压力上升阶段,线性模型的增长速度比非线性模型和 Amesim 仿真模型的稍微要高,是因为线性模型忽略摩擦等非线性因素的影响,而另两个模型在非线性因素影响下需要克服惯性阻力进行压力的增长,且在增压过程中需要先消除制动系统间隙和制动软管的弹性变形。Amesim 模型达到稳态的时间要比非线性模型的要短,是因为在 Amesim 软件没有设置电动机的动态响应过程,在非线性模型中对滚珠丝杠的位移行程进行过多的设置,导致非线性模型在渐进稳态时压力增长较慢。因此,上一小节中的电动机输出力矩与轮缸压力关系也可通过线性模型在不同电机转矩阶跃输入下仿真计算中获得。

②以三角波形式的电动机输出力矩为输入时,伺服缸与轮缸压力响应曲线。

当电机的输出转矩为三角波函数时,且以 8MPa 为目标峰值压力时,由 EHB 系统的线性模型和非线性模型以及 Amesim 仿真模型计算得到的伺服缸与轮缸压力-时间关系曲线如图 4-38 所示。从仿真曲线结果可以看到,线性模型、非线性模型和 Amesim 仿真模型上升和下降趋势一致,且上升曲线和下降曲线吻合度较高,从而说明了建立的线性模型和非线性模型的正确性,并具有较高的准确性。

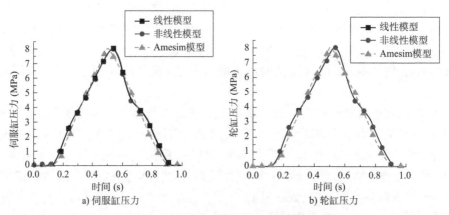

图 4-38 伺服缸与轮缸压力的三角波响应曲线

仿真结果中,线性模型的压力响应曲线的下降部分相对非线性模型和 Amesim 模型的波动较大,是因为非线性模型与 Amesim 模型液压管路中的阻尼等非线性因素以及制动轮缸压力流量非线性特性衰减了下降阶段的压力波动。Amesim 模型在增减压过程中的压力响应特性比较平稳,说明了 Amesim 模型具有良好的动态响应特性。相比于 Amesim 模型,线性模型与非线性模型达到目标峰值压力存在时间滞后,是因为 Amesim 模型增压过程中压力变化比较平稳,线性模型与非线性模型在增压过程中压力波动较大,所需增压的时间相对增多,导致线性模型和非线性模型达到目标峰值压力存在时间滞后。

综上分析,线性模型与非线性模型的压力响应大体相同,但在 ECU 上线性模型的运算更快,计算量更少。同时,在验证设计的压力控制方法的作用上,线性模型已可满足使用要求。因此,为了提高后续控制方法仿真与实验中 ECU 的计算效率,后续控制方法计算分析中采用线性模型。

4.2.10 EHB 系统动态响应性能仿真分析

与 Amesim 仿真模型相比,上述 Simulink 仿真模型并没有将环境温度、系统内部摩擦、管路尺寸和材料等因素考虑进来,这些因素难以通过数学建模方式表达出来。为研究 EHB 系统的结构参数对其动态响应特性影响,获取更接近实际和准确的结果,提高仿真精度,有必要使用面向机械液压建模的 Amesim 软件进行 EHB 系统仿真。由于 EHB 系统的制动回路为 X 型布置,因此,只需要建立单个制动回路的 Amesim 仿真模型即可。下面将基于图 4-36 所示的 Amesim 仿真模型来对 EHB 系统的动态响应特性进行仿真分析。

(1) 滚珠丝杆直径对 EHB 系统动态响应的影响。

滚珠丝杆是 EHB 系统的重要传动元件,其公称直径是影响 EHB 系统建压精度和效率的重要结构参数。滚珠丝杆的作用是将电动机输出轴旋转运动转变为伺服缸活塞的直线运动,进而推动活塞建立起伺服缸压力。

仅改变 Amesim 仿真模型中的滚珠丝杆公称直径,其他参数保持不变,分别设置滚珠丝杆公称直径分别为 12mm、18mm 和 24mm,在 0.1s 时给 EHB 系统的电动机输入 1N·m 的阶跃激励,并同时使电磁阀通电打开,得到的系统动态响应曲线如图 4-39 所示。从图中仿真结果可得,随着滚珠丝杆公称直径的增大,伺服缸压力和轮缸压力上升趋势一致,并随后达到稳态压力。滚珠丝杆公称直径越小,伺服缸和轮缸压力值越大,是因为滚珠丝杆公称直径越大,其质量越大,运动惯性越大,同等大小的电动机力矩转化为线性推动活塞的力越小,伺服缸输出压力越小。在伺服缸压力上升阶段出现压力拐点,即在 0.12s 压力增长斜率变小,是因为在 0.12s 时活塞速度由上升转变为下降,从而导致伺服缸液压力增长变慢。随着公称直径的增大,伺服缸活塞的运动速度基本一致。

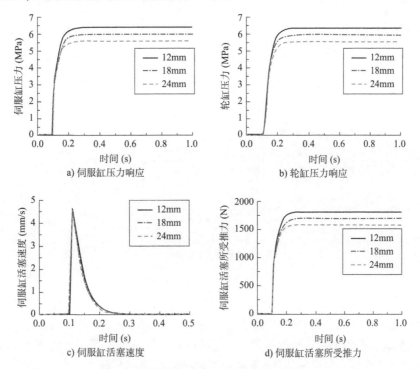

图 4-39 不同滚珠丝杆直径下的 EHB 系统动态响应

因此,在进行滚珠丝杆公称直径设计时,减小滚珠丝杆直径可一定程度上增大 EHB 系统的稳态压力。滚珠丝杆公称直径过小,会导致滚珠丝杆轴向承载能力过小,降低系统的传动效率,但是也不能一味追求高的传动效率,因为公称直径大必然会导致滚珠丝杆尺寸的增大,使其运动惯性和响应时间增大。所以需要综合考虑各方面来选择合适的滚珠丝杆。

(2) 齿轮组直径比对 EHB 系统动态响应的影响。

EHB 系统工作时,电动机输出轴旋转运动需要通过齿轮减速组和滚珠丝杠转变为直线运动,电动机输出轴与高速小齿轮相连,低速大齿轮与滚珠丝杆相连,并将电动机输出轴的小力矩转变为输入到滚珠丝杆的大力矩,实现力矩的放大。因此,齿轮减速组的大小齿轮的直径之比是影响 EHB 机械子系统传动性能的关键结构因素。

仅改变 Amesim 仿真模型中的齿轮减速组直径比,其他参数保持不变,分别设置齿轮减速组直径比分别为 2:1、3:1 和 4:1,在 0.1s 时给 EHB 系统的电动机输入 1N·m 的阶跃激励,并同时使电磁阀通电打开,得到的系统动态响应曲线如图 4-40 所示。从图中仿真结果可得,对于齿轮减速组齿轮直径比越大的 EHB 系统,伺服缸和轮缸稳态压力也越大,两者的变化趋势基本保持一致。当齿轮减速组直径比为 4:1 时,伺服缸和轮缸压力可达到 12MPa 高压力值,但是达到稳态压力需要的响应时间越长,是因为直径比越大,低速齿轮质量越大,运动惯性越大，伺服缸活塞的运动速度就越慢。

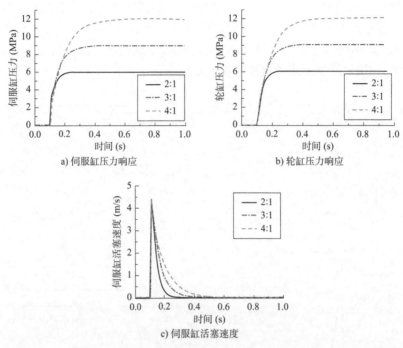

图 4-40 不同齿轮组直径比下的 EHB 系统动态响应

因此，在进行齿轮减速组直径比设计时，增大齿轮组齿轮直径比可增强 EHB 系统的建压能力，但是直径比过大会导致电动机所需转速和功率的增大，提高压力控制的难度，增大 EHB 系统的能耗，降低电动车的续航能力。所以，在实际匹配过程中，对于不同的 EHB 系统，选择合适的齿轮组直径比对 EHB 系统伺服缸的建压速率和能力十分关键。

(3) 伺服缸活塞直径对 EHB 系统动态响应的影响。

EHB 系统工作时，电动机推动伺服缸活塞进行伺服缸建压，活塞推动制动液进入轮缸制动回路，完成轮缸压力的建立。因此，伺服缸活塞直径是伺服缸的重要结构参数，其对伺服缸建压能力的影响是不可忽视的。

仅改变 Amesim 仿真模型中的伺服缸活塞直径，其他参数保持不变，分别设置伺服缸活塞直径分别为 15mm、20mm 和 25mm，在 0.1s 时给 EHB 系统的电动机输入 1N·m 的阶跃激励，并同时使电磁阀通电打开，得到的系统动态响应曲线如图 4-41 所示。从图中仿真结果可得，当伺服缸活塞直径以 5mm 梯度递减时，伺服缸和轮缸压力递增的梯度逐渐增大，即活塞单位面积所受压力越大。随着伺服缸活塞直径的增大，伺服缸能存储的制动液量越多，伺服缸活塞速度达到的峰值速度越小，伺服缸内制动液很快被排空，且下降速度越快。

因此，在进行伺服缸活塞直径设计时，增大伺服缸活塞直径同时会增大伺服缸缸径，从而增加 EHB 系统的质量和成本，而减小伺服缸活塞直径可增强伺服缸的建压能力。所以，考虑成本、建压能力等方面，选择伺服缸活塞规格时需要保持伺服缸足够建压能力前提下，同时在保证足够的伺服缸活塞行程下，选择较小的直径。

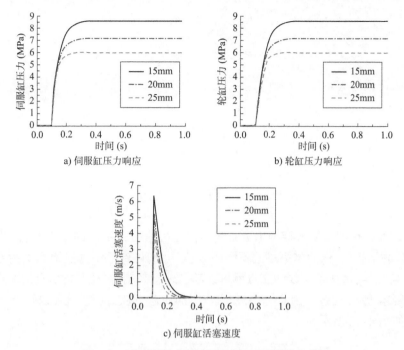

图4-41 不同伺服缸活塞直径下的EHB系统动态响应

4.3 状态参数估算

4.3.1 传统制动力分配估算

4.3.1.1 理想制动力分配

制动过程中可能出现三种情况。
(1) 前轮先抱死拖滑，然后后轮抱死拖滑。
(2) 后轮先抱死拖滑，然后前轮抱死拖滑。
(3) 前后轮同时抱死拖滑。

第一种情况为稳定工况，但是车辆会失去转向的能力，且路面附着条件没有充分被利用；第二种情况是最危险的工况，后轴可能发生侧滑，此时车辆常发生不规则的急剧回转运动而使驾驶人失去对车辆的控制，这将对驾驶人和乘客的生命安全造成重大威胁；第三种情况不仅可以避免后轴发生侧滑，而且只有在制动减速度达到最大值时，车辆才会失去转向的能力。因此，第三种情况为最佳的制动力分配，此时的前后轴制动力的关系曲线被称为理想制动力分配全线，即 I 曲线。前后轮同时抱死的条件是前后轮制动力之和为附着力，且前后轮制动力分别等于各自的附着力，其方程为：

$$\begin{cases} F_{\mu 1} + F_{\mu 2} = \varphi G \\ F_{\mu 1} = \varphi F_{z1} \\ F_{\mu 2} = \varphi F_{z2} \end{cases} \quad (4\text{-}54)$$

车辆在前后轮同时抱死时，前后轮的法向反作用力为：

$$\begin{cases} F_{Z1} = \dfrac{G}{L}(b + \varphi h_g) \\ F_{Z2} = \dfrac{G}{L}(a - \varphi h_g) \end{cases} \tag{4-55}$$

因此上式可以写为：

$$\begin{cases} F_{\mu 1} + F_{\mu 2} = \varphi G \\ \dfrac{F_{\mu 1}}{F_{\mu 2}} = \dfrac{b + \varphi h_g}{a - \varphi h_g} \end{cases} \tag{4-56}$$

消去 φ，得：

$$F_{\mu 2} = \dfrac{1}{2}\left[\dfrac{G}{h_g}\sqrt{b^2 + \dfrac{4 h_g L}{G} F_{\mu 1}} - \left(\dfrac{Gb}{h_g} + 2 F_{\mu 1}\right)\right] \tag{4-57}$$

一般可以通过作图法来直接画出 I 曲线。首先将第一式不同的 φ 值作图，得到一组与坐标轴成 45°的平行线；然后将第二式不同的 φ 值作图，得到一组通过原点的射线。找到相同 φ 值的两条直线，这两条直线的交点就可以满足理想制动力分配，把所有的交点连接成为一条线，这条线即为 I 曲线。因此，只要知道汽车的质量、重心位置，就可以画出 I 曲线，某款车的 I 曲线如图 4-42 所示。

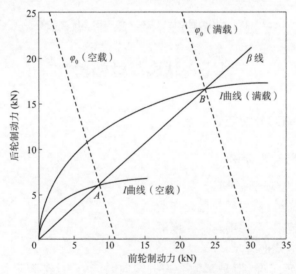

图 4-42　理想的制动力分配曲线（I 曲线）

如果制动力按照 I 曲线来进行分配，那么无论在何种附着情况的路面上进行制动，随着制动强度的增加，车辆的前后轮都将同时抱死。如果制动力分配曲线与 I 曲线交点处的路面附着系数小于路面实际附着系数，那么随着制动强度的不断增加，前轮将会先于后轮抱死；如果制动力分配曲线与 I 曲线交点处的路面附着系数大于路面实际附着系数，那么随着制动强度的不断增加，后轮将会先于前轮抱死。由于后轮先于前轮抱死是极其危险的，因此，将制动力分配曲线与 I 曲线交点处的路面附着系数设置为大于 1，这样的话，无论在何种路面进行制动，都不会出现后轮先于前轮抱死的情况。

需要说明的是，I 曲线会随着车辆承载情况的变化而变化，因为车辆承载情况的变化会引起质心位置和车辆重量的变化，I 曲线自然也将随着承载情况的变化而变化。由于乘用车质量都在 1t 以上,很多 SUV 的质量都在 2t 以上,载客数和行李的质量对 I 曲线的变化影响不大,而货车的 I 曲线受到承载情况影响巨大,需予以考虑。由于本文主要研究的是乘用车,因此,忽略了承载情况对 I 曲线的影响。

传统制动力分配策略主要有定比分配、变比分配和电子制动力分配等。下面将对这三种主要的前后轮制动力分配策略进行说明。

4.3.1.2 前后轮制动力定比分配

传统液压制动系统的前后轮制动力为固定的比例,以下分两种情况对整个制动过程进行分析,前后轮制动力之比分别为 a 和 b,b < a。

图 4-43 为前轮先抱死的车辆制动过程,由图可知,β 线与 I 曲线交点 A 处的路面附着系数,即同步附着系数,大于实际的路面附着系数 0.4。驾驶人踩下制动踏板,前后轮的地面制动力与制动器制动力沿着 OA 增加,地面制动力与制动器制动力相等,车辆制动减速度也直线增加,一直达到 A 点,此时前轮地面制动力等于附着力,前轮开始抱死而后轮未抱死;如果驾驶人继续加大力踩下制动踏板,前后轮地面制动力会沿着 f 线继续增加,车辆制动减速度也跟着变大,前轮会继续抱死,后轮制动力继续增加,此过程由于整车制动减速度增加引起的轴荷转移,前轴轴荷缓慢加大,因此,前轮虽然继续抱死,但是前轮地面制动力会继续增加,直至达到 B 点,此时前后轮同时抱死,车辆制动减速度达到最大值;如果驾驶人继续加大力踩下制动踏板,虽然四个车轮的制动器制动力继续增加,但是四个车轮的地面制动力将会维持不变,因此,车辆的制动减速度也将保持不变,直至制动动作结束。

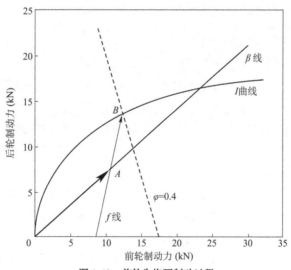

图 4-43 前轮先抱死制动过程

图 4-44 为后轮先抱死的车辆制动过程,由图可知,β 线与 I 曲线交点 A 处的路面附着系数,即同步附着系数,小于实际的路面附着系数 0.8。驾驶人踩下制动踏板,前后轮的地面制动力与制动器制动力沿着 OA 增加,地面制动力与制动器制动力相等,车辆制动减速度也直线增加,一直达到 A 点,此时后轮地面制动力等于附着力,后轮开始抱死而前轮未抱死;如果驾驶人继续加大踩下制动踏板,前后轮地面制动力会沿着 r 线继续增加,车辆制动减速度也跟着变大,后轮会继续抱死,但后轮的地面制动力会缓慢减小,此过程是由于整车制动减速度增加引起的轴荷转移,后轴轴荷缓慢减小,因此,后轮虽然继续抱死,但是后轮地面制动力

会缓慢减小,直至达到 B 点,此时前后轮同时抱死,车辆制动减速度达到最大值;如果驾驶人继续加大力踩下制动踏板,虽然四个车轮的制动器制动力继续增加,但是四个车轮的地面制动力将会维持不变,因此,车辆的制动减速度也将保持不变,直至制动动作结束。

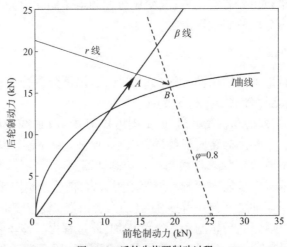

图 4-44 后轮先抱死制动过程

由上述分析可知,制动力定比分配不是前轮先于后轮抱死,就是后轮先于前轮抱死,无论哪种情况,车轮抱死时,车辆的制动减速度都将低于路面所能提供的最大制动减速度。只有按照 I 曲线进行制动力分配时,制动效率才可能为 100%,其他任何情况制动效率均小于 100%,此时车辆在充分利用地面附着系数进行制动之前,已经有车轮出现抱死,这不利于车辆在制动时的方向稳定性。

4.3.1.3 前后轮制动力变比分配

为了充分利用路面附着系数且防止后轮先于前轮抱死,必须对后轮制动器制动力加以限制,因此,传统液压制动系统出现了多种轮缸压力调节装置,这些轮缸压力调节装置使前后轮轮缸压力在整个制动过程中不以固定比例进行分配,而是分段成比例分配前后轮的轮缸压力。这种制动力分配策略可以让实际的制动力分配曲线更加接近于 I 曲线,从而提高对路面附着系数的利用并防止后轮先于前轮抱死。

采用限压阀之后的实际制动力分配曲线与 I 曲线的对比图如图 4-45 所示,当后轮轮缸压力到达某一定值时,后轮轮缸压力将维持不变,而前轮制动力继续增加。采用限压阀虽然可以防止后轮抱死,但是却不能充分利用地面附着系数。

采用比例阀之后的实际制动力分配曲线与 I 曲线的对比图如图 4-46 所示,当后轮轮缸压力到达某一定值时,前后轮轮缸压力将会以另一比例继续增加。与采用限压阀的制动力分配策略相比,采用比例阀的制动力分配曲线更加接近于 I 曲线,即更加充分地利用了地面附着系数,因此,会取得更好制动效果。

4.3.2 直道制动的制动力分配估算

4.3.2.1 直道制动各车轮制动力分配

车辆在制动时,驾驶人施加给制动踏板一个踏板力,制动踏板位移传感器把检测到的制动踏板位移信号传递给 ECU,ECU 经过分析计算得的驾驶人期,望的制动减速度 a_{desire}(单位为重力加速度 g),由此计算出车辆需要总的制动力 F_{total}:

$$F_{\text{total}} = Ma_{\text{desire}} \tag{4-58}$$

式中,M 为整车重量(kg)。

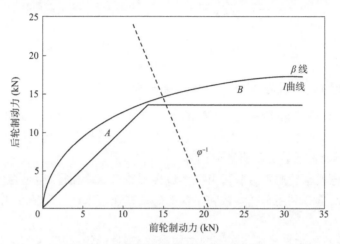

图 4-45 使用限压阀后制动力分配曲线

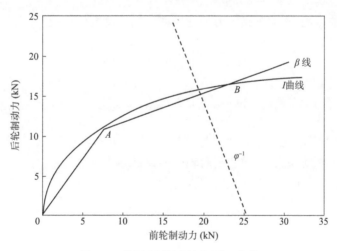

图 4-46 使用比例阀后制动力分配曲线

接下来,ECU 将把总的制动力分配给四个车轮制动器。最理想的制动力分配为前后车轮的制动力系数相等,制动力系数等于地面制动力与车轮垂直载荷的比值:

$$\varphi = \frac{F_x}{F_z} \tag{4-59}$$

式中,φ 为制动力系数;F_x 为地面制动力;F_z 为车轮垂直载荷。

因此,制动力分配若想达到理想状态,前后车轮的制动力分配必须满足下面的方程式:

$$\frac{F_{xf}}{F_{zf}} = \frac{F_{xr}}{F_{zr}} \tag{4-60}$$

式中,F_{xf},F_{xr} 分别为前,后车轮的制动力;F_{zf},F_{zr} 分别为前后车轮的垂直载荷。

在均一路面上进行直道制动时,同一车轴左右两侧车轮的制动力大小相等,因此,总的制动力与四个车轮的制动力满足下面的方程式：

$$F_{\text{total}} = 2 \times (F_{xf} + F_{xr}) \tag{4-61}$$

综上所述，前后车轮的制动力大小应该为：

$$F_{xf} = \frac{F_{zf}}{2(F_{zf} + F_{zr})} F_{\text{total}} = \frac{F_{zf}}{M} M a_{\text{desire}} = F_{zj} a_{\text{decire}} \tag{4-62}$$

同理：

$$F_{xr} = F_{yr} a_{\text{desire}} \tag{4-63}$$

4.3.2.2 直道制动时各车轮的垂直载荷估算

想要计算出四个车轮的制动力，必须要首先知道四个车轮的垂直载荷。车辆在直道上进行制动时，四个车轮的垂直载荷受到加速度、乘坐人员数量和载货量的影响。

(1) 直道制动时前后轮的垂直载荷估算。

有研究学者假设车轮的垂直载荷可以通过传感器来直接测得，但是在实际情况中，这是很难实现的，因此，选择利用车辆参数和车辆的制动减速度来计算车辆在制动过程中的前后轮垂直载荷。

制动时，前后轮的垂直载荷与车辆的结构参数、车身形状、制动减速度和道路坡度有关。前后轮法向载荷主要由以下三部分组成。

① 静态载荷的作用力，即车辆重力分配到前后轴的重力分量为：

$$\begin{cases} F_{zsf} = \dfrac{G}{2}\left(\dfrac{b}{L}\cos\alpha - \dfrac{h_g}{L}\sin\alpha\right) \\ F_{zsr} = \dfrac{G}{2}\left(\dfrac{a}{L}\cos\alpha + \dfrac{h_g}{L}\sin\alpha\right) \end{cases} \tag{4-64}$$

式中，F_{zsf} 为前轮静态轴荷；F_{zsr} 为后轮静态轴荷；G 为车辆重量；α 为道路坡度角；L 为轴距；a 为质心到前轴的距离；b 为质心到后轴的距离；h_g 为重心高度。

② 动态分量，即制动过程中产生的惯性力为：

$$\begin{cases} F_{zdf} = -\dfrac{Gh_g}{2gL} \cdot \dfrac{\mathrm{d}u}{\mathrm{d}t} \\ F_{zdr} = \dfrac{Gh_g}{2gL} \cdot \dfrac{\mathrm{d}u}{\mathrm{d}t} \end{cases} \tag{4-65}$$

式中，u 为车辆纵向速度。

③ 空气升力。由于流经车辆顶部的空气流速大于流经底部的空气流速，因此，产生了空气升力。空气升力常被分解为前轴升力与后轴升力两部分，即：

$$\begin{cases} F_{zwf} = \dfrac{1}{4} C_{Lf} A \rho u^2 \\ F_{zwr} = \dfrac{1}{4} C_{Lr} A \rho u^2 \end{cases} \tag{4-66}$$

综上所述，汽车制动时前后轮的垂直载荷为：

$$\begin{cases} F_{zf} = F_{zsf} - F_{zwf} - \dfrac{G}{2g}\dfrac{h_g}{L}\dfrac{du}{dt} \\ F_{zr} = F_{zsr} - F_{zwr} + \dfrac{G}{2g}\dfrac{h_g}{L}\dfrac{du}{dt} \end{cases} \tag{4-67}$$

(2) 直道制动时前后轮缸的制动压力。

必须通过对轮缸制动液加压,然后轮缸活塞推动制动块夹紧制动盘才能产生车轮制动力。制动时单个车轮所受的力和力矩如图4-47所示。

由图4-47可得车轮需要的制动力矩为：

$$M_b = rF_x - I\dot\omega \tag{4-68}$$

式中,r 为车轮滚动半径;F_x 为地面制动力;I 为车轮滚动半径;ω 为车轮角速度。

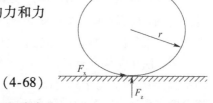

图4-47 制动时车轮受力图

由于车轮的转动惯量较小,因此,车轮的惯性力矩要比地面对车轮提供的制动力矩小很多,为了简化计算,上式可简化为：

$$M_b = rF_x \tag{4-69}$$

制动力矩 M_b 等于轮缸制动压力 P_b 乘以制动力矩增益 k：

$$M_b = kP_b \tag{4-70}$$

在车辆实际行驶过程中,车轮制动器难免会制动发热或涉水,这是车轮制动器的制动效能将降低,即热衰退和水衰退,但是热衰退和水衰退现阶段还难以识别。因此,本文假设车辆四个车轮制动器的制动力矩增益为恒定值。

综上所述,车辆在直道制动时前后轮轮缸压力为：

$$\begin{cases} P_{bf} = \dfrac{M_{bf}}{k_f} = \dfrac{rF_{xf}}{k_f} = \dfrac{rF_{zj}a_{\text{desire}}}{k_f} \\ P_{br} = \dfrac{M_{br}}{k_r} = \dfrac{rF_{xr}}{k_r} = \dfrac{rF_{zr}a_{\text{desire}}}{k_r} \end{cases} \tag{4-71}$$

4.3.3 弯道制动的制动力分配估算

弯道制动与直道制动相类似,为了充分利用地面附着系数,也应该使四个车轮的制动力系数相等。制动力系数等于地面制动力与车轮的垂直载荷之比,因此,为了充分利用地面附着系数,弯道制动时各车轮的制动力应满足以下方程式：

$$\dfrac{F_{x\_fl}}{F_{z\_fl}} = \dfrac{F_{x\_fr}}{F_{z\_fr}} = \dfrac{F_{x\_rl}}{F_{z\_rl}} = \dfrac{F_{x\_rr}}{F_{z\_rr}} \tag{4-72}$$

式中 F_{x_fl}、F_{x_fr}、F_{x_rl}、F_{x_rr} 为四个车轮制动力(N);F_{z_fl}、F_{z_fr}、F_{z_rl}、F_{z_rr} 为四个车轮的垂直载荷(N)。

车辆总的制动力为：

$$F_{x\_total} = F_{x\_fl} + F_{x\_fr} + F_{x\_rl} + F_{x\_rr} \tag{4-73}$$

因此,弯道制动时,四个车轮的理想制动力为：

$$\begin{cases} F_{x\_fl} = F_{z\_fl}a_{x\_expect} \\ F_{x\_fr} = F_{z\_fr}a_{x\_expect} \\ F_{x\_rl} = F_{z\_rl}a_{x\_appect} \\ F_{x\_rr} = F_{z\_rr}a_{x\_expect} \end{cases} \quad (4\text{-}74)$$

本书基于充分利用路面附着系数来对四个车轮的制动力进行分配,而车辆在弯道进行制动时还要考虑车辆的行驶稳定性。

车辆在弯道上进行制动时,车辆常常会出现过多转向的情况,当车辆速度超过某一值时,车辆的稳态横摆角速度增益会趋于无限大,这意味着车辆的转向半径极小,车辆将发生翻车等危险工况,因此,车辆应避免出现过多转向的情况。

为了防止车辆在弯道制动时出现过多转向的情况,宝马汽车公司开发了弯道制动力控制系统,当车辆在弯道进行制动时,弯道制动力控制系统会限制内侧车轮的轮缸压力,从而使车辆产生一个向外的横摆力矩,使车辆由过多转向变为不足转向。

车辆在转弯过程中外侧车轮的垂直载荷大于内侧车轮的垂直载荷,因此,本文基于充分利用路面附着系数的制动力分配策略的外侧车轮的制动力大于内侧车轮的制动力,可以纠正车辆在弯道制动时的过多转向,从而提高车辆弯道制动时的稳定性。

弯道制动时四个车轮的垂直载荷计算如下:

车辆在弯道制动时同时存在纵向加速度和侧向加速度,因此,车辆载荷既发生了前后转移,又发生了同一车轴的左右转移。车辆载荷的转移量可以通过车辆的参数、纵向加速度和侧向加速度来进行实时估算。

车辆在水平路面上进行制动时的受力如图4-48所示。

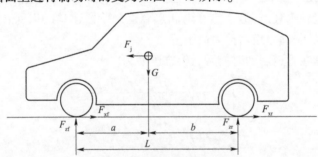

图4-48 车辆制动时的受力图

该图忽略了滚动阻力偶矩和空气阻力对车辆产生的影响。由车辆受到的作用力对后轮接地点取力矩得:

$$F_{zf}L = mgb + ma_xh_g \quad (4\text{-}75)$$

式中,F_{zf}为前车轮法向反作用力;L为车辆轴距;b为质心至后轴中心的距离;m为车辆质量;h_g为车辆质心高度。由车辆受到的作用力对前轮接地点取力矩得:

$$F_{zr}L = mga - ma_xh_g \quad (4\text{-}76)$$

式中,F_{zr}为后轮法向反作用力;a为质心至前轴中心的距离。

综上所述,车辆在制动时前后轮的法向载荷为:

$$\begin{cases} F_{zf} = \dfrac{mgb + ma_xh_g}{L} \\ F_{zf} = \dfrac{mga - ma_xh_g}{L} \end{cases} \quad (4\text{-}77)$$

当制动强度较大时,前后轮法向反作用力的变化是很大的,例如 BJ1041 汽车,当制动强度为 0.7g 时,前轮法向反作用力增加了 53.1%,后轮法向反作用力减少了 34.2%。

4.3.4 单轮制动失效工况下制动力分配估算

可靠性是线控液压制动系统面临的一大挑战,因为制动系统一旦出现故障,将很可能对驾驶人和乘客的生命安全造成不可挽回的损失。为了提高线控液压制动系统的可靠性,主要有两个思路。一方面可以对关键零部件进行冗余设计,这样关键零部件即使出现故障,液压制动系统可采用冗余零部件来顶替出现故障的零部件继续工作;另外一方面也可以通过设计控制算法,重新为正常工作的车轮分配制动力,从而尽可能地减少制动系统故障所带来的不利影响。

当某个车轮制动器出现故障而不能工作时,一方面会减小总的车辆制动力,增加车辆的制动距离;另外一方面因为车辆左右两侧制动力不相等而引起的横摆力矩会使车辆发生跑偏,从而造成更严重的问题。由于线控液压制动系统的制动力分配可以主动改变,因此,可以重新分配剩余三个车轮的制动力,从而抑制因单个制动器故障而引起的制动距离增加和车辆跑偏的问题。

在设计单轮制动失效工况下制动力分配策略时做了如下两个假设:一是当某一车轮制动失效时,车辆可以及时检测到,且该车轮不能产生任何制动力;二是路面附着系数可以通过估算得到。

4.3.4.1 单轮制动失效工况下车辆动力学分析

车辆在直道制动时,同轴左右两侧车轮所受到的纵向力相等,但是由于现代车辆大部分为前置前驱布置,前轴所承担的制动力几乎为后轴的两倍。

现代车辆大部分采用前置前驱的布置形式,这样前轴荷几乎是后轴荷的两倍。车辆制动时,由于轴荷转移,前轴荷增加,后轴荷减小,前后轴的载荷更加不均匀。因此,右前轮制动失效后,整车损失的地面制动力更大,制动减速度降低幅度更大,制动距离的增量也就比右后轮制动失效来得更多。与此同时,右前轮制动失效后,车辆受到的横摆力矩也比右后轮制动失效时更大,因此,车辆的跑偏程度也就更大,驾驶人和乘客也就面临更大的危险。

右前轮制动失效工况下整车的动力学模型如图 4-49 所示。

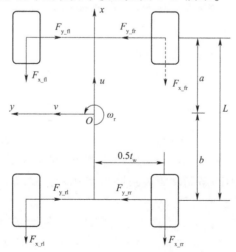

图 4-49 右前轮制动失效时车辆受力分析

车辆右前轮制动失效而不能产生制动力,损失的制动力如图4-49虚线所示。此时车辆的动力学方程如下所示：

$$\begin{cases} m(\dot{u} - \omega_r v) = F_{x\_fl} + F_{x\_rl} + F_{x\_rr} \\ I_z \dot{\omega}_r = (F_{x\_fl} + F_{x\_rl} - F_{x\_rr})\dfrac{t_w}{2} \\ m(\dot{v} + \omega_r u) = 0 \end{cases} \quad (4\text{-}78)$$

由于右前轮制动力的损失,车辆纵向制动力将减小,车辆的制动减速度将低于驾驶人的期望值。此时车辆的制动时间与制动距离将明显增加,这将对车辆的行驶安全性造成重大影响,驾驶人与乘客的生命安全将受到威胁。

与此同时,车辆左侧两个车轮的制动力将大于右侧两个车轮的制动力,车辆将受到一个较大的横摆力矩作用,该横摆力矩将使车辆偏离本车道,高速制动时甚至可能冲到相邻车道,这是极其危险的工况,应极力避免。

右后轮制动失效工况下整车的动力学模型如图4-50所示。

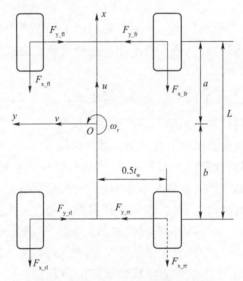

图4-50 右后轮制动失效时车辆受力分析

与右前轮制动失效类似,车辆右后轮制动失效而不能产生制动力,损失的制动力如图4-51虚线所示。此时车辆的动力学方程如下所示：

$$\begin{cases} m(\dot{u} - \omega_r v) = F_{x\_fl} + F_{x\_rl} + F_{x\_rr} \\ I_z \dot{\omega}_r = (F_{x\_fl} + F_{x\_rl} - F_{x\_rr})\dfrac{t_w}{2} \\ m(\dot{v} + \omega_r u) = 0 \end{cases} \quad (4\text{-}79)$$

由于右后轮制动力的损失,车辆纵向制动力将减小,车辆的制动减速度将低于驾驶人的期望值。此时车辆的制动时间与制动距离将明显增加,这将对车辆的行驶安全性造成重大影响,驾驶人与乘客的生命安全将受到威胁。

同时,车辆左侧两个车轮的制动力将大于右侧两个车轮的制动力,车辆将受到一个较大的横摆力矩作用,该横摆力矩将使车辆偏离本车道,高速制动时甚至可能冲到相邻车道,这是极其危险的工况,应极力避免。

4.3.4.2 单轮制动失效时整车稳定性控制目标制定

车辆制动时,如果某个车轮制动失效,不仅制动距离会大幅增加,车辆还会因左右两侧制动力不相等而引起的跑偏和侧滑,这将严重威胁驾驶人和乘客的生命安全。线控液压制动系统可以对四个车轮的制动力进行独立地控制,因此,当某一车轮制动失效后,可通过重新分配另外三个车轮的制动力来满足驾驶人期望的制动减速度和车辆的制动稳定性。如果通过制动力重新分配只能满足期望的制动减速度而无法满足稳定性的要求时,可通过前轮主动转向来使车辆产生一个额外的横摆力矩,以此来抑制车辆因左右两侧制动力不同而引起的制动跑偏,保证车辆在制动时的稳定性。

车辆前后车轮制动力分配曲线被称为 β 线,传统液压制动系统的前后车轮制动力分配为某一固定的比例,同一车轴左右两侧车轮的制动力相等。因此,四个车轮制动力只能同时增加或者同时减小,无法实现对某个车轮的制动力进行独立的控制,故传统液压制动系统在左右两侧地面附着系数不同的路面无法充分利用地面附着系数来进行车辆制动。

线控液压制动系统可以对四个车轮制动器进行单独控制,制动系统 ECU 通过各种传感器,例如踏板位移传感器、轮速传感器、车载摄像头和雷达等,来获得路面附着状况、驾驶人制动意图和整车运动状态,然后分析计算出每个车轮最佳的制动力,ECU 通过制动系统执行机构来使车轮制动力实时跟踪四个车轮的目标制动力,以此来适应各种不同附着情况的路面。

当车辆某一车轮制动失效后,只有三个车轮可以提供制动力,一般情况下这三个车轮尚未达到附着极限。此时车辆四个车轮的受力情况如图 4-51 所示,F_{x_fl}、F_{x_rl}、F_{x_rr} 分别为左前轮、左后轮、右后轮的实际制动力;F_{x_fr} 为右前轮损失的制动力;$F_{x\_fl\_lim}$、$F_{x\_rl\_lim}$、$F_{x\_rr\_lim}$ 分别为左前轮、左后轮、右后轮的极限制动力。

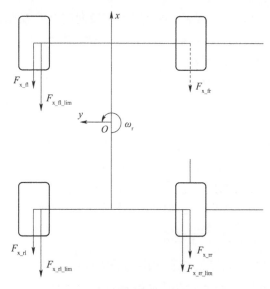

图 4-51 制动失效控制模型

在右前轮制动失效后,车辆将面对制动距离增加和失稳的危险工况,此时可以利用剩余三个车轮富余的制动力来避免车辆制动距离增加和失稳,保证车辆的实际制动减速度与驾驶人的期望制动减速度保持一致,且尽可能使车辆左右两侧制动力相等,避免车辆因左右两侧制动力不相等而跑偏。剩余三个车轮制动力进行重新分配时,将出现以下几种工况。

①满足期望制动,不产生横摆力矩。

制动强度较小时,车辆损失的制动力可全部加载到同侧未制动失效的车轮上,此时车辆的制动减速度不变,且不产生横摆力矩,车辆因此也不会跑偏。

②满足期望制动,产生横摆力矩。

制动强度较大时,同侧未制动失效车轮的制动力达到附着极限依然不能满足驾驶人期望的制动减速度,因此,只能在另一侧两个车轮上继续增加制动力,直至达到驾驶人期望的制动减速度,此时车辆的制动减速度不变,但是会产生横摆力矩,车辆会跑偏。有些车辆的转向系统可不依赖驾驶人而进行主动转向,当三个车轮的纵向力无法再继续增加时,可通过增加车辆的侧向力来维持车辆制动时的方向稳定性。

③不满足期望制动,产生横摆力矩。

制动强度更大时,三个车轮同时达到附着极限依然不能满足驾驶人期望的制动减速度,此时车辆的制动减速度比期望的制动减速度小,且会产生更大的横摆力矩,车辆跑偏会更加严重。同理,此时车辆可通过主动转向来增加车辆的侧向力,以此来维持车辆制动时的方向稳定性。

如图4-51所示,右前轮损失的制动力$F_{x_{fr}}$由剩余三个车轮弥补,车辆的总制动力保持不变,即车辆实际的制动减速度等于驾驶人期望的制动减速度,但是由于左侧的制动力大于右侧的制动力,因此,车辆将会受到一个逆时针方向的横摆力矩M_b,车辆将会跑偏。为了防止车辆在制动时跑偏,两个前轮可以顺时针转动一定的角度,使车辆产生一个顺时针的横摆力矩M_v,从而减小车辆在制动时所受到的总横摆力矩。因此,当车辆同时装备了线控制动和线控转向时,当某一车轮制动失效时,可通过制动与转向的联合控制,不仅可以满足驾驶人期望的制动减速度,还可以抑制车辆因受到左右两侧制动力不相等而造成的跑偏,增强了车辆纵向制动安全性和侧向方向稳定性。

当车辆任何一个车轮制动失效后,都将造成车辆制动距离增加和跑偏等危险工况,这将对驾驶人和乘客的生命安全产生重大威胁,因此,车辆需要通过有效的控制策略来应对车辆制动失效后的制动安全问题。

在设计控制策略之前首先要设定控制目标,本文提出了如下控制目标。

①充分发挥各车轮的制动潜力,满足驾驶人期望的制动减速度。

②在满足驾驶人期望的制动减速度前提下,尽可能少的产生制动横摆力矩。

③在满足前两条目标的前提下,尽可能降低车辆在制动过程中的横摆角速度。

4.3.4.3 单轮制动失效时整车稳定性

车辆某一车轮制动失效后,车辆仍有跟随驾驶人期望制动减速度和维持方向稳定性的能力。通过分析各个车轮实际制动力以及极限制动力,根据制动失效工况下的控制目标,设计了一种基于制动与转向联合控制的整车稳定性控制策略,充分利用地面的附着系数,重新分配剩余三个车轮的制动力，从而最大限度地满足驾驶人期望的制动减速度，并利用前轮主动转向来抑制车辆因左右两侧制动力不平衡而出现的车辆跑偏情况。

(1) 三轮制动力分配估算。

下面针对轻度、中度、重度制动强度分别予以介绍。

① 轻度制动。

当右前轮损失的制动力小于等于右后轮可额外提供的制动力时，定义为轻度制动，即：

$$F_{\text{x\_fr\_lost}} \leq F_{\text{x\_rr\_rest}} \tag{4-80}$$

驾驶人轻踩制动踏板，此时的期望制动减速度较小，右前轮损失的制动力小于右后轮富余的制动力，因此，可通过增加右后轮的制动力来弥补右前轮损失的制动力，此时总的制动力保持不变，车辆的实际制动减速度不会因为右前轮损失制动力而减小，如图4-52所示。

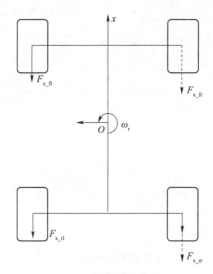

图4-52 轻度制动控制模型

此时虽然车辆左右两侧制动力相等，但左前轮滑移率大于右前轮，右后轮滑移率小于左后轮的滑移率。根据轮胎特性可知，此时右前轮侧向力大于左前轮，左后轮侧向力大于右后轮，车辆将受到逆时针的横摆力矩，因此，车辆将会跑偏。

② 中度制动。

当右前轮损失的制动力大于右后轮可额外提供的制动力且小于其他三个车轮可额外提供的制动力时，定义为中度制动，即：

$$F_{\text{x\_rr\_rest}} < F_{\text{x\_fr\_lost}} \leq F_{\text{x\_fl\_rest}} + F_{\text{x\_fr\_rest}} + F_{\text{x\_rl\_rest}} \tag{4-81}$$

驾驶人轻踩制动踏板，此时的期望制动减速度较大，右前轮损失的制动力大于右后轮富余的制动力且小于其他三个车轮可额外提供的制动力，因此可通过增加其他三个车轮的制动力来弥补右前轮损失的制动力，此时总的制动力保持不变，但车辆会因为左右两侧制动力不相等而产生横摆力矩，车辆将会跑偏。因此，需要通过前轮主动转向来使车辆产生一个附加横摆力矩来平衡车辆左右两侧制动力不平衡而产生的横摆力矩，从而抑制车辆在制动时的横向跑偏,如图4-53所示。

③重度制动。

当右前轮损失的制动力大于其他三个车轮可额外提供的制动力时,定义为重度制动,即:

$$F_{x\_fr\_lost} \geq F_{x\_fr\_rest} + F_{x\_rl\_rest} + F_{x\_rr\_rest} \tag{4-82}$$

驾驶人轻踩制动踏板,此时的期望制动减速度非常大,右前轮损失的制动力大于其他三个车轮可额外提供的制动力,因此,即使其他三个车轮的制动力加到最大依然无法弥补右前轮损失的制动力,此时总的制动力将减小,且车辆会因为左右两侧制动力不相等而产生一个较大的横摆力矩,因此,车辆将会跑偏。因此,需要通过前轮主动转向来使车辆产生一个附加横摆力矩来平衡车辆左右两侧制动力不平衡而产生的横摆力矩,从而抑制车辆在制动时的横向跑偏,如图4-54所示。

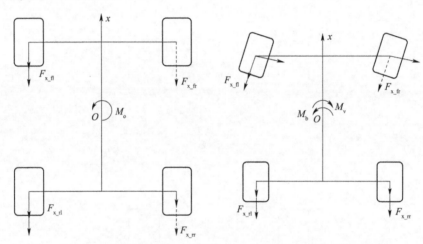

图4-53　中度制动控制模型　　　图4-54　重度制动控制模型

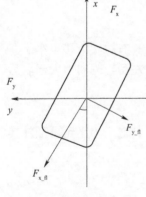

图4-55　前轴车轮受力图

(2)制动跑偏的抑制。

轻度、中度和重度制动均会造成车辆制动跑偏,尤其是在重度制动情况下,维持驾驶人的期望制动减速度和消除横摆力矩这两个制动目标不能同时满足,且横摆力矩较大,需要驾驶人通过转动转向盘来及时修正。在紧急制动时,驾驶人未必有充足的时间来做出反应,此时则需要车辆通过主动转向系统来抑制车辆的跑偏情况。

前轴车轮所受到的力如图4-55所示。

式中,θ 为左前轮转角;F_x、F_y 分别为大地坐标系中车轮的纵向力、侧向力;F_{x_fl}、F_{y_fl} 分别为轮胎坐标系中轮胎的纵向力、侧向力。

$$\begin{cases} F_x = -F_{x\_fl}\cos\theta - F_{y\_fl}\sin\theta \\ F_y = F_{x\_fl}\sin\theta - F_{y\_fl}\cos\theta \end{cases} \tag{4-83}$$

由上述方程式可知,在制动过程中如果出现前轮转向,这将对车轮的纵向力与侧向力都产生影响。当前轮转角较小时:

$$\begin{cases} \sin\theta = 0 \\ \cos\theta = 1 \end{cases} \quad (4\text{-}84)$$

因此,可忽略转向对车轮纵向力与侧向力产生的影响,即:

$$\begin{cases} F_x = -F_{x\_fl}\cos\theta \\ F_y = -F_{y\_fl}\cos\theta \end{cases} \quad (4\text{-}85)$$

车辆在某车轮制动失效工况下进行制动时,由于受到横摆力矩而使车辆产生横摆角速度,因此,车辆将跑偏。由于车辆受到的横摆力矩无法直接测量,因此,将车辆的横摆角速度作为控制目标,通过控制前轮转角来控制车辆的横摆角速度,使其维持在驾驶人期望的横摆角速度附近,进而抑制车辆在制动时的跑偏量。

4.4 压力控制方法

为改善 EHB 系统的线性模型在常规制动的动态响应特性,降低 EHB 系统的压力响应的超调量,提高 EHB 系统的动态响应速度,减少稳态响应误差,需要对 EHB 系统的线性模型设计合适的压力控制方法。

4.4.1 经典 PID 控制方法

4.4.1.1 直接 PID 控制方法

在工程实践中,应用广泛的调节器控制规律有 PID 控制、模糊控制以及滑模控制。直接 PID 控制方法广泛应用于连续控制系统,该种控制方法不需要了解控制系统具体的数学模型,凭借工程经验可得到较好的控制效果,其基本原理如图 4-56 所示。

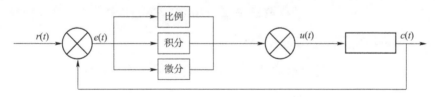

图 4-56 直接 PID 控制原理

连续控制系统的直接 PID 控制器的控制量是关于偏差的线性组合函数,其控制器数学表达式为:

$$\begin{cases} u(t) = k_p e(t) + k_i \int_0^t e(t)\mathrm{d}t + k_d \dfrac{\mathrm{d}e(t)}{\mathrm{d}t} \\ e(t) = r(t) - c(t) \end{cases} \quad (4\text{-}86)$$

式中,$u(t)$ 为控制输入,$r(t)$ 为输入量,$c(t)$ 为输出量。$e(t)$ 为 $r(t)$ 与 $c(t)$ 的误差量,k_p、k_i 和 k_d 分别为比例、积分和微分系数。

因为 EHB 系统的压力控制算法通过微处理器实现的,在微处理器控制系统中使用的是数字 PID 控制器。数字 PID 控制方法又分为位置式和增量式控制方法。

4.4.1.2 位置式PID控制方法

在EHB系统的ECU控制器中,需要对上述连续系统的PID表达式进行离散化处理,并仅保留比例项,通过ECU读取采样时刻差的偏差值作为控制量。假设系统的控制采样周期为T_c,采样序号为k,第k次采样时刻值为kT_c。最常用的离散化方法为差分法。利用一阶向后差分方程对公式(4-86)的微分项进行离散化后,做近似变化后的位置式PID控制器的数学表达式为:

$$u(k) = k_p e(k) + k_i \sum_{j=0}^{k} e(j) + k_d [e(k) - e(k-1)] + u_0 \tag{4-87}$$

式中,$u(k)$为EHB系统在采样时刻kT_c输出的实际位置控制量,u_0为EHB系统动作开始前的初始位置控制量,$e(k)$为EHB系统在采样时刻kT_c的目标量与输出量的偏差值。

因此,基于累加原理可设计出位置式PID控制器,但ECU需要将每次采样时间计算得到的偏差量$e(k)$进行迭代计算,微处理器计算负荷大。

4.4.1.3 增量式PID控制方法

当EHB系统需要的是控制量的增量时,根据公式(4-87),利用递推原理得到增量式PID控制器的数学表达式为:

$$\begin{cases} \Delta u(k) = k_p \Delta e(k) + k_i e(k) + k_d [\Delta e(k) - \Delta e(k-1)] \\ \Delta e(k) = e(k) - e(k-1) \end{cases} \tag{4-88}$$

式中,$\Delta u(k)$是EHB系统在采样时刻kT_c时控制器输出的控制量,$\Delta e(k)$为EHB系统在采样时刻kT_c与采样时刻$kT_c - T_c$的偏差量的差值,$\Delta e(k-1)$为EHB系统在采样时刻$kT_c - T_c$与采样时刻$kT_c - 2T_c$的偏差量的差值。

因此,增量式PID控制器的$\Delta u(k)$只与ECU读取的第k、$k-1$和$k-2$次的采样值相关,无须做较为复杂的累加计算。

增量式PID控制器的输出量$\Delta u(k)$对应的是本次EHB系统的位置增量,EHB系统的实际位置为控制量的积累,因此,EHB系统的实际位置表达式为:

$$u(k) = \sum_{j=0}^{k} \Delta u(j) \tag{4-89}$$

4.4.2 可变参数压力控制方法设计

由于轮缸压力与伺服缸压力响应几乎一致,并存在一定滞后,因此,下面只研究压力控制方法对伺服缸压力响应的影响。

EHB系统的ECU控制采样周期T_c为1ms,当EHB系统处于控制状态,第k个采样时刻时,ECU以采样时刻kT_c的电动机输出力矩为输出,控制误差量为伺服缸压力偏差量,即目标伺服缸压力与实际伺服缸压力之差,从而调节伺服缸压力,可得EHB系统压力控制的离散PID表达式为:

$$\begin{cases} T(k) = k_p e(k) + k_i \sum_{j=0}^{k} e(j) + k_d [e(k) - e(k-1)] \\ e(k) = P_{sde}(k) - P_{sreal}(k-1) \end{cases} \tag{4-90}$$

式中,k为ECU采样时的采样序号;$T(k)$为第k次采样时刻ECU的电动机输出力矩;$e(k)$为第k次采样时刻的目标伺服缸压力P_{sde}和第$k-1$次采样时刻的实际伺服缸压力P_{sreal}偏差量;$e(k-1)$为第$k-1$次采样时刻的伺服缸压力偏差量。

由于车辆制动状态是时变,固定PID参数可对车轮施加制动力来减少车轮的滑转,但不能根据不同的车辆制动状态选用最合适的控制器参数。为降低线性模型阶跃响应超调量，获得在各种控制条件下较好的综合控制效果，采用可变参数 PID 控制方法。

当伺服缸压力远小于目标压力时，电动机输出力矩应迅速增大以增大伺服缸压力，充分发挥 EHB 系统快速建压性能；当伺服缸压力远大于目标压力时，电动机输出力矩应迅速减小以减小伺服缸压力增长速率，提高 EHB 系统建压稳定性；当伺服缸压力在目标压力附近时，应对电动机输出力矩进行精细调节，使伺服缸压力稳定在目标压力附近。

因此，当实际伺服缸压力远离目标压力时，应增大 k_p、减小 k_i 并增大 k_d 使伺服缸压力迅速接近目标压力；当实际伺服缸压力在目标压力附近时，应减小 k_p、增大 k_i 并减小 k_d 使伺服缸压力连续稳定在目标压力附近。

以 EHB 系统线性模型为控制对象，采用可变参数 PID 控制时，比例、积分和微分系数在不同伺服缸压力偏差量的增益 α_i、β_i 和 γ_i 下，EHB 系统压力控制的离散变参数 PID 表达式为：

$$T(k) = \alpha_i k_p e(k) + \beta_i k_i \sum_{j=0}^{k} e(j) + \gamma_i k_d [e(k) - e(k-1)] \quad (4-91)$$

为了实现可变参数 PID 控制，结合式(4-91)，表 4-10 给出了不同伺服缸压力偏差量的 PID 控制系统参数，其中，E_1 和 E_2 为伺服缸压力偏差量门限值。

不同伺服缸压力偏差量的 PID 控制系统参数　　　　表 4-10

偏差 e	$\alpha_i k_p$	$\beta_i k_i$	$\gamma_i k_d$
$e > E_2$	7.2	1.8	0.005
$-E_1 < e < -E_1$	2.75	2.2	0.003
$E_1 < e < E_2$	0.72	2.5	0.002
$-E_2 < e < -E_1$	2.75	2.2	0.003
$e < -E_2$	7.2	1.8	0.005

固定 PID 参数整定常用方法为临界比例度法。可变 PID 参数的整定方法为试凑法，基于输出曲线形状，以超调量、调整时间和响应时间对控制过程规律为指导，通过不断改变和组合控制器参数来进行参数试凑，直到合适为止。

选取三组 PID 参数分别为第一组参数（$\alpha_i k_p = 7.2$，$\beta_i k_i = 1.8$，$\gamma_i k_d = 0.005$）、第二组参数（$\alpha_i k_p = 0.72$，$\beta_i k_i = 2.5$，$\gamma_i k_d = 0.002$）以及第三组可变参数 PID 控制，在 0.1s 时输入 8MPa 目标伺服缸阶跃压力，得如图 4-57 所示的变参数 PID 控制与固定参数 PID 控制响应曲线。

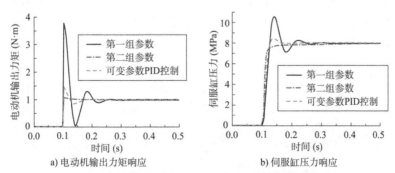

图 4-57　变参数 PID 控制与固定参数 PID 控制响应对比曲线

通过对图 4-57 分析，得到不同参数组的电动机力矩与伺服缸压力的响应性能，见

表 4-11。结合图 4-57 和表 4-11 分析,第一组参数的实际伺服缸压力能在相对较短时间内稳定在目标压力,但电动机输出力矩在此过程中波动很大;第二组参数的电动机输出力矩在此过程中波动较小,但实际伺服缸压力在 180ms 内,与目标压力仍存在 3% 的偏差,达到目标稳定压力时间较长;第三组变参数 PID 控制使实际伺服缸压力能较快稳定在目标压力,且在此过程中电动机输出力矩波动较小。可见变参数 PID 控制既能使伺服缸压力迅速达到并保持在目标伺服缸压力附近,又能有效减小电动机输出力矩波动,且伺服缸压力超调量相对无控制压力响应降低了 7.2%。

不同参数组的电动机力矩与伺服缸压力的响应性能　　表 4-11

响应性能	第一组参数		第二组参数		第三组参数	
	电动机力矩	伺服缸压力	电动机力矩	伺服缸压力	电动机力矩	伺服缸压力
超调量(%)	287	27	6.6	0	47	10.3
响应时间(ms)	9.6	36	8.9	28	9.4	30
调节时间(ms)	180	183	51	210	77	93

电动机输出力矩的可变参数 PID 控制在多种制动工况下具有自适应性,直接根据目标伺服缸压力与实际伺服缸压力的偏差量来计算目标电动机输出力矩,而没有考虑 EHB 系统实际工作中是否需要介入电动机输出力矩的调节,这就可能出现了电动机输出力矩 PID 调节过早介入的情况,造成压力调节速度过快。当 EHB 系统伺服缸活塞还没克服死区位移时,此时如果计算出的目标伺服缸压力大于实际需要压力时,就会出现过早介入电动机输出力矩调节的情况,导致伺服缸压力提前增大。因此,为兼顾压力控制的速度和超调量,下面的控制方法设计将考虑控制过程中的伺服缸压力死区,并引入电动机的控制过程。

4.4.3 多环压力控制方法设计

在实际控制过程中,EHB 系统的电子控制单元通过检测驾驶人的制动意图,电动机根据设定电流信号输出所需的控制力矩,推动伺服缸活塞来建立制动轮缸的液压力。

常规制动条件下,在 EHB 系统压力控制器的设计中,不仅需要考虑伺服缸的压力死区,设计以伺服缸压力死区为位移门限的压力-位置切换控制器;还需要考虑电动机的控制过程,包括电动机的速度环控制和电流环控制,设计以电动机控制为核心的速度-电流双闭环控制器,整个多环压力控制方法逻辑框如图 4-58 所示。其中,压力-位置切换控制器以位移和伺服缸压力偏差量为输入,以目标电动机角速度为输出;速度-电流双闭环控制器以电动机角速度偏差量为输入,以控制电流为输出。

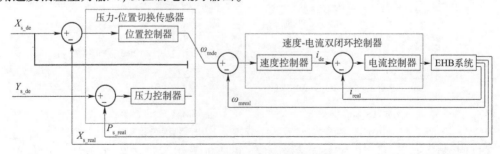

图 4-58　多环压力控制方法逻辑框图

4.4.3.1 压力-位置切换控制器设计

(1)伺服缸位置控制器的设计。

由于EHB系统的伺服缸与储液罐直接相连,伺服缸在建压过程中需要克服伺服缸的压力死区才能建立起伺服缸压力。EHB系统的伺服缸与储液罐的连接如图4-59所示,伺服缸与储液罐通过油管连接,当EHB系统工作时,伺服缸活塞需要克服伺服缸压力死区位移x_{s_thre},才能把伺服缸与储液罐之间油路隔离起来,进而建立伺服缸的液压力,实现轮缸压力的增加。

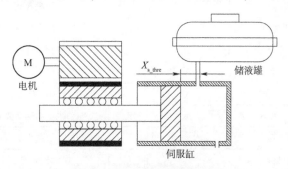

图4-59 伺服缸与储液罐连接图

因此,在伺服缸活塞位移小于压力死区位移x_{s_thre}时,可以通过设置伺服缸压力为0来表示压力未发生变化;在伺服缸活塞位移大于压力死区位移x_{s_thre}时,可以通过设置压力控制器来表示实际压力的变化,其控制方程为:

$$P_s = \begin{cases} 0, & x < x_{s\_thre} \\ P_{s\_real}, & x \geq x_{s\_thre} \end{cases} \tag{4-92}$$

因此,当伺服缸活塞处于压力死区时,可通过PID调节得到目标电动机角速度。

(2)伺服缸压力控制器的设计。

为减少EHB系统ECU的运算量,伺服缸压力控制器采用增量式PID控制方法,采样周期为T_c时,以目标伺服缸压力为输入,根据式(4-92)得到压力控制器表达式为:

$$\begin{cases} \Delta\omega_{mde}(k) = k_p\Delta e(kT_c) + k_i e(kT_c) + k_d[\Delta e(kT_c) - \Delta e(kT_c - T_c)] \\ \omega_{mde}(k) = \sum_{j=0}^{k}\Delta\omega(j) \end{cases} \tag{4-93}$$

式中,$e(kT_c)$为当前采样时刻kT_c时目标伺服缸压力P_{s_de}与实际伺服缸压力P_{s_real}偏差量的差值;$kT_c - T_c$为上一个采样时刻值。

因此,当伺服缸活塞超过压力死区时,可通过增量式PID控制得到目标电动机角速度。

4.4.3.2 速度-电流双闭环控制器设计

EHB系统执行压力控制策略时,EHB系统根据电子控制单元的指令来控制电动机执行相应动作,进而输出所需的电动机力矩,因此,在设计压力控制方法时,需要考虑电动机的控制过程。该EHB系统使用的电动机为永磁同步电动机,进行速度-电流双闭环控制器设计时,应以速度环控制器的输出控制量作为电流环控制器的输入设定值,由电流环控制器的输出控制量来控制EHB系统的输出。永磁同步电动机的电磁力矩方程为:

$$T_e = \frac{3}{2}p_n i_q[i_d(L_d - L_q) + \phi_m] \tag{4-94}$$

假设电动机是在理想的无摩擦状态下工作，永磁同步电动机的力矩平衡方程为：

$$J_\mathrm{m}\frac{d\omega_\mathrm{m}}{dt}=T_\mathrm{e}-T_\mathrm{L}-B_\mathrm{m}\omega_\mathrm{m} \tag{4-95}$$

式(4-94)和式(4-95)中相关变量含义见表 4-12。其中，电动机极对数 p_n 为 4，电动机磁链 ϕ_m 为 0.00402Wb，电动机 q 轴电感 L_q 为 93.5μH，电动机电阻 R_m 为 26mΩ。

多环压力控制方法中符号变量的含义　　　　　表 4-12

符号	变量含义	单位	符号	变量含义	单位
$P_\mathrm{s\_de}$	目标伺服缸压力值	Pa	$P_\mathrm{s\_real}$	实际伺服缸压力值	Pa
$x_\mathrm{s\_de}$	目标伺服缸活塞位移	m	$x_\mathrm{s\_real}$	实际伺服缸活塞位移	m
ω_mde	目标电动机角速度	rad/s	ω_mreal	实际电动机角速度	rad/s
i_de	目标电动机电流值	A	i_real	实际电动机电流值	A
$x_\mathrm{s\_thre}$	伺服缸压力死区位移	m	B_m	电动机反电动动势常数	N·m·s/rad
T_e	电动机电磁力矩	N·m	T_L	负载力矩	N·m
i_q	电动机 q 轴电流	A	i_d	电动机 d 轴电流	A
L_q	电动机 q 轴电感	H	L_d	电动机 d 轴电感	H
ω_m	电动机输出轴角速度	rad/s	ϕ_m	电动机磁链	Wb
p_n	电动机极对数	—	R_m	电动机电阻	Ω

EHB 系统的速度环控制使用 PI 控制方法，采用电动机 d 轴电流为零的控制策略，假定电动机在空载情况下启动，其速度环控制器方程为：

$$i_\mathrm{de}=(k_\mathrm{p}+\sum_{j=0}^{k}k_i)(\omega_\mathrm{mde}-\omega_\mathrm{mreal}) \tag{4-96}$$

同理，电流环控制器获得速度环控制器电流偏差量后，使用 PI 控制方法，得到电动机的输出电压 u，其电流环控制器方程为：

$$u=(k_\mathrm{p}+\sum_{j=0}^{k}k_i)(i_\mathrm{de}-i_\mathrm{real}) \tag{4-97}$$

EHB 的电流环控制器通过输出电压得到控制电流，其电压 u 与电流 i 的关系表达式：

$$\frac{i}{u}=\frac{1}{L_\mathrm{q}s+R_\mathrm{m}} \tag{4-98}$$

4.4.3.3　多环压力控制仿真分析

根据图 4-58 的多环压力控制方法逻辑框图，在 Matlab/Simulink 软件上搭建 EHB 系统的多环压力控制器并对模型进行求解，设定目标伺服缸活塞位移，以目标伺服缸压力为输入，以实际伺服缸压力为输出，目标伺服缸压力分别以阶跃和三角波形式输入，分别得到 EHB 系统在该控制方法下的阶跃响应和三角波响应的仿真结果。

(1) 在目标伺服缸压力输入为阶跃函数时，EHB 系统阶跃响应曲线。

当目标伺服缸压力为阶跃函数时，在 0.1s 时输入 6MPa 目标压力，不同控制方法的响应性能见表 4-13，由在多环控制方法下计算得到的 EHB 系统的阶跃响应曲线如图 4-60。从曲线可得，多环压力控制比变参数 PID 控制的总体控制效果要好，且压力超调量降低 11.5%，能较好跟随目标压力。当伺服缸活塞超过 3mm 压力死区时，伺服缸压力开始迅速建立，逐渐达到目标稳态压力，并避免电机力矩调节的过早介入情况。

第4章 乘用车EHB系统设计

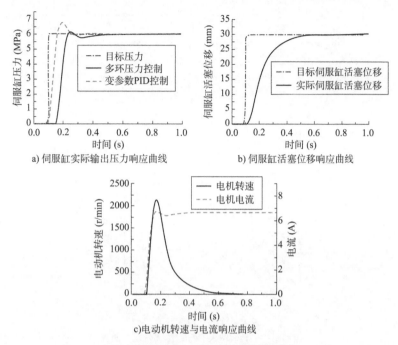

图 4-60　阶跃输入下的 EHB 系统响应曲线

变 PID 参数控制与多环压力控制下的阶跃压力响应性能　　表 4-13

响应性能	变 PID 参数控制	多环压力控制
超调量(%)	13.3	1.8
响应时间(ms)	63	61
调节时间(ms)	101	142

在伺服缸压力增长阶段,电动机转速迅速上升,电动机电流上升过程出现超调现象,此时伺服缸活塞位移也缓慢增大。当伺服缸压力达到稳态时,电动机转速先急速下降再缓慢下降,避免电动机输出轴运动惯性大导致压力调节过度,此时伺服缸活塞位移稳定在30mm左右。

(2) 在目标伺服缸压力输入为三角波函数时,EHB 系统三角波响应曲线。

当目标伺服缸压力为三角波函数时,在 0.1s 时输入 6MPa 目标峰值压力,由在多环控制方法下计算得到的 EHB 系统的三角波响应曲线如图 4-61 所示。从曲线可得,多环控制比变参数 PID 控制的控制效果要好,压力响应速度较快,能较好跟随目标压力。

当伺服缸活塞超过 3mm 压力死区时,才开始建立起伺服缸压力,从而避免电动机力矩的过早介入调节,且在电动机高转速下迅速达到目标峰值压力。相比变参数 PID 控制,在伺服缸压力下降阶段,由于电动机输出轴回位过度导致的负压力波动有所降低。在伺服缸压力增长阶段,电动机转速先迅速上升后下降至零,同时伺服缸活塞位移也逐渐增大,而在伺服缸压力降低阶段,电动机输出轴开始反转,且反转速度先快后慢,电流曲线的变化规律与电动机转速的变化规律基本一致,此时伺服缸活塞位移变化率缓慢降低,逐渐回到初始位置。

综上仿真分析,多环压力控制方法实现了目标伺服缸压力跟随,解决了电动机力矩调节过早介入等问题,但其有效性仅只停留在仿真层面上,下面将通过台架实验来验证。

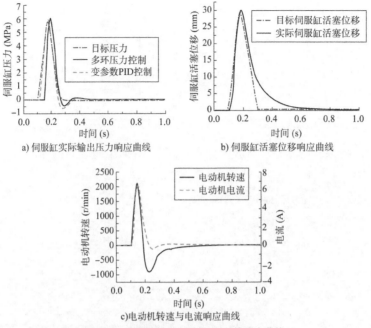

图 4-61 三角波输入下的 EHB 系统响应曲线

4.4.4 EHB 系统的压力控制试验

4.4.4.1 EHB 系统硬件在环实验台架的搭建

为进一步验证上述多环压力控制方法的有效性并增强说服力,搭建如图 4-62 所示的 EHB 系统硬件台架,并基于该台架对 EHB 系统的多环压力控制方法进行了验证测试。

由图 4-62 的 EHB 系统台架可知,EHB 系统试验台架主要由 EHB 总成、12V 供电电源、制动硬管、钢瓶、CANape 以及上位机电脑等搭建而成,部分台架零部件实物如图 4-63 所示。其中,EHB 总成集成了储液罐、伺服缸、伺服缸电动机、制动主缸、制动踏板、位移传感器等。为保证所有制动轮缸压力-体积特性一致,台架中以统一规格的钢瓶替代制动轮缸,钢瓶可通过填充钢珠来调节并保证各钢瓶 PV 特性一致,且 PV 特性具有强线性,保证实验可靠性。该实验台架零部件的基本参数见表 4-14。

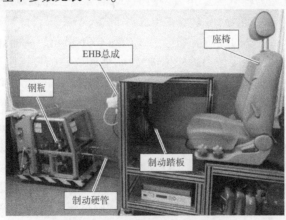

图 4-62 EHB 系统硬件在环实验台架

a) EHB 总成　　　　　　　　b) 制动踏板

c) CANape　　　　　　　　d) 上位机电脑

图 4-63　EHB 系统硬件在环实验台架零部件实物图

实验台架零部件的基本参数　　　　　　　　表 4-14

零部件名称	厂商	技术参数
伺服电机	日本电产凯宇公司	工作电压 12V；电阻 26mΩ
压力传感器 MSG	美国森萨塔科技公司	供电电压 5V；最大电流 17mA
ECU	德国英飞凌公司	16 位单片机
CANape	德国 Vector 公司	电控标定和测试
制动硬管	汽配市场	钢制，管径 3.2mm
滚珠丝杆机构	专业实践所在公司	导程 3mm
位移传感器		量程 0~42mm

台架实验过程中，通过结合电控标定软件 CANape 与 Matlab/Simulink 软件工具来获得试验结果。实验前，基于多环压力控制方法在 Matlab/Simulink 软件上搭建控制模型并设置好 ECU 接口变量，通过 Simulink 的自动代码生成模块把该控制模型生成 rtw 文件。通过编译工具得到可在 ECU 运行的 hex 文件，利用专业实践公司开发的软件 TowinBus 下载到 ECU 上。实验时，启动电源和 Vector CANape 软件，基于 CANape 可通过电脑上位机实时输入控制指令并读取传感器数据。

4.4.4.2　多环压力控制试验分析

通过上位机的 CANape 软件 GUI 界面设置实验条件如下：常闭阀通电，开启电流占空比为 33%，长时间维持电流占空比为 4%；常开阀通电，关闭电流为 0.85A，长时间维持电流为 0.65A；EHB 系统以方波和斜波形式输入目标伺服缸压力，设定目标伺服缸活塞位移，观察伺服主缸压力以及电动机转速曲线，选取其中两组目标压力为 6MPa 的实验结果如图 4-64 所示。

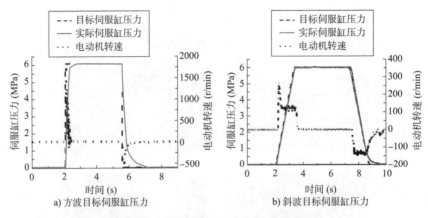

图4-64 EHB系统伺服缸压力及电动机转速曲线

观察图4-64的图a)可以得到,当从CANape上位机输入6MPa的方波目标伺服缸压力控制指令后,EHB系统的方波压力响应的超调量为0,能达到较好的目标压力跟随效果,进一步说明了多环压力控制方法的有效性。

当EHB系统迅速执行动作,且常闭阀和常开阀稳定工作后,在2s时电动机开始正向运转且响应迅速,0.1s后达到峰值转速1800r/min,是因为目标伺服缸压力瞬时升压曲线斜率较大,伺服缸需要电动机较大转速来推动伺服缸活塞建立起瞬时较大的液压力。但此时实际伺服缸压力仍滞后目标伺服缸压力0.01s,是因为活塞需要克服3mm的压力死区位移、ECU计算时间、电动机响应时间所导致,且推杆需要克服的阻尼力和液压力较大。为避免伺服缸压力下降时活塞回位过快导致系统压力较大波动以及冲击,电动机峰值反转转速为750r/min,活塞在推杆拉力以及液压力作用下回位,此时伺服缸压力下降曲线斜率较小。

观察图4-64的图b)可以得到,当从CANape上位机输入6MPa的斜波目标伺服缸压力控制指令后,EHB系统的斜波压力响应的超调量也为0,实际伺服缸压力与目标压力基本吻合,进一步说明了多环压力控制方法的有效性。

EHB系统工作时,由于目标压力上升阶段斜率较小,因此,电动机正向运转时由于响应超调出现峰值转速,但峰值转速相对方波输入较小,随后稳定在120r/min来调节伺服缸压力跟随目标压力。当伺服缸压力跟随目标压力下降时,电动机反转且转速稳定120r/min,且当伺服缸压力接近零时,电动机转速出现负转速波动,是因为活塞退出压力死区,储液罐油液进入伺服缸冲击活塞时电动机调节所致。

综合实验结果,多环压力控制方法能使实际伺服缸压力有效跟随目标压力,避免PID控制中忽略压力死区导致电动机力矩的过早介入调节,实验控制效果较好,进一步验证了该控制方法在实际应用中的有效性。

4.5 安全控制技术设计

4.5.1 基于EHB系统的汽车防抱死制动控制的设计

典型的ABS控制方法有逻辑门限值控制、PID控制以及滑模变结构控制等。目前的ABS是通过对车轮施加制动力直至车轮开始抱死,再逐步减少制动力来保持车轮再次旋转,该控制过程仅对车轮开始抱死时提供最大制动力,存在较大的压力波动,由此造成了大多数驾驶人较差的制动踏板感觉,影响制动舒适性。

EHB 系统制动时包括三种动力学特性及约束条件的传递函数,分别为:以电动机力矩为输入和以制动力矩为输出的 EHB 系统传递函数;以制动力矩为输入和以轮缸压力为输出的制动器传递函数;以轮缸压力为输入和以滑移率为输出的传递函数。为研究基于 EHB 系统的汽车防抱死制动控制方法,考虑 EHB 系统完整的动力学特性及约束条件,采用新型 Youla 参数化控制方法,计算 Youla 参数化控制器的传递函数 KB(s)。同时,进行汽车 ABS 控制器的设计,并分析 EHB 系统在 ABS 工况下的动态特性。以滑移率为控制目标,设计基于 Youla 参数化的单轮 ABS 控制逻辑框图,如图 4-65 所示。

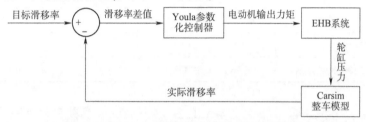

图 4-65　基于 Youla 参数化的单轮 ABS 控制逻辑框图

4.5.1.1　车辆及道路模型的建立

Carsim 是一款用于车辆动力学仿真分析的图形用户交互软件,适用于多种车型的建模仿真,方便设置各种试验场地和工况,可以模拟实际控制车辆对各种复杂工况输入的响应状态,适用于车辆控制系统的开发。

Carsim 软件的功能模块主要包括整车参数设置、道路设置和工况设置,其设置步骤如下。

(1)整车参数设置。以 A 级微型车为模板,设置整车模型时,需要对车体、动力系统、转向系统、制动系统、轮胎系统以及前后悬架系统等子系统进行参数化设置,整车模型基本参数见表 4-15。

(2)整车道路设置。选择直线制动测试道路,设置高附和低附道路附着系数,平直道路长度1200m,设置双车道,车道宽度为 5m。

(3)整车工况设置。基于 ABS 直线制动工况设置车辆初始速度,选择自动挡控制,设置车辆的初始位置,联合仿真控制器选择 ABS 控制器。

根据上述三个步骤的设置,完成了 Carsim 车辆及道路仿真模型的设置,下面将在 Simulink 软件上搭建起 EHB 系统及其 ABS 控制器模型。

Carsim 整车模型的基本设置参数　　　　　　　表 4-15

参数	数值	单位
整车空载质量	973	kg
整车前后轴距	2400	mm
前轮距	1430	mm
后轮距	1430	mm
车辆质心高度	476	mm

续上表

参数	数值	单位
质心与前轴距离	973.1	mm
车辆横摆转动惯量	2099.24	kg·m²
车轮直径	356	mm
前轮转动惯量	0.51	kg·m²
后轮转动惯量	1.2	kg·m²
风阻系数	0.33	—
车辆前迎风面积	2.1	m²
方向盘转向传动比	19.15	—
驱动桥主传动比	4.133	—

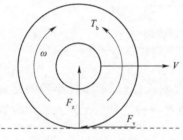

图 4-66 车辆的单轮模型

4.5.1.2 基于 Youla 参数化的 ABS 控制器设计

汽车的运动状态与滑移率密切相关,而滑移率与车轮受力状态密切相关。为研究 EHB 系统对汽车防抱死制动系统性能的影响,需要研究汽车制动时的车轮运动情况。当车辆制动时,车轮受到纵向切向力、阻力矩和垂直载荷的综合作用而减速,车辆的单轮模型如图 4-66 所示。

车辆制动时,由车轮受到的力矩平衡得到车辆车轮运动的动力学方程为:

$$\begin{cases} J_w \dot{\omega} = R_w F_x - T_b \\ T_b = P_w A_w r_{we} B \end{cases} \quad (4\text{-}99)$$

同理,由牛顿第二定律,通过分析车轮在纵向方向的受力得到车轮的纵向力方程

$$\begin{cases} \dot{v} = -\dfrac{F_x}{m} \\ F_x = \mu(\lambda) F_z \end{cases} \quad (4\text{-}100)$$

当车辆在地面运动时,车辆因制动而减速,车轮的滑转状态发生改变,此时车轮的滑移率方程为:

$$\lambda = \dfrac{v - R_w \omega}{v} \quad (4\text{-}101)$$

对式(4-101)求导,并联立方程(4-99)和(4-100)可得车轮滑移率的一阶导数非线性方程为:

$$\dot{\lambda} = -\dfrac{1}{v}\left[\dfrac{R_w^2}{J_w} + \dfrac{1}{m}(1-\lambda)\right]\mu(\lambda) F_z + \dfrac{R_w A_w r_{wz} B}{J_w v} P_w \quad (4\text{-}102)$$

通过对 Burckhard 车轮轮胎模型的分析,可以得到关于路面附着系数 μ 的数学表达式为:

$$\begin{cases} \mu(\lambda) = c_1(1 - e^{-c_2\lambda}) - c_3\lambda \\ \mu(\lambda) = c_1 c_2 e^{-c_2\lambda} - c_3 \end{cases} \tag{4-103}$$

方程(4-103)中的路面附着系数 μ 是关于滑移率 λ 的非线性函数,在高附路面条件下方程中 c_1、c_2、c_3 的数值分别为 1.2801、23.99 和 0.52,在低附路面条件下方程中 c_1、c_2、c_3 的数值分别为 0.1946、94.129 和 0.0646。

为得到面向控制的线性模型,对滑移率一阶导数方程(4-102)进行线性化处理,假设车辆在制动过程中,当轮缸压力 P_w、轮胎垂直载荷 F_z、车辆速度 v、路面状态 $\mu(\lambda)$ 分别处于标称工作点 $\overline{P}_w$、$\overline{F}_z$、$\overline{v}$ 和 $\mu(\overline{\lambda})$ 下,可得如下数学表达式:

$$\begin{cases} \delta P_w = P_w - \overline{P}_w \\ \delta\lambda = \lambda - \overline{\lambda} \\ \delta v = v - \overline{v} \\ \delta\mu(\lambda) = \mu(\lambda) - \mu(\overline{\lambda}) \end{cases} \tag{4-104}$$

将路面附着系数 μ 函数在标称工作点 $\mu(\overline{\lambda})$ 进行一阶泰勒展开,得到表达式为:

$$\begin{cases} \mu(\lambda) \approx \mu(\overline{\lambda}) + \mu_1(\overline{\lambda})\delta\lambda \\ \mu_1(\overline{\lambda}) = \dot{\mu}(\overline{\lambda}) = \left.\frac{\partial\mu}{\partial\lambda}\right|_{\overline{\lambda}} \end{cases} \tag{4-105}$$

联立方程(4-99)~方程(4-105),采用线性化方法得到车轮滑移率一阶导数方程在标称工作点的方程为:

$$\delta\dot{\lambda} = -\frac{\overline{F}_z}{\overline{v}}\left[\frac{R_w^2}{J_w} + \frac{1}{m}(1 - \overline{\lambda})\right]\dot{\mu}(\overline{\lambda})\delta\lambda + \frac{R_w A_w r_w B}{J_w \overline{v}}\delta P_w \tag{4-106}$$

为书写方便,省略微量符号,可得包含两种动力学特性的面向控制的线性系统传递函数,即滑移率与 EHB 系统轮缸压力的一阶传递函数表达式为:

$$G_\lambda(s) = \frac{\lambda(s)}{P_w(s)} = \frac{k}{s + p} \tag{4-107}$$

方程(4-107)中,变量 k 和 p 的数学表达式:

$$\begin{cases} k = \dfrac{R_w A_w r_w B}{J_w \overline{v}} \\ p = \dfrac{\mu(\overline{\lambda})\overline{F}_z}{m\overline{v}}\left[(1 - \overline{\lambda}) + \dfrac{mR_w^2}{J_w}\right] \end{cases} \tag{4-108}$$

通过分析式(4-107)可知,当 $p > 0$ 时,极点 p 在系统左半平面上,此时系统稳定;当 $p < 0$ 时,极点 p 在系统右半平面上,此时系统不稳定。且由变量 p 可知,当 $\dot{\mu}(\overline{\lambda})$ 大于等于 0 时,车辆速度越大,车轮垂直载荷越小,p 值越小,极点越靠近右半平面,车轮越容易趋于发生抱死。

为得到面向控制的线性模型,且式(4-106)是通过轮胎垂直载荷 F_z、车辆速度 v、路面状态附着系数导数函数 $\dot{\mu}(\overline{\lambda})$ 分别围绕标称工作点 $\overline{F}_z$、$\overline{v}$ 和 $\mu(\overline{\lambda})$ 进行线性化处理的,因此,有必要确定轮胎垂直载荷 F_z、车辆速度 v、路面状态附着系数导数函数 $\dot{\mu}(\overline{\lambda})$ 的取值范围。

通过分析式(4-103),路面状态附着系数导数函数 $\dot{\mu}(\lambda)$ 的取值范围为 $-0.065 \leq \dot{\mu}(\overline{\lambda}) \leq$

30.19。

轮胎的垂直载荷 F_z 是关于车身质量与车身纵向加速度的函数,其计算表达式为:

$$\begin{cases} F_{z1} = [Mgl_r/(2l)] - [Ma_x h/(2l)] - [Ma_y h/(2l_w)] \\ F_{z2} = [Mgl_r/(2l)] - [Ma_x h/(2l)] + [Ma_y h/(2l_w)] \\ F_{z3} = [Mgl_r/(2l)] + [Ma_x h/(2l)] - [Ma_y h/(2l_w)] \end{cases} \quad (4\text{-}109)$$

式中,M 是整车空载质量(kg);l_r 是整车质心与后轴的距离(mm);l 是整车前后轴距(mm);l_w 是左右轮距(mm);h 是整车质心高度(mm);a_x 和 a_y 分别为整车纵向加速度和横向加速度;g 是重力加速度,取值为 9.8m/s²。

假设整车纵向加速度 a_x 取值为 g,横向加速度 a_y 取值为 $-g$ 时,基于式(4-109)并代入表 4-16 中的整车参数,得到轮胎的垂直载荷 F_z 取值范围为 $0 \leq F_z \leq 5.3$kN。

车辆行驶过程中,汽车防抱死制动系统启动时,车辆的纵向速度 v 需满足的速度范围为 $10 \leq v \leq 180$km/h。

考虑 EHB 系统的完整动力学特性和约束条件,把 EHB 系统线性模型的二阶传递函数与滑移率的一阶导数传递函数方程结合起来,得到面向控制的电动机输出力矩与滑移率的三阶传递函数,其数学表达式为:

$$G_{\lambda B}(s) = G_{\lambda}(s) G_b(s) = \frac{k}{s+p} \frac{\alpha_1}{\beta_1 s^2 + \beta_2 s + \beta_3} \quad (4\text{-}110)$$

上述公式中,方程(4-106)到(4-109)的符号含义见表 4-16。

方程(4-106)~方程(4-109)中符号变量的含义　　表 4-16

符号	含义	单位	符号	含义	单位
J_w	车轮转动惯量	kg·m²	ω	车轮角速度	rad/s
F_x	车轮纵向力	N	R_w	车轮半径	mm
T_b	制动力矩	N·m	m	四分之一整车质量	kg
r_{we}	制动器有效摩擦半径	mm	B	制动效能因素	—
λ	车轮滑移率	—	$\bar{\lambda}$	标称工作点的车轮滑移率	—
F_z	车轮垂直载荷	kN	$\bar{F}_z$	标称工作点的车轮垂直载荷	kN
μ	路面附着系数	—	$\dot{\mu}$	路面附着系数的一阶导数	—
v	车轮纵向速度	km/h	$\bar{v}$	标称工作点的车轮纵向速度	km/h

分析方程(4-110)传递函数的稳定性,并将各系统参数代入该方程中,并已知某路面峰值附着系数为 0.16,可得如图 4-67 所示的 Bode 图。通过分析该 Bode 图,当相位角大于 -90°时,即车轮的滑移率小于 0.16 时,车轮处于稳定状态,无抱死的趋势,当相位角小于 -90°时,当车轮的滑移率大于 0.16 时,车轮处于不稳定状态,车轮趋于抱死或者发生抱死的趋势。通过观察幅值图可知,滑移率为 0.16 的幅值曲线过零,当滑移率大于或者小于 0.16 时,各自对应的幅值曲线出现明显的分区。

为获得稳定的控制效果,基于 Youla 参数化方法设计 ABS 控制器。Youla 参数化控制器不仅满足期望的闭环响应特性,而且可以保证控制系统内部的稳定性。由于 $G_{\lambda B}(s)$ 是与标称工作点相关的传递函数，为能直接建立期望闭环响应的传递函数方程T_B，需将$G_{\lambda B}(s)$乘以Y_B得到由三个稳定的一阶滤波器组成的传递函数方程，两者关系表达式为：

$$T_B(s) = Y_B(s)G_{\lambda B}(s) = \frac{1}{(\tau_1 s+1)(\tau_2 s+1)(\tau_3 s+1)} \quad (4\text{-}111)$$

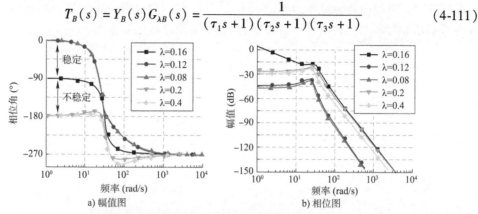

图 4-67 电动机力矩与滑移率传递函数的 Bode 图

Youla 参数化控制器的灵敏度函数S_B表达式为：

$$S_B(s) = 1 - T_B \quad (4\text{-}112)$$

联立方程(4-110)、(4-111)和(4-112)，可得 Youla 参数化控制器的传递函数方程为：

$$K_B(s) = \frac{Y_B}{S_B} = \frac{1}{G_{\lambda B}[(\tau_i s+1)(\tau_2 s+1)(\tau_s s+1)-1]} \quad (4\text{-}113)$$

方程(4-111)和(4-113)中的参数 τ_1、τ_2、τ_3 为 Youla 参数化控制器的设计参数，这些参数与系统中存在的三种动力学特性相对应，它们的取值见表 4-17。

表 4-17 Youla 参数化控制器的设计参数取值

道路类型	τ_1	τ_2	τ_3
高附着系数道路	0.0085	0.0075	0.0083
低附着系数道路	0.0065	0.0052	0.0068

4.5.1.3 基于 Carsim 和 Simulink 的联合仿真分析

通过 Carsim 软件建立前轮驱动车辆的整车模型，在 Simulink 软件上建立 ABS 控制器及 EHB 系统模型，以目标滑移率与实际滑移率差值作为控制系统的输入，输出为制动系统轮缸压力，从而控制车辆的运动状态，并分别在高附着系数和低附着系数道路条件下进行 Carsim 与 Simulink 的联合仿真。

(1)高附着系数路面条件下的 ABS 控制仿真分析。

在附着系数为 0.8 的高附着系数道路条件下，并在初始速度 80km/h、峰值滑移率 0.16、单轮垂直载荷 5kN 等标称工作点下，进行 ABS 仿真，仿真结果如图 4-68 所示。由图可知，车辆在高附着系数路面制动时，车轮并没有发生抱死的状态，车辆仍保持转向能力，且在 3.5s 内实现车辆的制动，说明了完全发挥出 EHB 系统在 ABS 工况下的动态响应性能，且在 ABS 工况制动开始时，轮缸压力波动较大，出现一定程度的振荡。经过 EHB 系统压力控制调节后能迅速达到平衡状态，表明了 EHB 系统建压速度快、精度高和稳定的性能特点，从而验证了基于 Youla 参数化控制方法设计出的 ABS 控制器是可行的、有效的，也表明了该控制方法具有较强的稳定性和鲁棒性。分析轮缸压力的曲线,车辆前轮轮缸压力在初始阶段的压力波动比后轮轮缸压力波动要大,在初始阶段对前轮运动状态需要较大的轮缸压力进行调节,并能够在较短时间内将轮缸压力稳定下来,避免了在制动过程中车辆出现频繁点头的现象,并降低制动液对制动踏板的液压力冲击,保证了制动过程的安全性。

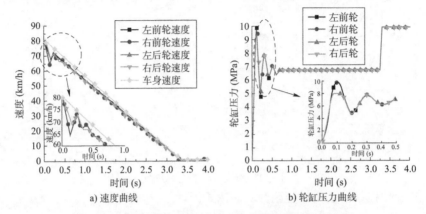

图4-68 高附着系数路面条件下 ABS 的速度和轮缸压力曲线

选取高附着系数路面条件下左侧前车轮目标滑移率与实际滑移率的比值曲线,如图4-69所示,当车辆车轮趋于抱死时,ABS 起作用,在初始阶段实际滑移率比值曲线发生较大的波动,到达稳定状态后曲线稳定在一定的比值上,在0.7s 后与目标滑移率比值曲线吻合度高,说明基于 Youla 参数化设计的控制器能使实际滑移率达到目标滑移率,进而达到期望的控制效果,控制稳定性高。

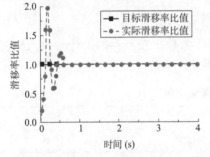

图4-69 高附着系数路面条件的滑移率比值曲线

(2) 低附着系数路面条件下的 ABS 控制仿真分析。

在附着系数为0.2的低附着系数道路条件下,并在初始速度40km/h、峰值滑移率0.05、单轮垂直载荷5kN 等标称工作点下,进行 ABS 仿真,仿真结果如图4-70 所示。由图可知,车辆在低附着系数路面制动时,车轮并没有发生抱死的状态,且在 6s 内实现车辆的制动,也说明了完全发挥出 EHB 系统在 ABS 工况下的动态响应性能,且在 ABS 工况制动开始时压力波动较小,经过 EHB 系统压力调节后能迅速达到平衡状态,表明了该控制方法具有较强的稳定性和鲁棒性。分析轮缸压力曲线,车辆后轮轮缸压力稳定时的压力明显高于前轮轮缸压力,是因为为保证车辆的转向能力,对前轮施加的轮缸压力较小,避免前轮发生抱死。

选取低附着系数路面条件下左侧前车轮目标滑移率与实际滑移率的比值曲线如图4-71所示,当车辆车轮趋于抱死时,ABS 起作用,在初始阶段实际滑移率比值曲线波动范围较小,到达稳定状态后曲线稳定在一定的比值,在0.5s 后与目标滑移率比值曲线吻合度高,说明基于 Youla 参数化设计的控制器能使实际滑移率有效跟随目标滑移率的变化。

基于 Simlink 软件建立了 EHB 系统和 ABS 控制器,进行了 Carsim 与 Simulink 联合仿真,仿真结果表明 Youla 参数化控制器能有效防止车轮抱死,提高 EHB 系统压力控制的稳定性。同时,高附着系数和低附着系数道路条件下,分别在3.5s 和6s 内实现车辆的制动,制动控效果显著。

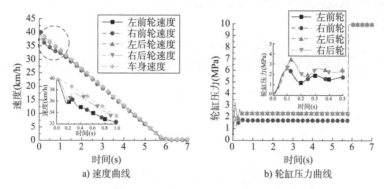

图4-70 低附着系数路面条件下 ABS 的速度和轮缸压力曲线

4.5.2 电子液压制动系统设计与匹配方法

根据控制电磁阀的开关状态，EHB 可实现 2 种制动状态：普通制动、主动制动控制。普通制动主要涉及车辆在正常行驶时的制动。此时平衡阀开启，同一车轴的左右制动轮缸压力相同，避免左右车轮制动力差异引起制动跑偏，保证直线行驶时的制动稳定性。主动制动控制指在特殊行驶状态下，需要制动系统对车辆的行驶状态进行主动干预，实现制动防抱死、驱动防滑控制、电子制动力分配、电子稳定性控制等功能。

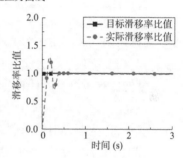

图4-71 低附着系数路面条件的滑移率比值曲线

此时平衡阀关闭，左右制动轮缸的压力由对应的进/出液阀独立控制。EHB 的安全特性主要是指保证制动系统实现这两种制动状态的安全性。其中包括在普通制动状态下部分硬件失效后仍能维持一定的制动功能，拥有一定程度的硬件冗余；也包括实现所有主动制动功能的能力。因此，有必要根据每个主要部件的性能和特点进行匹配设计，以保障 EHB 的制动安全性能。

4.5.2.1 基于硬件失效保护的供能装置设计

电子液压制动系统的供能装置包括气囊式蓄能器和电动机液压泵。蓄能器和电动机泵的设计依据都是要求在对方失效的情况下能够独立的完成普通制动工况下的任务，以保证一定的硬件冗余。同时应注意到蓄能器的有效排量与液压泵的额定流量存在互相耦合影响。设计之初首先要综合考虑目标车型制动性能的需求，确定 EHB 系统最高工作压力和最低工作压力。

（1）蓄能器充气压力的确定。

在系统最高和最低工作压力确定的情形下，为了确保在最低压力工作点蓄能器的皮囊仍未膨胀到与壳体内壁接触，并且在最高压力工作点皮囊收缩后的体积仍大于初始体积的 1/4，则蓄能器充气压力的取值范围为：

$$0.25 P_1 \leqslant P_0 \leqslant 0.9 P_2 \tag{4-114}$$

式中，P_0 为蓄能器预充气压力(Pa)；P_1 为系统最高工作压力(Pa)；P_2 为系统最低工作压力(Pa)。

(2) 蓄能器有效容积的确定。

假设蓄能器放液过程较快，近似为绝热过程，与气体相比，油液的压缩性可以忽略，由热力学波义耳定律可得：

$$P_0 \cdot V_0^n = P_1 \cdot V_1^n = P_2 \cdot V_2^n \tag{4-115}$$

式中，V_0 为蓄能器有效容积(m^3)；V_1 为蓄能器最小气体体积(m^3)；V_2 为蓄能器最大气体体积(m^3)；将蓄能器的有效排量 $\Delta V = V_2 - V_1$ 代入式(4-115)，得到蓄能器有效容积的计算公式如下：

$$V_0 = \frac{\Delta V}{P_0^{0.715}\left[\left(\frac{1}{P_2}\right)^{0.715} - \left(\frac{1}{P_1}\right)^{0.715}\right]} \tag{4-116}$$

而蓄能器的有效排量应满足以下2个条件：当电动机液压泵失效时，蓄能器能够完成高强度制动的次数应不少于4~5次；当电动机液压泵工作时，以4次/min的速率制动12次后，提供给制动器的压力不得低于最初测得压力的70%。考虑到实际使用过程中制动器逐渐磨损，为了确保安全以完全磨损后的旧制动器进行计算。

蓄能器有效排量的计算公式如下：

$$\Delta V = \sum_{i=1}^{n} V_i - \sum_{j=1}^{n} Q_P \cdot t_P \tag{4-117}$$

式中，V_i 为制动时需求制动液的体积(m^3)；t_P 为液压泵的工作时间。

(3) 液压泵额定流量的确定。

根据行驶工况合理地确定电动机液压泵的充液时间，一般充液时间不超过5s。同时，应该注意到在蓄能器失效的情况下，电动机泵应能实施普通制动工况的制动需求，所以设计完成后应校核液压泵的额定流量是否符合该要求。液压泵的额定流量计算公式为：

$$Q_P = \varepsilon \cdot \frac{\Delta V}{t_P} \tag{4-118}$$

式中，ε 为液压泵的泄漏系数。

(4) 电动机额定功率的确定。

系统最高工作压力的仅是系统的静态工作压力，考虑到系统在过渡过程中的压力超调量，液压泵额定工作压力应为系统的最高工作压力1.25倍左右。电动机液压泵的功率 P_e 应按照下式计算：

$$P_e = \frac{P_{Pm} \cdot Q_P}{60\eta_P} \tag{4-119}$$

式中，η_P 为电动机液压泵的效率；P_{Pm} 为电动机液压泵的额定压力(Pa)。

4.5.2.2 基于供能装置失效保护的备用制动回路设计

备用制动回路需要在供能装置失效的情况下，驾驶人通过踩下制动踏板将制动主缸内的制动液经隔离阀和制动管路压入制动轮缸，实现一定强度的制动。应达到500N踏板力时，车辆的制动减速度大于$3m/s^2$的法定要求。

(1) 制动主缸截面积的确定。

在制动踏板传动比和车轮制动器结构参数确定的情况下，制动主缸截面积的大小直接影响备用制动回路输出制动力矩的大小。

首先给出单个车轮产生的地面制动力的计算公式为：

$$F_x = P_C \cdot A_C \cdot \eta_C \cdot C^* \cdot \frac{r_m}{R_{roll}} \tag{4-120}$$

式中，F_x 为制动器产生的地面制动力(N)；C^* 为制动器增益系数；R_{roll} 为车轮滚动半径(m)；η_C 是制动器的机械效率；r_m 是制动盘的有效半径(m)。

为达到500N踏板力时，车辆的制动减速度大于3m/s²的法定要求，要求前后轴地面制动力满足以下要求：

$$F_{xf} + F_{xr} = G \cdot Z \tag{4-121}$$

式中，F_{xf} 为前轴地面制动力(N)；F_{xr} 为后轴地面制动力(N)；Z 为制动强度；G 为满载时车辆重力(N)。

则，制动主缸输出压强大小，其式为：

$$P_m = \frac{G \cdot z \cdot R_{roll}}{2\eta_C \cdot C^* \cdot (A_{cf} \cdot r_{ef} + A_{cr} \cdot r_{cr})} \tag{4-122}$$

式中，P_m 为制动主缸压强(Pa)；A_{cf} 和 A_{cr} 分别为前后制动轮缸活塞截面积(m²)；r_{ef} 和 r_{er} 分别为前后制动盘有效摩擦半径(m)。

则制动主缸的截面积通过下式估算得到：

$$A_m = \eta_{ped} \cdot \frac{F_{ped} \cdot i_{ped}}{P_m} \tag{4-123}$$

式中，A_m 为制动主缸的截面积(m²)；η_{ped} 为制动踏板机械效率；F_{ped} 为驾驶人操纵力(N)；i_{ped} 为制动踏板传动比。

(2)隔离阀截面积的确定。

隔离阀的额定压力根据式(4-122)计算得到，而额定流量则需要满足系统制动响应时间的要求，隔离阀额定流量的计算公式如下：

$$\begin{cases} Q_{gf} = \dfrac{2V_{cf}}{t_m} \\ Q_{gr} = \dfrac{2V_{cr}}{t_m} \end{cases} \tag{4-124}$$

式中，t_m 为系统制动响应时间(s)；V_{cf} 和 V_{cr} 分别为前后轴车轮制动器的需液量(m³)；Q_{gf} 和 Q_{gr} 为前后轴隔离阀额定流量(m³/s)。

联合式 $q_v = \dfrac{8C_d^2 \cdot A^2 \cdot \Delta p}{v \cdot \rho \cdot \chi \cdot R_e}$ 得到前后轴隔离阀的截面积的计算公式为：

$$\begin{cases} A_{gf} = \sqrt{\dfrac{v \cdot \rho \cdot \chi \cdot R_c \cdot Q_{gr}}{8C_d^2 \cdot R_m}} \\ A_{gr} = \sqrt{\dfrac{v \cdot \rho \cdot \chi \cdot R_c \cdot Q_{gr}}{8C_d^2 \cdot R_m}} \end{cases} \tag{4-125}$$

式中，A_{gf} 为前轴隔离阀的截面积(m²)；A_{gr} 为后轴隔离阀的截面积(m²)。

4.5.2.3 基于紧急制动需求的进/出液阀设计

对电磁阀而言，额定流量、最高工作压力和自然频率其重要的性能指标。进液阀和出液阀的最高工作压力取决于系统最高工作压力,其自然频率的选取要求满足防抱死制动控制的需求。式$q_v = C_d \cdot A \cdot \sqrt{\dfrac{2\Delta p}{\rho}}$指出,高速电磁阀的额定流量是由单次制动的压力差决定,即进液阀的增压速率和出液阀的减压速率。在紧急制动情况下,通常要求EHB的增压速度越快越好。但是在实际设计中还需要考虑液压系统的控制滞后现象,过快增压速度会导致压力超调的问题,一般要求防抱死制动时的增压速率为75MPa/s。

首先根据理想的前后轴制动器制动力分配关系,给出在紧急制动下前后制动轮缸的最高压力计算公式为:

$$\begin{cases} P_f = \dfrac{G \cdot \varphi \cdot (b + \varphi \cdot h_g) \cdot R_{\text{roll}}}{2(a+b) \cdot A_C \cdot \eta_C \cdot C^* \cdot r_m} \\ P_t = \dfrac{G \cdot \varphi \cdot (a - \varphi \cdot h_g) \cdot R_{\text{roll}}}{2(a+b) \cdot A_C \cdot \eta_C \cdot C^* \cdot r_m} \end{cases} \quad (4\text{-}126)$$

式中,P_f和P_r分别为前后轴单个车轮制动轮缸压力(Pa);φ为路面附着系数;a和b分别为质心到前后轴的距离(m);h_g为质心高度(m)。

联合式$q_v = C_d \cdot A \cdot \sqrt{\dfrac{2\Delta p}{\rho}}$和式(4-126)得到进液阀的截面积计算公式为:

$$\begin{cases} A_{if} = \dfrac{4500 V_{ef}}{C_d \cdot \sqrt{\dfrac{2(P_2 - P_f)}{\rho}}} \\ A_{ir} = \dfrac{4500 V_{cr}}{C_d \cdot \sqrt{\dfrac{2(P_2 - P_r)}{\rho}}} \end{cases} \quad (4\text{-}127)$$

式中,A_{if}为前轴进液阀的截面积(m^2);A_{ir}为后轴进液阀的截面积(m^2)。

同样在紧急制动的减压工况下要求EHB出液阀具有一定的卸压能力,一般要车辆防抱死制动时的减压速率为100MPa/s,则前后轴车轮对应出液阀的截面积为:

$$\begin{cases} A_{of} = \dfrac{6000 V_{ef}}{C_d \sqrt{\dfrac{2P_f}{3\rho}}} \\ A_{or} = \dfrac{6000 V_{cr}}{C_d \sqrt{\dfrac{2P_r}{5\rho}}} \end{cases} \quad (4\text{-}128)$$

式中,A_{of}为前轴出液阀的截面积(m^2);A_{or}为后轴出液阀的截面积(m^2)。

4.5.2.4　EHB匹配设计算例及数学模型试验验证

(1)电子液压制动系统匹配设计算例。

根据上文提出的基于安全特性的电子液压制动系统设匹配方法,结合某车型进行了设计计算。该车型的具体参数如下:空载时前轴载荷为840kg,后轴载荷为560kg,质心高度为0.56m;满载时前轴载荷为960kg,后轴载荷为815kg,质心高度为0.544m;轴距为2.803m,车轮滚动半径为0.327m;前轮制动器活塞直径为60mm,前制动盘直径为

280mm；后轮制动器活塞直径为42mm，后制动盘直径为225mm。基于安全特性的EHB匹配设计结果见表4-18。

基于安全特性的电子液压制动系统匹配设计结果　　　　表4-18

气囊式蓄能器	系统最高工作压力(MPa)	16
	系统最低工作压力(MPa)	12
	充气压力(MPa)	7.5
	有效容积(L)	0.3
电机泵	液压泵最高压力(MPa)	18
	液压泵额定流量(L/min)	1.2
	电机驱动功率(kW)	0.38
进液阀	前轴截面积(mm^2)	0.8
	后轴截面积(mm^2)	0.3
出液阀	前轴截面积(mm^2)	0.8
	后轴截面积(mm^2)	0.3
制动主缸	活塞直径(mm)	24
隔离阀	前轴截面积(mm^2)	0.6
	后轴截面积(mm^2)	0.2

通过基于安全特性的匹配设计直接进行电子液压制动系统原理样机的制造并不合理，因为制造EHB液压调节单元所需的高速电磁阀、高压柱塞泵等部件价格昂贵且难以获取。根据上文提出的EHB数学模型，在Simulink中建立了EHB仿真模型，并在"电磁与摩擦制动集成系统硬件在环仿真平台"上验证模型的正确性和有效性，随后利用EHB数学模型分析匹配完成后电子液压制动系统是否满足汽车制动安全性能需求。

电磁与摩擦制动集成系统硬件在环仿真平台可以完成电子液压制动系统的性能及控制试验研究。其中软件部分包括Labview数据采集程序和控制程序，如图4-72a)所示；硬件部分包括博士ESP 8.0、NXQ气囊式蓄能器、盘式制动器、制动管路、制动性能试验台架以及传感器(压力传感器、转矩转速传感器、光栅转速传感器)、电子控制单元(驱动电路、NI数据采集卡、计算机)，如图4-72b)所示。安装在制动钳处的压力传感器能够采集制动轮缸的压力大小，安装在蓄能器出口处的压力传感器可以采集蓄能器工作压力的数值。

选择博世公司的ESP液压调节器的主要原因是目前国外零部件厂商仍未推出成熟的电子液压制动系统产品，因此，使用已有产品进行电子液压制动系统数学模型的试验验证并不可行。而根据上文分析，博世公司ESP液压调节器与EHB液压调节单元结构类似，因此，联合使用博世公司ESP 8.0和NXQ气囊式蓄能器实现电子液压制动系统数学模型的验证试验是可行的。

(2) 模型的试验验证。

首先进行了3次标准的增减压试验，通过压力传感器采集了制动轮缸和蓄能器的压力变化曲线，如图 4-73 所示，仿真曲线与试验曲线基本吻合，可以使用该仿真模型考察电子液压制动系统的制动性能。图 4-73a) 中制动轮缸增减压特性仿真曲线与试验曲线的存在差异主要是由制动轮缸回位弹簧刚度参数设置和间隙参数测量存在误差造成的，而图 4-73b) 中蓄能器气体压力试验曲线与仿真曲线在初值上存在一定差距，这是因为在使用充气工具向蓄能器气囊进行加氮气时蓄能器预充气压力无法精确控制的原因。

a) 软件部分

b) 硬件部分

图 4-72 电磁与摩擦制动集成系统硬件在环仿真平台

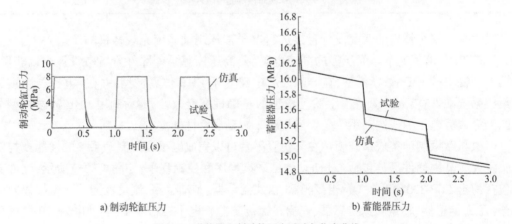

a) 制动轮缸压力　　　　　　　　b) 蓄能器压力

图 4-73 蓄能器和制动轮压力试验与仿真曲线

4.5.3 电子液压制动系统制动性能分析

4.5.3.1 正常情况下 EHB 制动性能分析

在正常制动下，EHB 系统的不同制动强度时前轴制动轮缸增减压特性曲线如图 4-74 所示。在不加控制的情况下，EHB 系统的增压响应时间比传统液压制动系统大幅度减小，在低强度下增压响应时间为 20ms 左右，在高强度下为 40ms。而从图 4-74 中也可以看出，减压响应时间是增压响应时间 3～5 倍。

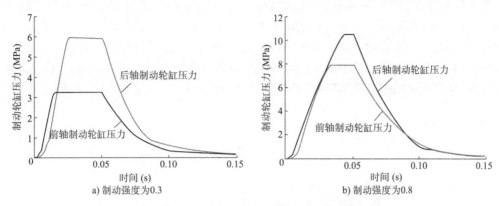

图 4-74 不同制动强度时前轴制动轮缸增减压曲线

在紧急制动下 EHB 系统不同类型路面防抱死控制曲线如图 4-75 所示，本文使用最佳滑移率法实施防抱死控制，在速度低于 10km/h 时停止使用防抱死控制。在图 4-75 中可以看出，本文设计的 EHB 系统能够在高附着系数路面、低附着系数路面和对接路面很好控制车轮的滑移率，证明高速电磁阀设计能够满足紧急制动控制的需求。

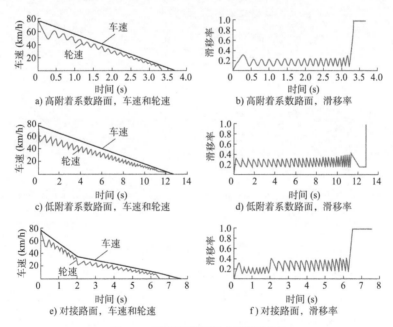

图 4-75 不同类型路面防抱死制动曲线

4.5.3.2 硬件失效情况下 EHB 制动性能分析

电子液压制动系统存在 4 种主要硬件失效情况：电动机泵失效、蓄能器失效、电动机泵和蓄能器均失效、高速电磁阀失效。电动机泵失效下蓄能器工作特性曲线如图 4-76 所示。在图 4-76 中可以看出，在电动机失效的情况下使用蓄能器进行 5 次大强度制动后，蓄能器的气体压力从 1.6MPa 降低为 1.24MPa，蓄能器中气体体积从 175mL 升高为 210mL。蓄能器的工作压力没有低于系统最低压力，这表明蓄能器的设计满足要求。

蓄能器失效下，EHB 系统使用电动机独立进行制动的高强度和低强度增压曲线如图 4-77 所示。相比于图 4-76 在正常情况下的制动增压曲线，蓄能器失效情况下增压响应时间大幅度增加，在制动强度为 0.3 下制动响应时间为 0.15s，而制动强度为 0.8 时需要的制动响应时间达到了 0.23s。这表明虽然电动机额定压力高于系统最高工作压力，但是其额定流量较低，导致在使用电动机单独制动时制动响应慢。

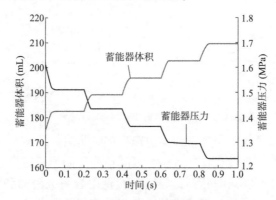

图 4-76　电动机泵失效下蓄能器工作特性曲线

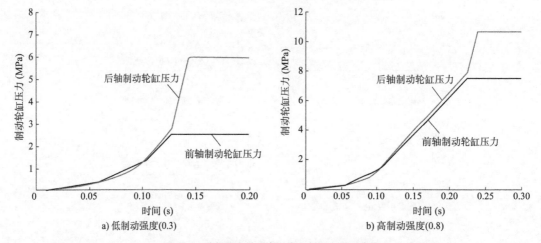

a) 低制动强度(0.3)　　　　　　　　b) 高制动强度(0.8)

图 4-77　蓄能器失效下高强度和低强度增压曲线

而在蓄能器和电动机都失效的情况下，EHB 系统制动曲线如图 4-78 和图 4-79 所示。隔离阀打开，制动液经制动主缸流入制动轮缸中，在这种情况下 EHB 系统仍能提供一部分制动强度，并且高于设计需要的 $3m/s^2$ 制动减速度。图 4-78 中，在供能装置失效下 EHB 系统的制动响应时间为 0.1s。图 4-79 为左侧车轮高速电磁阀失效的情况下，通过右侧车轮进液阀和平衡阀进行制动的仿真曲线。如图 4-79 所示，蓄能器的高压制动液从右制动轮缸对应的高速电磁阀，经平衡阀进行左侧制动轮缸。左侧制动轮缸制动响应时间落后与右侧制动轮缸 40ms，但是左右制动轮缸均达到了目标压力。

结论：基于安全特性考虑，应保证在电动机泵失效的情况下蓄能器仍能使车辆完成数次大强度制动；而电动机泵的设计应兼顾期望的充液时间以及蓄能器失效下保持车辆的制动性能；备用制动回路作为 EHB 系统的硬件冗余，要求其在蓄能器和电动机泵均失效的情况下提供一定的制动能力。

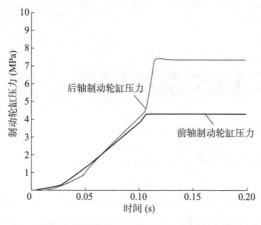

图 4-78　供能装置失效下 EHB 制动曲线

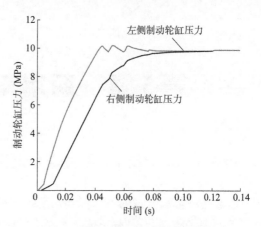

图 4-79　高速电磁阀失效下增压曲线

第 5 章 商用车 EBS 系统设计

5.1 商用车线控制动策略总体框架

EBS 是威伯科开发的下一代制动系统产品,它将 ABS 和常规制动系统集成于一体,通过电子控制来实施制动,是基于传统意义上的常规制动的创新,同时通过控制电磁阀来实现防抱制动和防侧滑功能,而且在此系统上可以拓展许多先进的电子控制功能。主要应用于货车、客车、牵引车、半挂车和挂车等商用车领域。

5.1.1 商用车 EBS 系统的整车布局

当前集成化 EBS 系统的整车布局方案中,以威伯科的 EBS3 和克诺尔的 EBS5 为主流的布置形式。根据转向桥、驱动桥、承重桥的数量不同,其制动系统布局形式也大体不同。是否带有挂车以及铰接公交车发动机的位置不同也会对制动系统的布局稍有影响。主流的 EBS 制动系统布局形式如图 5-1 所示。

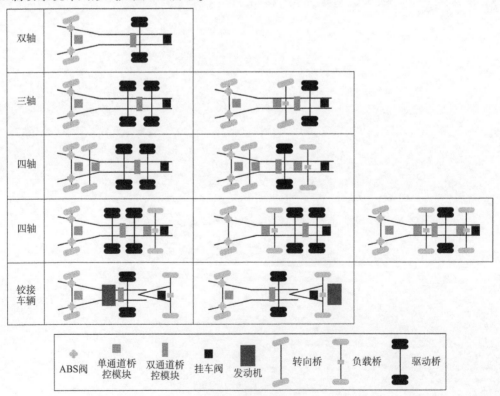

图 5-1 EBS 制动系统布局

在不同的制动系统布局形式中,由1个转向桥、1个驱动桥和带有挂车组成的2轴布局方案最为经典。以威伯科的 EBS3 的两轴布局为例,如图 5-2 所示。

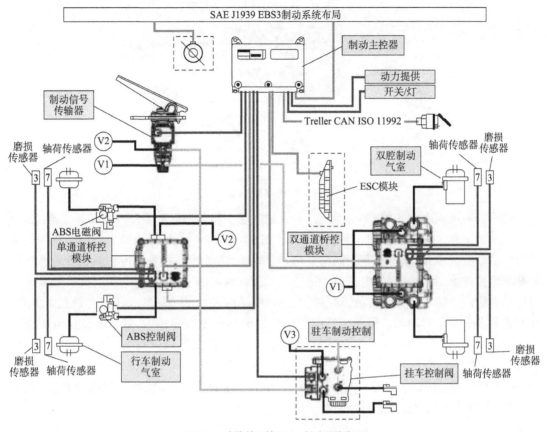

图 5-2 威伯科两轴 EBS3 制动系统布局

该布局主要由制动信号传输器、制动主控器、单通道桥控模块、双通道桥控模块、挂车控制阀、ESC 模块、ABS 电磁阀、磨损传感器、轴荷传感器组成。V1、V2 表示牵引车的两个储气罐提供气源,V3 表示挂车上的储气罐提供气源。

制动主控器通过 CAN 通信与单通道桥控模块桥控制器、双通道桥控模块桥控制器通信。挂车控制模块、ABS 电磁阀通过导线直接由制动控制器控制,并且制动控制器可以采集制动信号传输器输出的踏板行程的 PWM 信号。

在制动过车中,制动主控制采集制动信号传输器的踏板行程信号,经过制动主控器的计算后将目标控制压力通过 CAN 通信传送到单、双通道桥控模块桥控制器中。单、双通道桥控模块自带压力传感器,通过桥控制器的压力算法使制动气室达到主制动控制器的目标压力值。

5.1.2 EBS 主要模块的工作原理

EBS 主要由桥控调节器、电控单元、ABS 电磁阀、挂车控制阀、制动信号传感器、比例继动阀等零部件组成,如图 5-3 所示,如果增加转向角度传感器和电子稳定控制模块,则可以实现拓展电子稳定控制功能。

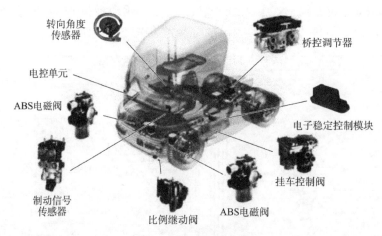

图 5-3　EBS 零部件组成

EBS 的系统原理图如图 5-4 所示,展示了 EBS 整个制动系统的零部件和布置方案。EBS 系统实现制动系统的电子控制,当驾驶人踩制动踏板时,制动信号传感器将获得的踏板行程信号传输给电控单元,来识别车辆制动要求,同时从轮速传感器和磨损传感器获得轮速信号和制动摩擦片磨损状态信号,电控单元通过处理接收到的信号,然后根据相应的控制策略进行计算并输出一定的指标压力值,通过控制比例继动阀、ABS 电磁阀、备压阀和桥控调节器,从而控制前后桥执行制动。用于前桥的指标压力值与实际值相比,其差值通过比例继动阀来平衡。另外,对于 ABS 功能,当车辆趋于抱死时,中央控制器通过调节制动气室压力开始循环控制,使滑移率保持最优值。同时中央控制器可以与桥控调节器进行数据交换,也可通过 ISO 11992 通信协议与挂车 EBS 交互数据,并且可通过 CAN 总线与其他电子系统(发动机控制,缓速器等)进行通信。

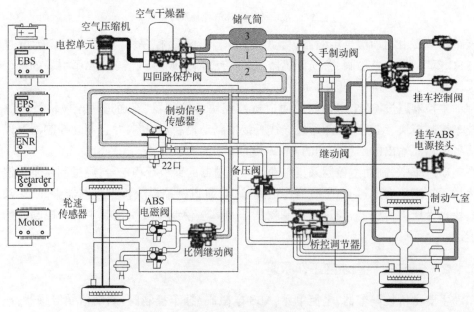

图 5-4　EBS 系统原理图

制动信号传感器以电信号和气压信号的形式产生制动信号来控制电子控制制动系统的

制动压力升高和降低。它同时具有双回路的气控和双回路的电控,促动踏板的行程信号同时被两套系统记录,当电控失效时,气控双回路系统可以保证车辆所需要的制动,另外,当双回路中的一路失效时,另一回路仍起作用,进而来保证制动系统的较高安全性。

制动信号传感器是通过接收到推杆行程的变化并将其转化为脉冲信号,然后传输给中央控制器进行处理。在气控双回路中,前桥的制动压力是通过制动信号传感器的22口来控制比例继动阀来实现,后桥的制动压力是通过制动信号传感器的21口来控制备压阀来实现。比例继动阀是用来控制前桥制动压力输出的动作件。它由比例电磁阀、继动阀和压力传感器组成,电控系统的促动和监控由中央控制器来完成,气控系统的控制通过制动信号传感器来完成。在电控双回路中,中央控制器确定的控制电流通过比例继动阀转化为它的继动阀的控制压力,然后比例继动阀输出与该控制压力成比例关系的制动压力。在气控双回路中,控制气压信号来源于制动信号传感器。

备压阀用于在电控双回路失效而气控双回路起作用时,提供制动压力和快速释放后桥弹簧复合制动气室的压力。

桥控调节器用于控制单后桥和双后桥两侧的制动气室的压力。它包括两个相互独立的气动压力控制通道,每个通道包括进气阀、排气阀和压力传感器,两个通道共享一个桥控调节器电控单元。中央控制器提供指标控制压力和监控功能给桥控调节器电控单元,另外,桥控调节器电控单元通过两个轮速传感器监测和评价车轮速度,当有抱死或滑移趋势时,将调整制动指标压力值,此外还通过两个制动摩擦衬片磨损传感器获得制动摩擦衬片磨损情况。桥控调节器有一个附加口连接备压阀,这样可通过桥控调节器中的双通止回阀较高侧压力流向制动气室的特性来控制在电控双回路失效时自动激发气控双回路工作。

手制动阀和与之相连的继动阀主要用于驻车制动,驾驶人通过控制手制动阀促动继动阀使后桥复合弹簧制动气室快速放气来实施驻车制动。

5.1.3 单、双通道桥控模块的工作原理

以模块化的 EBS 为依据,分析单、双通道桥控模块的工作原理和 ABS 电磁阀的工作原理。

双通道桥控模块可以看成由两个单通道桥控模块组合而来,主要将介绍单通道桥控模块的工作原理。阀体上开有进气口、出气口、备压口和排气口,电磁阀总成包括进气电磁阀、排气电磁阀、备压电磁阀安装在桥控模块阀体上。继动控制腔、继动活塞、高压阀门安装在桥控模块阀体内,具体结构如图 5-5 所示。

桥控模块有电控和气控两种工作模式,与 ABS 改进的 EBS 系统一样,气控为冗余控制,只有在电控失效的情况下才会起到控制制动的作用。无论是电控还是气控,桥控模块都有3种工作状态,其工作原理分别如图 5-6 中的 a)增压、b)保压、c)减压所示。在电控工作正常的情况下,备压常开电磁阀通电后关闭,阻断了来自制动信号传输器机械部分的气控压力,冗余气控将不会起作用。

在增压状态时,进气常闭电磁阀通电开启,如图 5-6a)所示,来自储气罐的气体经过进气常闭电磁阀进入到继动控制腔并推动继动活塞向下移动,在继动活塞的作用下打开高压阀门,使得进气口与出气口相通,从而使制动气体到达制动气室。

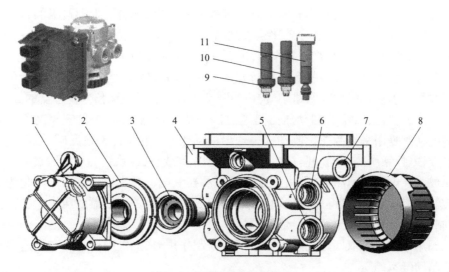

图 5-5 单通道桥控模块结构图

1-继动控制腔；2-继动活塞；3-高压阀门；4-桥控模块阀体；5-进气口；6-出气口；7-备压口；8-排气口；9-进气电磁阀；10-排气电磁阀；11-备压电磁阀

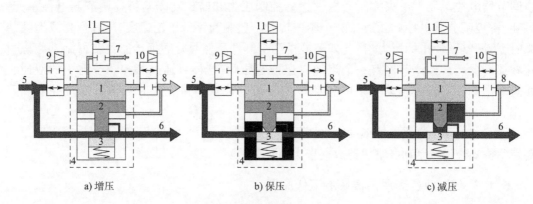

图 5-6 桥控模块三种工作状态

1-继动控制腔；2-继动活塞；3-高压阀门；4-阀体；5-进气常闭电磁阀；6-出气口；7-备压口；8-排气口；9-进气电磁阀；10-排气电磁阀；11-备压电磁阀

在保压状态时，进气常闭电磁阀和排气常闭电磁阀均关闭如图5-6b)所示，保压状态是继动控制腔保存部分高压气体，从而使继动活塞与高压阀门紧密接触，并且高压阀门保持关闭的一种稳定状态。保压状态是由进气增压状态结束后关闭进气阀或者是由排气减压状态结束后关闭排气阀并且继动控制腔保存一定的控制气体的一种状态。在此状态下出气口到制动气室之间同样也密闭有一定的制动气体压力，从而保持车轮的制动压力不变。

在排气减压状态时，排气电磁阀开启，如图5-6c)所示，将继动控制腔中的高压控制气体排出，随之继动活塞上移，制动气室内的高压气体反向从出气口进入阀体内，从排气口排向大气。在保压状态进入减压排气状态时，高压阀门一直处于关闭状态，只有继动活塞向上移动；在增压状态进入排气减压状态时，高压阀门和继动活塞同时上移到高压阀门完全关闭后，继动活塞单独向上移动。

当桥控模块为不工作状态或者电控失效状态时，进气电磁阀、排气电磁阀和备压电磁阀均不通电。此时,作为常闭电磁阀的进、排气电磁阀关闭,作为常开电磁阀的备压电磁阀开启。制动信号传输器的冗余气路的气压通过备压电磁阀与继动控制腔相通。根据制动踏板踩下的不同行程同样会触发桥控模块的进气增压、保压和排气减压3种状态:当制动踏板向下被踩下时,桥控模块和制动气室进入进气增压状态;当制动踏板被踩下并处于某固定行程时,进入保压状态;当松开制动踏板并回位时,进入排气减压状态。

5.1.4 ABS电磁阀的工作原理

由图5-1中的EBS系统布局可以看出,车辆前桥用单通道桥控模块不能单独地控制前桥单侧车轮制动气室的压力。所以在单通道桥控模块出气口与制动气室之前安装有ABS电磁阀。ABS电磁阀中有进气、排气电磁阀,同样可以实现增压、保压和减压三种状态。与桥控模块不同的是,ABS电磁阀并不能主动增压,其增压压力受到桥控模块出气口的控制,ABS电磁阀的结构原理如图5-7所示。

ABS电磁阀在控制方式上与桥控模块也不太相同,增压状态时,进气线圈和排气线圈不通电时,电磁阀3在弹簧的作用下处于上端,电磁阀4在弹簧的作用下处于下端。控制气室的膜片上端与大气相连。来自桥控模块出气口的气体进入ABS电磁阀进气口,从腔室8通过通道7后到达腔室9,从出气口进入制动气室。与此同时,腔室8的高压气体通过通道10作用在腔室11的膜片12上,使排气口关闭。

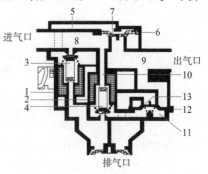

图5-7 ABS电磁阀的结构原理图
1-进气线圈;2-排气线圈;3-电磁阀;4-电磁阀;
5-控制气室;6-膜片;7-通道;8-腔室;9-腔室;
10-通道;11-腔室;12-膜片;13-通道

减压状态时,ABS电磁阀接收制动主控制器的信号执行减压。进气线圈通电吸引电磁阀向下移动,关闭了与排气口的通道并且打开腔室8和控制气室的通道,膜片7在气压的作用下关闭了腔室8与腔室9的通道。与此同时,排气线圈通电吸引电磁阀4向上移动,打开了腔室11的膜片12与排气口的通路。在腔室9的制动气室压力作用于膜片12上,打开了通道13,将制动压力通过排气口排向大气。

保压状态时,进气线圈通电、排气线圈不通电。此时进气口的高压气体不能到达腔室9。腔室9的高压气体也不同通过排气口排到大气,而是保存在腔室9和制动气室之间。因此,桥控模块执行增压、保压、减压操作将不会改变制动气室的压力变化。

5.1.5 制动信号传输器的工作原理

制动信号传输器分为电控和气控两种控制模式,气控作为电控的冗余形式。电控模式通过传感器检测踏板的开关信号和行程信号并直接输入到制动主控制器上。制动主控制器对信号分析后并结合车辆行驶状态,将计算出的执行命令传送到桥控模块、ABS电磁阀等执行器上。制动信号传输器的踏板行程信号为双路PWM信号,两路踏板行程信号之间相互冗余,从而保证了制动信号传输器电控部分的稳定性和安全性。

气控模式在电控失效或者汽车熄火时起作用。当驾驶人踩下制动踏板时,其机械部分可以输出两路气控压力分别到前桥的单通道桥控模块和后桥的双通道桥控模块,从而使汽车制动。由于防止采用纯机械制动造成的后轮先抱死和到前后桥气管长度的不同造成制动延迟,制动信号传输器机械部分输出到前桥和后桥的制动压力的大小和延迟均不相同,从车辆制动性的角度尽可能地保证气控模式下车辆制动的稳定性。

5.1.6 挂车控制模块的工作原理

挂车控制模块的基本原理是在桥控模块的基本结构上增加了挂车驻车控制活塞、挂车充气机构,使挂车控制模块相较于桥控模块多出了挂车驻车功能、挂车储气罐充气功能以及脱离保护功能。挂车控制阀的红握手与拖车的气源相接,黄握手与拖车的驻车功能相接。停车制动器同时也和挂车控制阀相连。当停车制动抬起后,挂车控制阀使挂车达到驻车状态;当拖车与挂车的黄握手中断时,挂车控制模块将挂车上的气罐作为气源将挂车主动制动。

5.2 气压模型的基本理论及构建

5.2.1 气体的一元等熵流动

由于制动过程中的压力为瞬间变化可视为绝热过程,为了有效建立流量特性模型、简化计算过程,将气体的流动过程看成等熵的一元流动。等熵一元流动主要包含有连续性方程、动能方程、状态方程和伯努利方程。

(1)连续性方程。

根据质量守恒定律,气体在作稳态流动时,流经同一管路中的不同截面上的气体的质量为定值,即:

$$\rho A \mu = \text{Const} \tag{5-1}$$

式中,ρ 为管路中任意截面上的流体密度(kg/m³);A 为管路中任意截面的横截面积(m²);μ 为在该横截面的气体平均流速(m/s)。

将上式两边取对数并微分得出:

$$\frac{d\rho}{\rho} + \frac{du}{u} + \frac{dA}{A} = 0 \tag{5-2}$$

(2)动量方程。

对于一元稳流的理想气体,忽略气体质量和摩擦后,可基于牛顿第二定律的欧拉公式,该公式可同时适用于可压缩和不可压缩的流体。

$$\frac{d\rho}{\rho} + u du = 0 \tag{5-3}$$

(3)状态方程。

根据动量方程得出状态方程为:

$$\frac{dp}{p} = \frac{d\rho}{\rho} + \frac{dT}{T} \tag{5-4}$$

(4)伯努利方程。

根据理想伯努利方程得出:

$$P + \rho g h + \frac{\rho u^2}{2} = \text{Const} \quad (5\text{-}5)$$

式中，P 为气管中某点的气体压强（Pa）；ρ 为管路中任意界面上的流体密度（kg/m³）；h 为管路轴线距离地面的高度（m）。

气流的速度对低速流动的气体（$M_a < 0.3$）影响较小，气体没有表现出压缩性。在同一管路中不同截面处的 ρg 差别不大，并且在制动管路的布局上，h 差异较小，则有：

$$P + \frac{\rho u^2}{2} = \text{Const} \quad (5\text{-}6)$$

在气体流速较快时，认为气体是可以被压缩的，则有：

$$\int \frac{\mathrm{d}p}{\rho} + \frac{u^2}{2} = \text{Const} \quad (5\text{-}7)$$

根据连续性方程和动量方程可以推导出声速的计算公式，由于声音在空气中为等熵流动，则声速的计算公式为：

$$c = \sqrt{\frac{\mathrm{d}p}{\mathrm{d}\rho}} = \sqrt{kRT} \quad (5\text{-}8)$$

式中，c 为声速（m/s）；k 为绝热指数，对于常温常压下空气的绝热指数 $k = 1.4$；R 为气体状态常数（J/kg·K），空气的气体常数 $R = 287$ J/kg·K；T 为气体常数（J/kg·K）。

在气管中任意一点气体的运动速度与当地声速的比值称为马赫数，则：

$$M_a = \frac{u}{c} \quad (5\text{-}9)$$

马赫数越大，则表示气体的流速越快，此时气体表现出可压缩性。马赫数越小，则表示气体的流动速度越慢，同上，当流速小到一定程度时，气体表现出不可压缩性。根据马赫数的定义，可将气体的流动状态分为以下三种。

(1) $M_a > 1$ 时，即 $u > c$，气体为超音速状态；

(2) $M_a = 1$ 时，即 $u = c$，气体为音速状态；

(3) $M_a < 1$ 时，即 $u < c$，气体为亚音速状态。

5.2.2 固定节流孔的流量特性

对于气动元件的气体流量特性，不同国家有不同的计算方法，国际标准化组织在1989年确立了国际标准 ISO 6358。该标准以音速流导和临界压力比来表征气体的流量特性。我国也在《气动 使用可压缩流体元件的流量特性测定 第1部分：稳定流动的一般规则和试验方法》（GB/T 14513.1—2017）中以有效截面积 S 和临界压力比 b 来表达气动元件的流量特性。由于国家标准 GB/T 14513.1—2017 与国际标准 ISO 6358 在壅塞流态下可以相互转换替代，在实际的工程应用中，通常采用 ISO 6358 计算气体的流量特性。固定节流孔的流量特性示意图如图5-8所示。

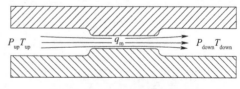

图5-8 固定节流孔的流量特性

根据 ISO 6358 中规定，在上游的压力和温度一定时，通过下游压力 P_{down} 和上游压力 P_{up} 的比值，即临界压力比 b 来区分管中气体的流动状态。不同系统状态下的流量特性如图5-9所示。在壅塞流态下（$P_{\text{down}}/P_{\text{up}} > b$），气体的流动为音速流动，即临界点左侧水平线部分；在非壅塞流态下($P_{down}/P_{up} < b$),气体的流动为亚音速流动,即临界点右侧曲线部分。音速流动与亚音速流动相交的点为临界点。

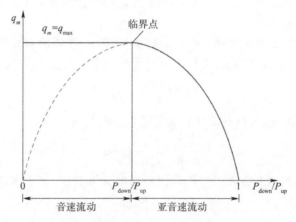

图 5-9 音速与亚音速气体的流量特性

则在壅塞流态下气体的质量流量为:

$$q_m = C\rho_0 P_{up}\sqrt{\frac{T_0}{T_{up}}}, \qquad P_{down}/P_{up} \leq b \qquad (5\text{-}10)$$

式中,q_m 为壅塞流态下,气体流经固定节流孔的质量流量(kg·s);ρ 为标准状态下空气的密度,$\rho_0 = 1.185\text{kg/m}^3$;$P_{up}$ 为固定节流孔上游气体的绝对压力(Pa);P_{down} 为固定节流孔下游气体的绝对压力(Pa);T_0 为标准状态下的环境温度(K);T_{up} 为固定节流孔上游气体的静温度(K);C 为音速流导[m³/(s·Pa)];b 为临界压力比。

当下游压力和上游压力的比值大于临界压力比 b 时,气体在管内的流动为亚音速,即:

$$q_m = q_m\sqrt{1 - \left(\frac{P_{down}/P_{up} - b}{1 - b}\right)^2}, \qquad 1 \geq P_{down}/P_{up} > b \qquad (5\text{-}11)$$

临界压力 b 为:

$$b = 1 - \frac{1 - P_{down}/P_{up}}{1 - \sqrt{1 - (q_m/q_m^*)}} \qquad (5\text{-}12)$$

若将气体的流动看成等熵一元流动,则临界压力比 $b = 0.528$。根据公式(5-11)与公式(5-12),则固定节流孔的气体流量特性为:

$$q_m = \begin{cases} C\rho_0 P_{up}\sqrt{\dfrac{T_{down}}{T_{up}}}, & P_{down}/P_{up} \leq b \\ q - \sqrt{1 - \left(\dfrac{P_{down}/P_{up} - b}{1 - b}\right)^2}, & 1 \geq P_{down}/P_{up} > b \end{cases} \qquad (5\text{-}13)$$

国家标准《气动 使用可压缩流体元件的流量特性测定 第1部分:稳定流动的一般规则和试验方法》(GB/T 14513.1—2017)和 ISO 6358-1:2013 在壅塞流态下相互转换的计算公式为:

$$S = 5.022C \qquad (5\text{-}14)$$

式中,S 为气管有效截面积(mm²);C 为音速流导[m³/(s·Pa)]。

5.2.3 可变节流孔的流量特性

可变节流孔的气流流动方向如图 5-10 所示。对于电磁阀等阀类气路元件来说,一般气体流动的方向为阀芯到阀座。该方向的部分气体压力作用在阀芯的边缘上,使阀芯与阀座关闭更紧密。若气体流动的方向为阀座到阀芯,存在高压气体将阀芯顶开的危险性,电磁阀将失效。

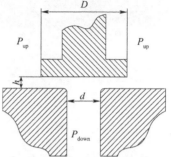

图 5-10 可变节流孔的流量特性

根据图 5-10 所示,则可变节流孔的有效流通面积为:

$$S_{SV} = \min\left[\mu \frac{\pi}{4}(D^2 - d^2), \mu \pi x_{SV} D\right] \quad (5\text{-}15)$$

式中,S_{SV} 为可变节流孔的有效作用面积(mm^2);μ 为流量系数,表示流经可变节流孔实际流量与理论流量之比;x_{SV} 为电磁阀芯的开启行程(mm);D 为电磁阀芯的直径(mm);d 为电磁阀阀口的直径(mm)。

经过可变节流口气体的质量流量为:

$$q_m = C_d P_{up} S_{SV} \left[\frac{2k}{T_{up} R(k-1)}\right]^{\frac{1}{2}} \varphi(\sigma) \quad (5\text{-}16)$$

式中,q_m 为流经可变节流孔气体的质量流量(kg·s);C_d 为气体节流孔的流动系数;P_{up} 为可变节流孔的上游气体的压力(Pa);k 为绝热指数,对于常温常压下空气的绝热指数 $k = 1.4$;R 为气体状态常数[J/(kg·K)];空气的气体常数 $R = 287 J/(kg·K)$;$\varphi(\sigma)$ 为流量函数。

$$\varphi(\sigma) = \left[\left(\frac{P_{down}}{P_{up}}\right)^{\frac{2}{k}} - \left(\frac{P_{down}}{P_{up}}\right)^{\frac{k+1}{k}}\right]^{\frac{1}{2}} \quad (5\text{-}17)$$

与固定节流孔一样,当 $\frac{P_{down}}{P_{up}} \geq$ 时,可变节流口处的气体呈亚音速流动状态,亚音速下的质量流量为:

$$q_m = C_d P_{up} S_{SV} \left\{\left(\frac{2k}{T_{up} R(k-1)}\right)\left[\left(\frac{P_{down}}{P_{up}}\right)^{\frac{2}{k}} - \left(\frac{P_{down}}{P_{up}}\right)^{\frac{k+1}{k}}\right]\right\}^{\frac{1}{2}} \quad (5\text{-}18)$$

当 $\frac{P_{down}}{P_{up}} < b$ 时,可变节流口处的气体呈音速流动状态,音速流动下的质量流量为:

$$q_m = C_d P_{up} S_{SV} \left(\frac{2}{n+1}\right)^{\frac{1}{k-1}} \left(\frac{2k}{T_{up} R(k+1)}\right)^{\frac{1}{2}} \quad (5\text{-}19)$$

综上,可变节流孔的流量特性可以总结为:

$$q_m = \begin{cases} C_d P_{up} S_{SV} \left\{\left(\frac{2k}{T_{up} R(k-1)}\right)\left[\left(\frac{P_{down}}{P_{up}}\right)^{\frac{2}{k}} - \left(\frac{P_{down}}{P_{up}}\right)^{\frac{k+1}{k}}\right]\right\}^{\frac{1}{2}}, & \frac{P_{down}}{P_{up}} \geq b \\ C_d P_{up} S_{SV} \left(\frac{2}{k+1}\right)^{\frac{1}{k-1}} \left(\frac{2k}{T_{up} R(k+1)}\right)^{\frac{1}{2}}, & \frac{P_{down}}{P_{up}} < b \end{cases} \quad (5\text{-}20)$$

5.2.4 变质量气体的特性

在制动气室、桥控模块中都存在变质量容腔,可以将其简化成一个带有活塞的气缸模

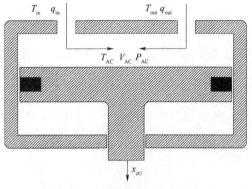

图 5-11 变质量气体的特性

型,如图 5-11 所示。

对于变质量气体容腔,假设容腔内为理想气体且有良好的密封性。根据能量守恒定律有:

$$dU = dW + dH + dQ \tag{5-21}$$

式中,dU 为容腔内气体的内能变化(J);dW 为气体做工的变化,当气体对外界做功为正值;dH 为气体的焓变(J);dQ 为容腔内气体与外界的热交换量(J)。

绝热过程中腔室没有与外界的热交换,故 $dQ=0$。假设容腔内的温度等同于大气温度,对于容腔内的气体的内能和焓变有以下换算公式:

$$\begin{cases} u = C_v T = C_v T_{atm} \\ dU = d(mu) = d(mC_v T_{atm}) = mC_v dT_{atm} + C_v T_{atm} dm \\ H = hm \\ dH = H_{in} - H_{out} = h_{in} dm_{in} - h_{out} dm_{out} \\ dW = d(P_{atm} V) = P_{atm} dV + V dP_{atm} \\ dQ = 0 \end{cases} \tag{5-22}$$

式中,u 为比内能(J/kg);T 为容腔内的气体热力学温度(K);T_{atm} 为大气的热力学温度(K);C_v 为定容过程中的比热[J/(kg·K)];m 为容腔内的气体的质量(kg);h 为比焓,h_{in}、h_{out} 分别为输入、输出气体的比焓(J/kg);H 为焓,H_{in}、H_{out} 为输入、输出气体的焓(J)。

理想气体下,对 $PV = mRT$ 求时间的导数得到:

$$P\frac{dV}{dt} + V\frac{dP}{dt} = RT\frac{dm}{dt} + mR\frac{dT}{dt} \tag{5-23}$$

式中,R 为摩尔气体常数[J/(mol·K)]。

联立式(5-22)与式(5-23),得到:

$$\begin{cases} \dfrac{dU}{dt} = \dfrac{C_v}{R}\left(P\dfrac{dV}{dt} + V\dfrac{dP}{dt}\right) \\ \dfrac{dW}{dt} = P\dfrac{dV}{dt} + V\dfrac{dP}{dt} \\ \dfrac{dH}{dt} = h_{in}\dfrac{dm_{in}}{dt} + h_{out}\dfrac{dm_{out}}{dt} = h_{in} q_{in} + h_{out} q_{out} \end{cases} \tag{5-24}$$

将式(5-24)带入对时间微分的式(5-21)并化简得:

$$\left(\frac{C_v}{R} - 1\right)\left(P\frac{dV}{dt} + V\frac{dP}{dt}\right) = h_{in} q_{in} + h_{out} q_{out} C_p - C_v = R_g \tag{5-25}$$

由迈耶公式可知,定压比热 C_p 与定容比热 C_v 的差值为恒定常数:

$$C_p - C_v = R_g \tag{5-26}$$

$$\frac{C_p}{C_v} = \gamma \tag{5-27}$$

式中，R_g 为空气的气体常数，对于理想空气，$R_g = 287.1 \text{J}/(\text{kg} \cdot \text{K})$；$\gamma$ 为气体比热比，对于理想气体，$C_p = 1$，$C_v = 1.4$。

根据式(5-25)、式(5-26)、式(5-27)，可化简得到：

$$\frac{dP}{dt} = \frac{2-\gamma}{V(\gamma-1)}(h_{in}q_{in} + h_{out}q_{out}) - \frac{P}{V}\frac{dV}{dt} \tag{5-28}$$

5.2.5 桥控模块的数学模型

气压阀的建模主要包含有桥控模块阀体数学模型、桥控模块电磁阀数学模型以及制动气室数学模型。为了更方便、有效地建立数学模型，可以将桥控模块、ABS 电磁阀以及制动气室等气压阀分解成固定节流孔模型、可变节流孔模型、变质量气体模型、电磁阀运动模型等子模型，并通过子模型之间关联的变量组成完整的系统模型。

桥控模块阀体主要由进排气电磁阀、继动控制腔、继动控制活塞、高压阀门组成，其结构简图如图 5-12 所示。

为了简化模型和方便计算，可将进排气电磁阀的流量特性简化成可变节流孔的流量特性；将继动控制腔和继动控制活塞简化成变质量气体特性；同样可以将高压阀门的流量特性简化成可变节流孔的流量特性；进气口和出气口可简化成固定节流孔的流量特性。这些流量特性同时与电磁阀动芯的运动特性、继动控制活塞的运动特性相关。具体的简化原理如图 5-13 所示。

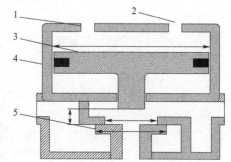

图 5-12 桥控模块结构简图
1-进气电磁阀进气口；2-排气电磁阀排气口；3-继动控制腔；4-继动控制活塞；5-高压阀门

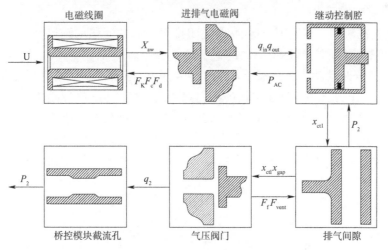

图 5-13 桥控模块的简化原理图

电磁阀线圈通电后产生的电磁力 F_e 克服电磁阀内部的弹簧力 F_k、阻尼力 F_c 和气体压力 F_p 等力的作用，使电磁阀动芯产生位移 x_{SV}。电磁阀动芯的位移使电磁阀开启，即开启可变节流孔产生气体流量。进气电磁阀开启增加的流量 q_{in} 和排气电磁阀开启减少的流量 q_{out} 的共同作用在继动活塞腔中，使继动控制活塞向下移动 x_{ctl} 并克服排气口间隙 x_{gap} 后，打开高压阀门。此时从车辆储气罐中的气流经过高压阀门,最后通过固定节流孔流出。

由于进、排气电磁阀均为常闭电磁阀,其两者的内部构造与机械结构参数是相同的,因此,我们可以通过控制可变节流孔 S_{SV} 开口面积值的正负值来模拟进、排气电磁阀的进、排气过程。对于进气电磁阀来说,其上游压力可视为恒定的气源压力(对于气压制动的商用车,气源压力一般不会超过 0.8MPa);对于排气电磁阀来说,其下游压力一直大于或等于大气压力。根据式(5-25)~式(5-28),进气电磁阀和排气电磁阀的气体流量公式可以总结为:

$$q_m = \begin{cases} C_d P_{AS} S_{SV} \left\{ \left[\frac{2k}{T_{AS}R(k-1)} \right] \left[\left(\frac{P_{AC}}{P_{AS}} \right)^{\frac{2}{k}} - \left(\frac{P_{AC}}{P_{AS}} \right)^{\frac{k+1}{k}} \right] \right\}^{\frac{1}{2}}, & (S_{SV} \geqslant 0) \cup \left(\frac{P_{down}}{P_{up}} \geqslant b \right) \\ C_d P_{AS} S_{SV} \left(\frac{2}{k+1} \right)^{\frac{1}{k-1}} \left(\frac{2k}{T_{AS}R(k+1)} \right)^{\frac{1}{2}}, & (S_{SV} \geqslant 0) \cup \left(\frac{P_{down}}{P_{up}} < b \right) \\ C_d P_{AC} S_{SV} \left\{ \left[\frac{2k}{T_{AC}R(k-1)} \right] \left[\left(\frac{P_{AP}}{P_{AC}} \right)^{\frac{2}{k}} - \left(\frac{P_{AP}}{P_{AC}} \right)^{\frac{k+1}{k}} \right] \right\}^{\frac{1}{2}}, & (S_{SV} < 0) \cup \left(\frac{P_{down}}{P_{up}} \geqslant b \right) \\ C_d P_{AC} S_{SV} \left(\frac{2}{k+1} \right)^{\frac{1}{k-1}} \left(\frac{2k}{T_{AC}R(k+1)} \right)^{\frac{1}{2}}, & (S_{SV} < 0) \cup \left(\frac{P_{down}}{P_{up}} < b \right) \end{cases}$$

(5-29)

式中, P_{AS} 为电磁阀可变节流孔上游的气体压力,即为商用车储气罐的压力(Pa); P_{AC} 为进气电磁阀可变节流孔下游和排气电磁阀可变节流孔上游压力,即桥控模块继动控制腔中的压力(Pa); P_{AP} 为排气电磁阀可变节流孔下游的压力,即为大气压力(Pa); S_{SV} 为进气电磁阀或排气电磁阀的开口面积(mm^2),可由式(5-30)得出。

对于桥控模块进气过程中,继动控制活塞的位移由两个阶段组成。

(1)继动控制活塞下移接触到高压阀门之前,桥控模块的排气孔一直处于开启状态,此时桥控模块没有任何压力输出,即 $x_{ctl} < x_{gap}$。

(2)继动控制活塞与高压阀门接触,并关闭排气口后共同移动到最大行程,在此过程中 P1 口的压力经过高压阀门到达 P2 口,即 $x_{gap} < x_{ctl} < x_{max}$。

桥控模块进气时继动控制活塞受力如图 5-14 所示,继动控制活塞上部受到电磁阀输入的控制气体压力,下部分由于气压挡板的存在只受到大气压力(气压挡板上开有导气孔,继动活塞上下移动的过程中与气压挡板形成的空间可以维持在大气压力附近)。继动控制活塞与高压阀门接触后打开进气通道,此时继动控制活塞又受到高压阀门的弹簧力和气体压力。假设继动控制活塞在最上端时为初始位置,即 $x_{ctl} = 0$,则活塞在开启的过程中的运动方程为:

$$\begin{cases} m_{ctl} \dfrac{dx_{ctl}^2}{dt^2} = A_{ctl} P_{AC} - \mathrm{sgn}\left(\dfrac{dx_{trl}}{dt} \right) \cdot c_{trl} \dfrac{dx_{trl}}{dt} - \mathrm{sgn}\left(\dfrac{dx_{trl}}{dt} \right) \cdot F_f + m_{ctl} g, \\ (m_{ctl} + m_{vent}) \dfrac{dx_{ctl}^2}{dt^2} = A_{ctl} P_{AC} + A_{vent} P_2 - \mathrm{sgn}\left(\dfrac{dx_{trl}}{dt} \right) \cdot c_{trl} \dfrac{dx_{trl}}{dt} - \\ \mathrm{sgn}\left(\dfrac{dx_{trl}}{dt} \right) \cdot F_f - (k_{vent} x_{vent} + F_{vent}) + (m_{ctl} + m_{vent}) g, \quad x_{gap} < x_{ctl} \leqslant x_{max} \end{cases}$$

(5-30)

式中, m_{ctl} 为继动控制活塞的质量(kg); x_{ctl} 为继动控制活塞的位移(m); A_{ctl} 为继动控制活塞上端的有效面积(m^2); P_{AC} 为继动控制腔的相对压力值(Pa); c_{trl} 为继动控制活塞的运动阻尼[N/(m/s)]; F_f 为继动控制活塞的摩擦力(N); x_{gap} 为继动控制活塞下端与高压阀门之间的排气间隙(m); m_{vent} 为高压阀门的质量(kg); A_{vent} 为高压阀门的有效面积(m^2); P_2 为桥控模块出气孔的气体压力(Pa); k_{vent} 为高压阀门弹簧的刚度(N/m); F_{vent} 为高压阀门弹簧的预紧力(N); x_{max} 为继动控制活塞的最大行程(m)。

排气过程也由两个阶段组成。排气电磁阀开启后,继动控制腔的气体压力减小,继动控制活塞首先在高压阀门回位弹簧的作用下向上移动,当高压阀门到达最大位置时,继动控制活塞与高压阀门分离。此时 P_2 口处的压力会作用在继动控制活塞的下端,如图 5-15 所示。

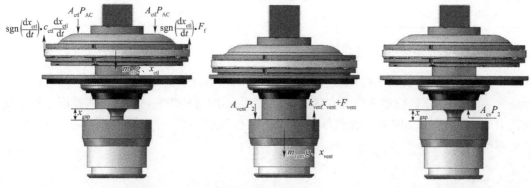

图 5-14 桥控模块进气时继动控制活塞受力图　　　图 5-15 桥控模块排气时继动控制活塞受力图

则排气过程中继动控制活塞的运动方程为:

$$\begin{cases} (m_{ctl} + m_{vent})\dfrac{dx_{ctl}^2}{dt^2} = A_{ctl}P_{AC} + A_{vent}P_2 - \text{sgn}\left(\dfrac{dx_{trl}}{dt}\right) \cdot c_{trl}\dfrac{dx_{trl}}{dt} \\ -\text{sgn}\left(\dfrac{dx_{trl}}{dt}\right) \cdot F_f - (k_{vent}x_{vent} + F_{vent}) + (m_{ctl} + m_{vent})g, & -x_{gap} < x_{ctl} \leq x_{max} \\ m_{ctl}\dfrac{dx_{ctl}^2}{dt^2} = A_{ctl}P_{AC} - \text{sgn}\left(\dfrac{dx_{trl}}{dt}\right) \cdot c_{trl}\dfrac{dx_{trl}}{dt} - \text{sgn}\left(\dfrac{dx_{trl}}{dt}\right) \cdot F_f - A_{cv} + m_{ctl}g, & -x_{ctl} \leq x_{gap} \end{cases}$$

(5-31)

式中, A_{cv} 为继动控制活塞下端的有效面积(m^2)。

桥控模块的部分参数见表 5-1。

继动控制活塞和高压阀门的参数　　表 5-1

参数名称	符号	数值	单位
继动控制活塞质量	m_{ctl}	4.6e-2	kg
继动控制活塞的最大行程	x_{max}	5.5e-3	m
继动控制活塞排气间隙	x_{gap}	3.25e-3	m
继动控制腔初始体积	V_{AC0}	2.2e-5	m^3
继动控制活塞的有效面积	A_{ctl}	3.2e-3	m^2
继动控制活塞下端的有效面积	A_{cv}	2.01e-4	m^2

续上表

参数名称	符号	数值	单位
继动控制腔的初始压力	P_{AC0}	1e5	Pa
高压阀门质量	m_{vent}	5e-4	kg
高压阀门弹簧刚度	k_{vent}	2500	N/m
高压阀门弹簧预紧力	F_{vent}	2.175e-2	m
高压阀门的有效面积	A_{vent}	2.01e-4	m²

5.2.6 ABS电磁阀的数学模型

ABS电磁阀控制其内部膜片的压力从而达到增压、保压、减压的功能。由于膜片本身的性能无法测定，为了简化模型以及方便建模，可以将ABS进气增压过程和排气减压过程直接简化成通过进气电磁阀直接控制气体的流量。简化后的模型与桥控模块的进排气电磁阀的模型相同，如图5-16所示。

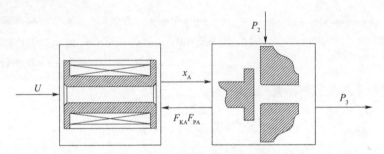

图5-16 ABS电磁阀的简化模型

图5-16中，U为ABS电磁阀进气或排气线圈的驱动电压(V)；F_{PA}为气体反作用在电磁阀动芯上的压力(Pa)；P_3为ABS电磁阀输出到制动气室的压力(Pa)。ABS电磁阀的运动公式如下所示：

$$m_A \frac{d^2 x_A}{dt^2} + c_A \frac{dx_A}{dt} + k_A x_A = F_{eA} - P_2 - k_A(x_A - x_{kA}), \quad 0 \leq x_A \leq x_{Amax} \quad (5-32)$$

式中，m_A为ABS电磁阀阀芯重量(kg)；x_A为ABS电磁阀芯的位移(m)；c_A为电磁阀的阻尼系数[N/(m/s)]；k_A为ABS电磁阀内回位弹簧的刚度(N/m)；F_{eA}为ABS电磁阀内电磁线圈产生的电磁力(N)；P_2为桥控模块出气口处的压力(Pa)；x_{kA}为ABS电磁阀回位弹簧的初始压缩量(m)；x_{Amax}为进排气阀的最大气隙(m)。ABS电磁阀的部分参数见表5-2。

ABS电磁阀的参数　　　　　　　　　　表5-2

参数名称	符号	数值	单位
进排气线圈驱动电压	U	24	V
进排气线圈电阻	R_A	15.5	Ω

续上表

参数名称	符号	数值	单位
进排气线圈匝数	N_A	951	—
进排气电磁阀阀芯质量	m_A	0.035	kg
进排气阀的弹簧刚度	k_A	0.5	N/mm
进排气阀的弹簧与压缩量	x_{kA}	2	mm
进排气阀的阻尼系数	c_A	0.26	N/(m/s)
进排气阀的最大气隙	$x_{A\max}$	0.3e-3	m
进排气膜片的腔的面积	S_{mA}	3.14e-4	m²
进排气阀芯的横截面积	S_{vA}	5.02e-5	m²

5.2.7 制动气室的数学模型

商用车气压制动气室主要分为双腔弹簧制动气室和单腔弹簧制动气室。双腔制动气室安装在车辆后桥上,带有行车制动和驻车制动功能。单腔弹簧制动气室只有行车制动功能,安装于除商用车后桥的其他车桥上。

单腔、双腔弹簧制动气室中包含有相同的行车制动气室,其主要结构包括有橡胶膜片、活塞盘、壳体、推杆、进出气口、后盖、回位弹簧等部件,如图5-17所示。

行车制动气室在充气后,气体作用在橡胶膜片和活塞盘上,并克服弹簧弹力使推杆伸出作用在制动器的摩擦片上。制动气室的模型可以简化成由变质量气体组成的活塞缸以及弹簧弹力和作用在制动盘上的压力。制动气室的简化模型如图5-18所示。

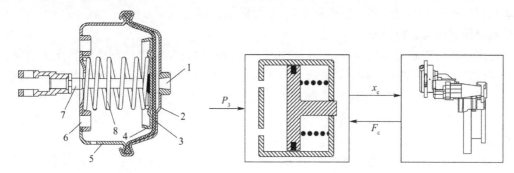

图5-17 行车制动气室的剖面图
1-进出气口;2-后盖;3-橡胶膜片;
4-活塞盘;5-壳体;6-安装孔;7-推杆;
8-回位弹簧

图5-18 行车制动气室的模型图

根据图5-18所示,则制动气室活塞的运动方程为:

$$m_c \frac{d^2 x_c}{dt^2} = P_c S_c - k_c (x_c + x_{kc}) - F_c \tag{5-33}$$

式中,m_c 为行车制动气室活塞盘和推杆的质量和(kg);x_c 为行车制动气室推杆的行程(m);

P_c 为行车制动气室内气体的相对压力(Pa); S_c 为行车制动气室活塞的有效面积(m^2); k_c 为行车制动气室回位弹簧的刚度(N/m); x_{kc} 为行车制动气室回位弹簧的预压缩量(m); F_c 为行车制动器的摩擦片给推杆的反作用力(N)。

制动气室内部构造的详细参数见表5-3。

表5-3 制动气室的详细参数

参数名称	符号	数值	单位
制动气室活塞和推杆质量	m_c	0.65	kg
制动气室的初始体积	V_{c0}	7.5e-5	m^3
制动气室活塞的有效面积	S_c	9.5e-3	m^2
制动气室回位弹簧刚度	k_c	2150	N/m
制动气室回位弹簧预压缩量	x_{kc}	5.5e-2	m
制动气室活塞的总行程	x_{cmax}	1.2e-2	m
制动气室初始压力	P_{c0}	1e5	Pa

5.3 制动压力控制设计

5.3.1 制动压力控制基本原理

在气压控制的闭环控制系统中,若目标压力与实际压力值相差较大,则需要前馈控制使制动气室的压力迅速地到达目标压力值附近,随后反馈控制介入闭环系统的控制过程中,将制动气室的压力精确地控制在目标值附近;若目标压力与实际压力值相差较小,则可以由反馈控制直接对压力进行控制。

在制动压力控制闭环控制系统中,前馈控制相比反馈控制可以使制动气室压力直接到达目标值附近,提升了压力响应的速度。反馈控制则需要在每个控制周期内根据实际压力和目标压力的差值,计算出相应电磁阀的占空比,相比之下需要更多的响应时间,但是反馈控制相比前馈控制可以有着更精准的控制效果。在实际的工程中,前馈加反馈控制方式可以兼顾控制的响应时间与控制精度。

制动压力控制的流程图如图5-19所示。桥控模块内部安装有内置压力传感器,内置压力传感器的压力值同为制动气室压力值。内置压力传感器的压力值为反馈压力 P_{cld}。目标压力 P_{dsr} 与反馈压力 P_{cld} 的差值为压力差值 e_p。

(1) $e_p > e_{thd}$。

当压力差值 e_p 大于压力阈值 e_{thd},此时进入前馈控制。前馈控制中存在前馈阈值 e_{thmo}。经过前馈阈值的判断后,控制器输出两种占空比模式分别为30%~80%占空比输出和90%~100%占空比输出。前馈控制使压力直接到达 e_{thd} 附近,随后进入反馈控制阶段。

(2) $e_p \leq e_{thd}$。

当压力差值 e_p 小于等于压力阈值 e_{thd},此时进入反馈。与前馈控制相同,反馈控制中存

在反馈阀值 e_{thd}。经过反馈阀值的判断后,控制器同样输出两种占空比模式分别为 30% ~ 80% 占空比输出和 90% ~ 100% 占空比输出。反馈控制使制动气室压力达到目标压力 e_{thd} 附近。

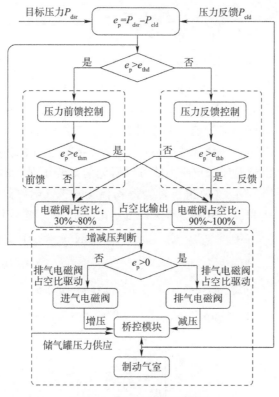

图 5-19 制动压力控制流程图

前馈控制和反馈控制都采用 PWM 对进气电磁阀和排气电磁阀进行驱动。与以上小节中 PWM 占空比的选择相同,10% ~ 20% 的 PWM 占空比并不能使电磁阀进行驱动,故 30% ~ 80% 的 PWM 占空比可以对制动气室压力进行调整和控制,用于压力差值较小的情况;90% ~ 100% 的 PWM 占空比下电磁阀阀芯的位移会影响下一个控制周期电磁阀的位移,该种占空比用于压力差值较大,需要电磁阀全开增压的情况。

在前馈控制器或者反馈控制器计算出相应的占空比后,根据 e_p 的正负值判断进气或者排气,并通过相应的 PWM 来驱动进气电磁阀和排气电磁阀。在经过多个周期的控制后,e_p 的值将稳定在 0 附近误差允许的范围内。此时的反馈压力 P_{cld} 达到目标压力 P_{dsr} 的误差允许的范围内,控制程序将终止运行。由于在实际的工程中目标压力 P_{dsr} 会随时改变,压力控制程序将会持续运行调整制动气室压力,直到目标压力 P_{dsr} 稳定或者为 0。

5.3.2 制动压力前馈控制

气压制动系统有较强的迟滞特性、非线性特性,且空气本身又容易被压缩,故采用 MAP 前馈的方式对气压进行控制。当目标值与实际压力值的差值大于临界阀值时,气压系统进入前馈控制。

$$e_p = P_{dsr} - P_{cld}, \quad e_p > e_{thd} \tag{5-34}$$

式中，P_{dsr}为目标压力(MPa)；P_{cld}为期望压力(MPa)；e_p为目标压力与实际压力的差值(MPa)；e_{thd}为前馈控制阀值(MPa)。

为了提高前馈控制的精确度，引入前馈修正系数β。此时，修正后的压力差值为：

$$\begin{cases} e_f = e_p + \beta e_m \\ e_m = \Delta p_r + \Delta p_t \\ \Delta p_r = p_c(k) - p_c(k-1) \\ \Delta p_t = p_t(k-1) - p_c(k-1) \end{cases} \quad (5\text{-}35)$$

式中，p_c为前一周期的实际压力值(MPa)；p_t为前一周期压力的期望值，Δp_r为当前周期与前一周期的实际压力差值，Δp_t为前一周期目标压力与前一周期实际压力的差值(MPa)；e_m为前馈修正压力值(MPa)；e_f为前馈控制的修正压力误差值(MPa)；β为前馈修正系数。

通过前馈修正系数以及前馈修正压力值可以得到前馈修正误差值e_f。前馈修正误差值e_f结合当前周期的实际压力值$p_r(k)$进行查表得到相应的进气电磁阀和排气电磁阀开启的占空比。由于进气电磁阀和排气电磁阀有两种占空比输出，对于这两种输出的判断条件为：

$$\begin{cases} t_{inc} = \begin{cases} 10, & e_f > \max(e_{map-inc}) \\ \text{Lookup Map}_{inc}, & \max(e_{map-inc}) > e_f > 0 \end{cases} \\ t_{dec} = \begin{cases} 10, & \max(e_{map\_dec}) > e_f \\ \text{Lookup Map}, & 0 > e_{fec} > \max(e_{map\_dec}) \end{cases} \end{cases} \quad (5\text{-}36)$$

$$\begin{cases} f_{inc} = \dfrac{t_{inc}}{T_W} \\ f_{dec} = \dfrac{t_{dec}}{T_W} \end{cases} \quad (5\text{-}37)$$

式中，t_{inc}为一个控制周期内的进气电磁阀开启时间(ms)；t_{dec}为一个控制周期内的排气电磁阀开启时间(ms)；$\max(e_{map\_inc})$为进气MAP中最大的增压增量(MPa)；$\max(e_{map\_dec})$为进气MAP中最大的减压增量(MPa)；MAP_{inc}与MAP_{dec}分别代表进气MAP数据和排气MAP数据。T_W为电磁阀的工作周期，由上文已知电磁阀控制的工作周期为10ms；f_{inc}与f_{dec}分别为进气电磁阀和排气电磁阀的占空比，前馈控制的原理流程图如图5-20所示。

当前馈修正误差值e_f超过了进气电磁阀的最大增压量$\max(e_{map\_inc})$时，则电磁阀以100%占空比完全开启进行增压。由于90%占空比和100%占空比的电磁阀开启增压速率大致相同，且100%占空比进气速率稍高于90%占空比，故将90%占空比开启时间设置成与100%占空比的电磁阀相同的开启时间，均为10ms。排气阶段与进气阶段原理相同，当正误差值e_f超过了进气电磁阀的最大增压量$\max(e_{map\_dec})$，电磁阀进入占空比为100%的排气阶段。

当前馈修正误差值e_f在进气电磁阀的最大增压量$\max(e_{map\_inc})$或者排气电磁阀的最大减压量$\max(e_{map\_dec})$以内时，实际的增压时间或者减压时间由进气MAP或者减压MAP决定。使用台架测出进气电磁阀以500ms为一个数据采集周期，其中每个数据采集周期前10ms为占空比控制，后490ms处于保压阶段，从30%占空比到100%占空比的增压变化曲线。在每一个数据采集周期中，后490ms的保压阶段的压力值为前10ms占空比控制后的稳定压力值。对不同占空比下数据采集周期中稳定的压力进行数据处理,得到进气和排气过程中压力增量的最大值曲线,如图 5-21 所示。

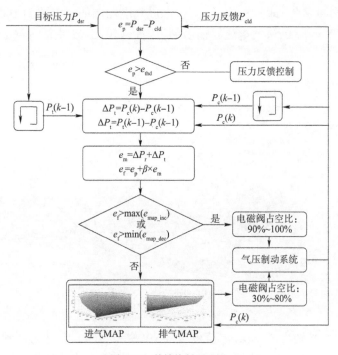

图 5-20　前馈控制原理图

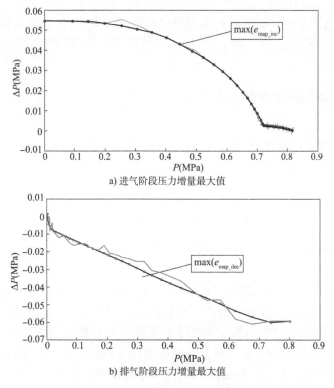

a) 进气阶段压力增量最大值

b) 排气阶段压力增量最大值

图 5-21　进排气阶段压力增量最大值

图 5-21 中所示点画线为粗线段的拟合值,即为进气电磁阀的最大增压量 $\max(e_{map\_inc})$,该曲线由图 5-21 中占空比为 90% 下的进气压力变化曲线的相邻周期的压力变化值得出。在该点画曲线以外的区域,即 $e_f > \max(e_{map\_inc})$,进气电磁阀的占空比为 100%。在该曲线以内,即 $\max(e_{map\_inc}) > e_f > 0$,进气电磁阀输出的占空比如图 5-22 中的进气 MAP 所示。

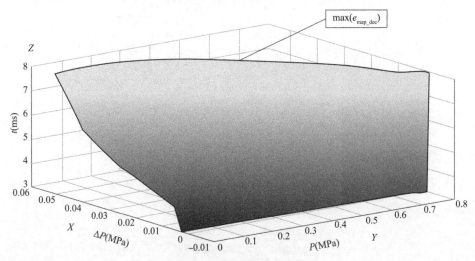

图 5-22 进气电磁阀进气 MAP

进气 MAP 中的横轴为 P,表示 e_f 值的大小,单位为 MPa。纵轴为制动气室当前时刻的相对压力值,0~0.8MPa。竖轴为输出量,即一个控制周期内的进气电磁阀开启时间 t_{inc}。由于在 $\max(e_{map\_inc})$ 范围内的进气 MAP 输出的电磁阀开启时间范围为 3~8ms,所以该前馈 MAP 输出的占空比为 30%~80%。在前馈进气控制过程中,前馈修正 e_f 误差值与制动气室当前的反馈压力 P_{cld} 输入到进气 MAP 中,经过插值算法计算得到进气电磁阀开启并达到目标阈值的时间以及占空比。

5.3.3 制动压力反馈控制

1) 模糊 PID 基本原理

由上文可知,前馈控制将制动压力迅速提升到压力阈值 e_{thd} 后,将进入反馈控制阶段。PID 控制算法作为经典的反馈闭环算法,因其稳定性、可靠性、结构简单等特性广泛地用于实际的工程控制中。在时域系统中,PID 控制器的表示形式如下:

$$u(t) = K_p e_p(t) + K_i \int_0^t e_p(\tau) d\tau + K_d \frac{e_p(t)}{dt} \tag{5-38}$$

式中,K_p 为比例系数;K_d 为微分系数;K_i 为积分系数;$e_p(t)$ 为压力差值(MPa);$u(t)$ 为控制变量。

在 PID 控制中,比例系数凡越大,实际压力达到目标压力所用的时间就越短。但在非线性系统中,该系数过大,则会造成系统的不稳定性。在单独比例控制中,系统可能存在比例控制过程中的气体输入量与制动系统中气体的泄漏量或者排出量正好相同,实际气体压力值无法达到目标压力值。因此,引入积分控制以及积分系数 K_i,积分控制器对前若干个时间周期内的误差进行累积,达到提高响应速度、消除单独比例控制所产生的静差的作用。

微分控制以及积分系数的作用是求出当前周期与上一周期的压力增量的变化值对输出

量进行控制。例如在紧急制动的过程中,压力差值 e_p 的数值从 0 突然提升到非常高的值,此时微分控制器的作用明显。微分控制器有类似前馈控制的作用,可以提高系统的控制响应。但由于在本文的研究中已经存在前馈气压控制,经过前馈控制后的反馈压力控制过程中的压力差值 e 并不会太大,微分控制器的作用较小,且微分控制会引起系统的超调量增大和控制压力的振荡,故在本文的制动压力反馈控制中并不采用微分控制,只采用 PID 控制中的比例控制和积分控制,CPI 控制对压力进行反馈控制。

在传统的 PID 控制中的参数 K_p、K_d、K_i 是固定不变的。制动系统为非线性且时变的制动系统,固定的 PID 参数对于不同工况的适应性较差。例如,在比例控制中,当实际压力与目标压力的值相差很大时,较高的微分系数 K_d 可以提高响应速度。随着实际压力逐渐接近目标压力,较高的微分系数 K_d 会引起系统的严重超调,增加系统的不稳定性。过小的 K_d 虽然可以保证系统的稳定性,但是压力响应速度会很慢。因此,提出了模糊 PID 的控制方法,对于不同的系统状态采用不同的 K_p、K_d、K_i 参数,模糊 PID 的原理如图 5-23 所示。

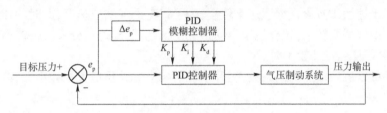

图 5-23 模糊 PID 的原理图

模糊控制器是一个多信号输入和多信号输出的系统。在气压反馈 PID 控制系统中,模糊控制器的输入为压力差值 e_p 与压力差值的变化值 Δe_p,输出值为 PID 控制的参数 K_p、K_i、K_d,由于本文考虑微分控制,因此,模糊控制器输出参数为 K_p 与 K_i。模糊控制系统的搭建一般分为三个步骤,分别是参数模糊化与建立隶属度函数、确定模糊推理规则以及参数清晰化,如图 5-24 所示。

图 5-24 模糊控制器搭建

2) 参数模糊化与建立隶属度函数

模糊控制器的输入参数为压力差值 e_p 与压力差值的变化值 Δe_p,在本文中输出的参数为 PID 控制中比例系数与积分系数。将模糊输入量与模糊输出量模糊化,输入输出量各自的模糊集合为:

$$e_p、\Delta e_p = \{NB, NM, NS, ZO, PS, PM, PB\} \tag{5-39}$$

$$K_p, K_i = \{NB, NM, NS, ZO, PS, PM, PB\} \tag{5-40}$$

模糊集合中的各个元素的含义见表 5-4。

表 5-4 模糊集合

元素	NB	NM	NS	ZO	PS	PM	PB
语言变量	负大	负中	负小	零	正小	正中	正大

根据进气 MAP、排气 MAP 以及在台架测试中不同工况的比例系数和积分系数,对于该

气压制动系统的物理论域见表5-5。

变量物理论域　　　　　　　　　　　　　　　　　　　　　　表5-5

变量	物理论域	变量	物理论域
e_p	[-1,1]	K_p	[-3,3]
Δe_p	[-0.08,0.08]	K_i	[-30,30]

在对输入量与输出量模糊化处理后,通过隶属度函数对输入量进行评价。

3) 模糊规则

模糊控制器的两个输入参数为压力差值 e_p 与压力差值的变化值 Δe_p。每种参数根据其数值绝对值的大小分为较大、中等、较小三种状态。对这两个输入参数进行组合产生了九种系统状态。这九种系统状态构成了气压模糊控制系统的控制规则。

① $|e_p|$ 较大且 $|\Delta e_p|$ 较小时。

此时处于迅速增压阶段且增压速率较慢,为了提高进气响应速度,此时的比例系数应较大。该阶段的误差累积较大,积分控制容易造成系统超调,此时积分系数应较小或者为零。

② $|e_p|$ 中等且 $|\Delta e_p|$ 较小时。

在该阶段可以适当增加比例系数,提升系统的响应。并且增大积分系数,有利于提高系统控制精度。

③ $|e_p|$ 较小且 $|\Delta e_p|$ 较小时。

实际压力已经基本接近目标压力,此时系统应该有最小的比例系数,同时应有较大的积分系数,保证系统控制的精度。

④ $|e_p|$ 较大且 $|\Delta e_p|$ 中等时。

实际压力远小于目标压力,此时应增大比例系数加快系统响应。由于误差的累积较大,积分系数应尽量小。

⑤ $|e_p|$ 中等且 $|\Delta e_p|$ 较小时。

实际压力正在接近目标压力,适中的比例系数可以减小系统的超调量,同时适中的积分系数保证系统的精准性。

⑥ $|e_p|$ 较小且 $|\Delta e_p|$ 中等时。

实际压力基本达到目标压力,较小的比例系数减少系统超调,较大的积分系数保证系统精准。

⑦ $|e_p|$ 较大且 $|\Delta e_p|$ 较大时。

实际压力远小于目标压力,此时比例系数应为最大,较小的积分系数保证系统超调量较小。

⑧ $|e_p|$ 中等且 $|\Delta e_p|$ 较大时。

实际压力正在接近目标压力,可以适当减小比例系数减少系统超调,适中的积分系数保证系统的精准性。

⑨ $|e_p|$ 较小且 $|\Delta e_p|$ 较大时。

实际压力已经基本接近目标压力,但此时的比例系数较大,造成系统的严重超调,应将比例系数设为较小值,增大积分系数有利于提高较小误差的响应,提升系统的精准度。

根据模糊规则,推测出价 K_p、K_i 的模糊规则见表5-6。

K_p、K_i 模糊规则表   表 5-6

K_p/K_i		e_p						
		NB	NM	NS	ZO	PS	PM	PB
Δe_p	NB	NB/NS	NM/NM	NS/NB	ZO/PB	PS/PB	PM/PM	ZO/NS
	NM	NB/NS	NM/NM	NS/NB	ZO/PM	PS/PB	PM/PM	NS/NS
	NS	NB/ZO	NM/NS	NS/NM	ZO/PS	PS/PM	PM/PS	NS/ZO
	ZO	NB/ZO	NM/NS	NS/NM	ZO/ZO	PS/PM	PM/PS	PB/ZO
	PS	NB/ZO	NM/NS	NS/NM	ZO/NS	PS/PM	PM/PS	NM/ZO
	PM	NB/NS	NM/NM	NS/NB	ZO/NM	PS/PB	PM/PM	NB/NS
	PB	NB/NS	NM/NM	NS/NB	ZO/NB	PS/PB	PM/PM	NB/NS

4)反馈压力算法搭建

在确立了模糊 PI 控制器的理论后,对于该压力控制系统搭建反馈压力算法。压力反馈控制算法原理流程图如图 5-25 所示。

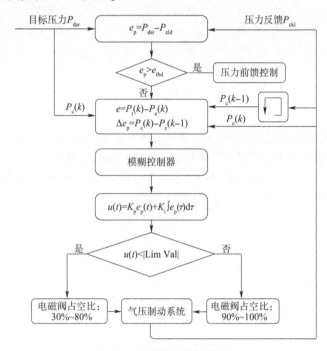

图 5-25 反馈压力控制流程图

对于反馈控制存在反馈误差和反馈误差增量 Δe_p 为:

$$e = P_t(k) - P_c(k)$$
$$\Delta e_p = P_c(k) - P_c(k-1) \tag{5-41}$$

输出的反馈控制存在反馈误差和反馈误差增量 Δe_p,经过模糊控制器输出相应的 K_p,K_i 值并赋值给 PI 控制器,PI 控制器输出相应的输出信号 $u_p(t)$ 为:

$$u_p(t) = K_p e_p(t) + K_i \int_0^\tau e_p(\tau) \mathrm{d}\tau \tag{5-42}$$

与上文中讨论的电磁阀 PWM 占空比范围一样,在压力差值较小时 PWM 的占空比为 30%~80%,压力差值较大时 PWM 的占空比为 90%~100%。区分占空比的临界判断条件为:

$$u_p(t) < |\text{LimVal}| \tag{5-43}$$

当上式成立时,PWM 的输出的占空比为 30%~80%,反之为 90%~100% 占空比输出,输出公式为:

$$t_{\text{inc}} = \begin{cases} 10, & u(t) \geqslant |\text{LimVal}| \\ 8 \times \dfrac{u(t)}{\text{LimVal}}, & u(t) < |\text{LimVal}| \end{cases} \tag{5-44}$$

$$t_{\text{dec}} = \begin{cases} 10, & u(t) \geqslant |\text{LimVal}| \\ 8 \times \dfrac{u(t)}{\text{LimVal}}, & u(t) < |\text{LimVal}| \end{cases} \tag{5-45}$$

反馈控制中电磁的增压频率和减压频率为:

$$f_{\text{inc}} = \frac{t_{\text{inc}}}{T_w} \tag{5-46}$$

$$f_{\text{dec}} = \frac{t_{\text{dec}}}{T_w} \tag{5-47}$$

5.4 气压系统设计

在工作频率下通过台架测试得出了电磁阀 PWM 驱动的占空比区间为 30%~100%,为压力前馈控制和反馈控制建立了基础,采用进气 MAP 和排气 MAP 作为电磁阀的前馈控制,提升了系统的响应。随后采用模糊 PID 作为压力反馈控制方式,保证了压力控制的精确性和稳定性,本节主要介绍基于 PWM 的电磁阀驱动方式。

5.4.1 PWM 驱动原理

商用车 EBS 系统的气压调节的执行装置为进气和排气高速电磁阀。由于高速电磁阀有较快的动作响应,所以高速电磁阀只有 On 和 Off 两种状态,相当于数字电路的 1 和 0。对于此类具有两种状态的高速电磁阀通常采用在固定的时间周期内,对电磁阀施加小于或者等于时间周期的通电时间来控制电磁阀,即 PWM 驱动方式。

PWM(Pulse Width Modulation)的全称为脉冲宽度调制。PWM 驱动方式广泛地应用于高精度、高性能的控制系统中,并且驱动控制器在硬件层面上可以直接输出 PWM 信号驱动电磁阀,不需要额外的 A/D 转换器。但是在驱动器的软件层面上,需要将模拟调制信号 $u(t)$ 调制成相应的 PWM 信号,PWM 信号生成原理如图 5-26 所示。在图 5-26a)中,将气压压力控制信号,即调制信号 $u(t)$,与一定周期的载波信号比较后输出与载波信号相同周期的矩形 PWM 占空比信号。调制信号 $u(t)$ 与载波信号调制成 PMW 信号的原理如图 5-26b)所示,当载波信号为三角形波时,在每个相同时间周期 T 内的调制信号 $u(t)$ 达到三角形载波信号与其交点所用的时间 t 与该周期时间 T 的比值为矩形 PWM 信号的占空比。由于商用车采用 24V 供电系统,则 PWM 波的高电平为 24V。

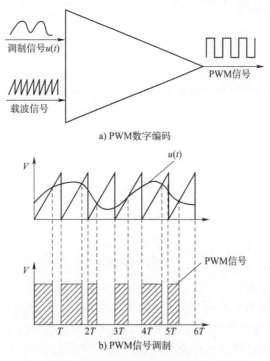

图 5-26 PWM 信号生成原理

则在某控制周期 T 内,PWM 信号的占空比为:

$$\tau = \frac{t}{T} \tag{5-48}$$

式中,τ 为 PWM 信号的占空比。由于存在 $t \leq T$,并结合图 5-26b)可知,PWM 信号占空比的取值为 $0 \sim 1$。对于低电平电压为 0V、高电平电压为 24V 的矩形 PWM 占空比信号,其占空比 τ 与控制器输出端电压 U_{out} 存在一定的关系:

$$U_{out} = 24 \cdot \tau \tag{5-49}$$

进排气高速电磁阀在开启和关闭的过程中存在时间延迟,由电磁阀运动时序图中可以看出电磁阀的开启和关闭过程中存在开启响应时间 T_{R1} 和关闭响应时间 T_{R2}。由于延迟响应时间的存在,电磁阀的控制周期 T 需要在一定的时间范围 T_c 内。根据进排气电磁阀的响应时间,可以得到电磁阀控制的临界周期 T_c 为:

$$T_c = T_{R1} + T_{R2} = T_{d1} + T_r + T_{d2} + T_f \tag{5-50}$$

式中,T_{R1} 为开启响应时间(ms);T_{R2} 为关闭响应时间(ms);T_{d1} 为开启延迟时间(ms);T_r 为上升时间(ms);T_{d2} 为关闭延迟时间(ms);T_f 为下降时间(ms)。则电磁阀控制的临界频率 f_c 为:

$$f_c = \frac{1}{T_c} \tag{5-51}$$

5.4.2 PWM 驱动频率的选择

电流变送器对电磁线圈内的电流采集并转化为电压信号,通过 Lab VIEW 对电压信号进行采集。并根据电磁阀运动时序图得到相应的响应时间。电流采集原理如图 5-27 所示。

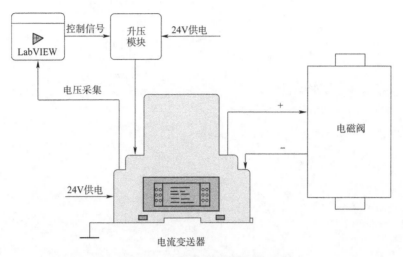

图 5-27 电磁阀线圈电流采样原理图

搭建好测试电路后,在 Lab VIEW 中创建电压采样任务,由于高速电磁阀的响应时间为毫秒级别,电压采样的频率至少为 1KHz。Lab VIEW 中的控制信号在第 50 毫秒时发送 10V 高电平信号,10V 高电平信号经过升压模块升压值电磁阀线圈电压额定电压值 24V。为了采集电磁阀线圈电流完整的周期,在第 70 毫秒时停止发送高电平控制信号,电压采集任务在第 150 毫秒处关闭。将 Lab VIEW 采集电流逆变器的电压信号转换成电流值后如图 5-28 所示。

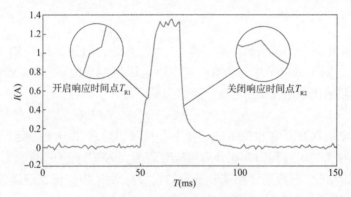

图 5-28 电磁阀线圈电流采集

根据实际测试的电流采样可以得出电磁阀开启响应时间 T_{R1} 和电磁阀关闭响应时间 T_{R2}。则电磁阀控制的临界周期 T_c 和临界频率 f_c 为:

$$T_c = T_{R1} + T_{R2} = 3 + 2 = 5 \text{ (ms)} \tag{5-52}$$

$$f_c = \frac{1}{T_c} = \frac{1}{5} = 200 \text{ (Hz)} \tag{5-53}$$

为了得到更加精准的控制精度和更快的控制压力响应速度,电磁阀需要工作在一个合适的工作频率 f_w 下。临界频率 f_c 决定了工作频率 f_w 的上限,若超过临界频率 f_c 电磁阀将不能正常工作。不同的工作频率 f_w 的下限会影响气压控制的效率以及准确性。根据电磁阀开启过程中存在开启延迟时间 T_{d1}、为上升时间 T_r、为关闭延迟时间 T_{d2}、下降时间 T_f,则电磁阀工作频率 f_w 和电磁阀开启和关闭响应时间有如下关系。

(1) $T_w \leqslant T_{d1}$。

当 $T_w \leqslant T_{d1}$ 时，PWM 信号产生的高电平的时间远远小于电磁阀开启延迟时间 T_{d1}。此时的电磁阀工作频率 f_w 已经远远大于电磁阀工作的临界频率 f_c。如图 5-29 所示，此时电磁阀阀芯所受到的电磁力无法克服阀芯的运动阻力，电磁阀将不会有动作。

(2) $T_w \leqslant T_{d1}$。

当 $T_{d1} \leqslant T_w \leqslant T_{d1} + T_r$ 时，PWM 信号产生的高电平的时间处于开启延迟时间 T_{d1} 和上升时间 T_r 之间，电磁阀线圈产生的电流可以克服阀芯运动的阻力开启。此时电磁阀工作频率 f_w 仍然略大于电磁阀工作的临界频率 f_c。如图 5-30 所示，在此工作周期 T_w 下的电磁阀没有足够长的开启时间，导致流经电磁阀的气体流量过小，甚至气体不能流经阀芯。

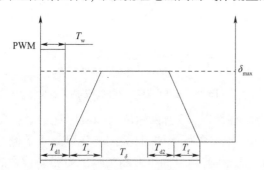

图 5-29 工作周期与电磁阀延迟的关系 1

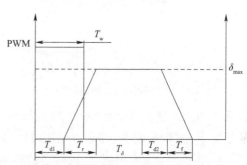

图 5-30 工作周期与电磁阀延迟的关系 2

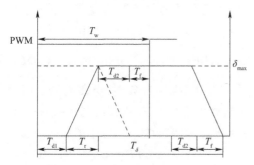

图 5-31 工作周期与电磁阀延迟的关系 3

(3) $T_{d1} \leqslant T_w \leqslant T_{d1} + T_{d2}$。

当 $T_{d1} \leqslant T_w \leqslant T_{d1} + T_{d2}$ 时，PWM 信号产生的高电平的时间位于开启响应时间 T_{d1} 与开启响应 T_{d1}、关闭响应 T_{d2} 之和之间。如图 5-31 所示，此时电磁阀工作频率 f_w 略小于电磁阀工作的临界频率 f_c，电磁阀有充足的开启时间确保有足够的气流流量经过电磁阀阀芯。但在此工作周期 T_w 下，电磁阀阀芯没有足够的时间关闭，以至于在下一个工作周期下电磁阀的阀芯仍处于开启状态，影响了电磁阀的控制。

(4) $T_{d1} + T_{d2} \leqslant T_w \leqslant T_\delta$。

当 $T_{d1} + T_{d2} \leqslant T_w \leqslant T_\delta$ 时，PWM 信号产生的高电平的时间处于开启响应 T_{R1}、关闭响应 T_{R2} 之和电磁阀位移周期 T_δ 之间，如图 5-32 所示。此时电磁阀工作频率 f_w 小于电磁阀工作的临界频率 f_c，电磁阀具有良好控制精度以及控制响应，并且在一定 PWM 占空比下，电磁阀的关闭延迟并不会影响下一个周期的电磁阀的动作。定义响应比例系数 λ_{rep}，在该种情况下如公式(5-54)所示，若得到的响应比例系数 λ_{rep} 过小，该工作周期 T_w 下的电磁阀可能存在控制精度较差的问题。

$$\lambda_{rep0} = \frac{T_w - (T_{d1} + T_{d2})}{T_c} \tag{5-54}$$

(5) $T_\delta \leqslant T_w$

当 $T_\delta \leqslant T_w$ 时，PWM 信号产生的高电平的时间大于工作周期 T_w，并且电磁阀工作频率 f_w

同样小于电磁阀工作的临界频率 f_c，如图 5-33 所示。该种情况相较于(4)有更高的控制精度，但是在控制响应方面与(4)相比较差。此种情况同样存在响应比例系数 λ_{rep}。如公式(5-55)所示，当响应比例系数 λ_{rep} 过大时，则会产生响应较慢、控制精度较差等问题。

$$\lambda_{rep1} = \frac{T_w}{T_\delta} \tag{5-55}$$

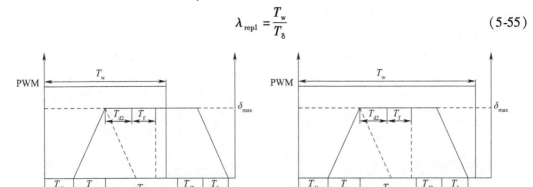

图 5-32　工作周期与电磁阀延迟的关系 4　　图 5-33　工作周期与电磁阀延迟的关系 5

在实际的控制过程中，(4)和(5)可以视为同种情况，即当目标压力和实际压力相差很小的情况下，工作周期 T_{w0} 部分占空比可以对气压压力进行微调，且关闭响应延迟下的阀芯位移不会对下一个工作周期 T_{w1} 的阀芯的移动造成影响；当目标压力和实际压力相差很大的情况下，在一定时间内，工作周期 T_{w0} 的 100% 占空比可以使电磁阀持续开启，保证了增压的速率。考虑到商用车制动需要快速的气压控制响应以及气压压力的控制精度，在已知临界周期 T_c 为 5ms 的情况下，取电磁阀位移周期 T_δ 为 8ms，电磁阀工作周期 T_w 为 10ms，则：

$$f_w = \frac{1}{T_w} = 100\text{Hz} \leqslant f_c = \frac{1}{T_c} = 200\text{Hz} \tag{5-56}$$

在电磁阀工作频率 f_w 为 100Hz 的情况下，当占空比处于 0%～20% 时，电磁阀处于(1)中的情况，电磁阀将无法开启；当占空比为 30% 时，电磁阀处于(2)中的状态，电磁阀的进气量极小，不能对气压进行控制；当占空比处于 40%～80% 时，电磁阀处于(4)中的状态，电磁阀可以对压力进行精准的控制；当占空比处于 90%～100% 时，电磁阀处于(5)中的状态，此时电磁阀的关闭过程的位移必定影响下一周期电磁阀开启的位移，该占空比适用于目标压力与实际压力相差较大，需要持续开启电磁阀进气或排气的情况。

5.4.3　不同占空比测试

在确定电磁阀驱动的工作周期 T_w 后，使用 Lab VIEW 对电磁阀进行占空比驱动测试。由于桥控模块中包含进气电磁阀和排气电磁阀，需要对两种电磁阀进行单独测试。为了明显地获得不同占空比下的气压的变化速率，在完成每个电磁阀 10ms 的工作周期后，延迟 490ms 后再进入下一个工作周期，即以 500ms 为电磁阀的周期，前 10ms 内为电磁阀的占空比控制，后 490ms 为延迟时间，在此时间内的进气和排气电磁阀均关闭。

在进气电磁阀的占空比测试中，用空气压缩机将气源压力冲压至 0.8MPa 附近，测试不同占空比下的制动气室压力变化情况，如图 5-34 所示。当占空比为 10%～20% 时，电磁阀不会动，没有气体压力进入制动气室；当占空比为 30%～40% 时，电磁阀响应较慢，气体可以通过进气电磁阀进入气室，但是进气速率较慢；当占空比为 50%～80% 时，进气电磁阀进入制动气室增压速率较快,增压速率显著;当占空比为90%~100%时,进气电磁阀的进气速率达到最大,制动气室快速升压达到气源压力值附近。

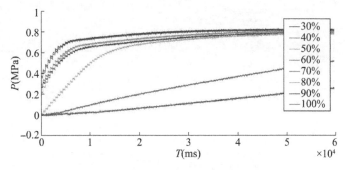

图5-34 不同占空比下进气压力变化

采用相同的方式对不同占空比下排气电磁阀进行减压测试。为了保证制动气室的压力保持在气源压力附近,在Lab VIEW采集压力数据之前将进气电磁阀以100%占空比开启,持续增压1500ms,随后关闭进气电磁阀,以不同占空比控制排气电磁阀排气,如图5-35所示。当占空比为10%~20%时,电磁阀不会动作,没有气体从制动气室排出;当占空比为30%时,排气电磁阀几乎不能将制动气室的压力释放,该占空比不能用在排气电磁阀减压控制上;当占空比为40%和50%时,排气电磁阀的排气速率处于中等水平,适合对制动气室压力进行调整。当占空比为60%~100%时,排气电磁阀有着较快的排气速率,可以使制动器以较高的速率进行释放。

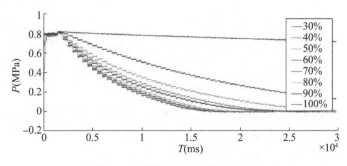

图5-35 不同占空比下排气压力变化

5.5 实验测试

最后,通过设定不同的目标压力曲线来模拟实际情况中目标压力的复杂性,测试结果表明该种前馈加反馈的制动压力控制方式具有很好的稳定性和精度,能够满足制动压力控制的需要。

将搭建好的前馈、反馈压力控制算法与第3章建立好的气压阀模型联立,设置气源压力为0.8MPa,并在MATLAB Function中添加目标压力值,如图5-36所示。

在上图的目标压力模块的MATLAB Function中输入目标压力值,如图5-37所示。压力控制模块中集成了前馈和反馈控制算法,输出相应的占空比。电磁阀流量输出模块将占空比查表输出质量流量给桥控模块模型后驱动制动气室产生制动力和制动气体压力。

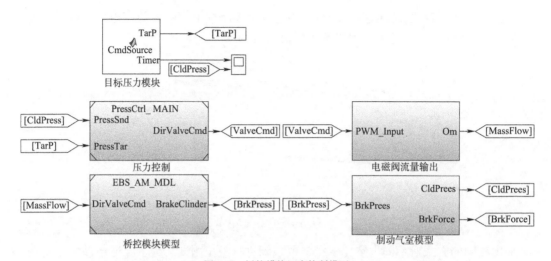

图 5-36 桥控模块压力控制模型

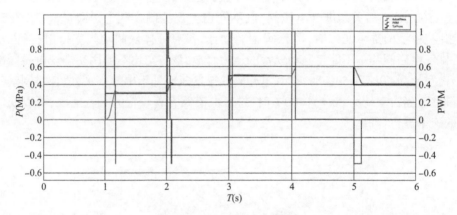

图 5-37 Simulink 压力控制仿真

在第 1 秒时,目标压力从 0MPa 上升到 0.3MPa,此时进气电磁阀以 100% 的占空比开启 130ms,随后又分别以 80% 的占空比和 40% 的占空比开启 10ms。由于目标压力和气源压力相差较大,由公式 3-42 可知,电磁阀气体流量处于超音速状态,此时系统有超调现象。随后排气电磁阀以 50% 的占空比开启 10ms,使压力稳定在目标压力的 0.3MPa。在第 3 秒时,目标压力从 0.4MPa 上升到 0.6MPa,进气电磁阀以 100% 的占空比开启 40ms,随后又以 80% 的占空比开启 10ms。由于此时的由于目标压力和气源压力相差不大,气体流量处于亚音速状态,压力超调量较小。在第 5 秒时,目标压力从 0.6MPa 下降到 0.4MPa,此时排气电磁阀以 50% 的占空比开启 120ms 后,使实际压力达到 0.4MPa。为了验证控制算法的准确性,采用台架测试的方式对前馈反馈压力算法进行测试,并与 Simulink 模型气压控制仿真的结果进行比较。与之前的 Lab VIEW 对压力开环控制和数据采集不同,压力闭环控制采用 PCB 制动底层控制板对压力进行控制。PCB 制动底层控制板采用了 32 位的意法半导体微控制器,集成了模拟量采集、数字信号输出、CAN 通信等功能。模拟量采集可以采集集成在桥控模块上的压力传感器数据,并将数据传送到 CAN 总线上。数字信号输出可以输出多路 PWM 的占空比信号,用于控制进气电磁阀、排气电磁阀、备压电磁阀。CAN 通信可以与其他控制器通信,制动底层控制器接收制动主控器通过 CAN 通信发送的目标压力,对制动压力进行控制。压力底层控制器如图 5-38 所示。

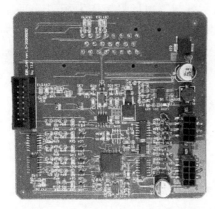

图 5-38 EBS 压力底层控制器

将压力控制算法以及目标压力通过下载器烧录到制动底层控制器中,在 CAN 分析仪中设置好 CAN 通信的 ID 以及波特率等信息,采集制动底层控制器发出的压力报文信息。为了模拟在实际工况中的目标压力的复杂性,采用三角形目标压力、正弦波目标压力以及梯形目标压力对压力控制算法的稳定性以及适应性进行分析测试。

(1) 三角形目标压力。

三角形目标压力控制的仿真和实测值如图 5-39 所示。三角形目标压力值为动态过程,目标压力值随着时间的改变而改变,考验系统的动态性能。设置气源的压力为 0.8MPa,目标压力的最大值为 0.6MPa,三角形目标压力的计算公式为:

$$P_{\mathrm{dir}}(t) = \begin{cases} 0.2t, & t \leqslant 3 \\ 0.2 \times (t-3), & 3 < t \leqslant 6 \\ 0.2 \times (t-6), & 6 < t \leqslant 9 \\ 0.2 \times (t-9), & 9 < t \leqslant 12 \end{cases} \quad (5\text{-}57)$$

式中,$P_{\mathrm{dir}}(t)$ 为三角形目标压力(MPa);t 为时间(s)。在三角形目标压力时,通过数据分析得出实测压力的最大超调量为 ±0.02MPa,仿真压力最大超调量为 ±0.01MPa,被控压力可以较好地跟随目标压力。

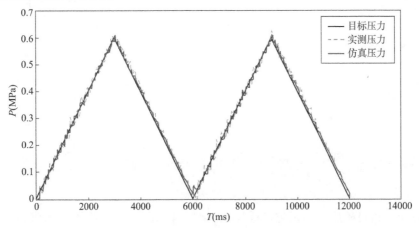

图 5-39 三角形目标压力

(2) 正弦目标压力。

正弦目标压力曲线如图 5-40 中的实线所示。与三角形目标压力相同,正弦目标压力也为动态过程,且相比于三角形目标压力其压力增量随时间而改变。正弦目标压力的最大值为 0.6MPa,同样采用制动底层控制器对气压进行控制和数据采集。正弦目标压力的公式为:

$$P_{\text{dir}}(t) = \begin{cases} 0.3 + 0.3\sin\left(\dfrac{1}{6}\pi t - \dfrac{1}{2}\pi\right), & t \leqslant 6 \\ 0.3 + 0.3\sin\left(\dfrac{1}{6}\pi(t-6) - \dfrac{1}{2}\pi\right), & 6 < t \leqslant 12 \end{cases} \quad (5\text{-}58)$$

式中,$P_{\text{dir}}(t)$ 为正弦目标压力(MPa);t 为时间(s)。

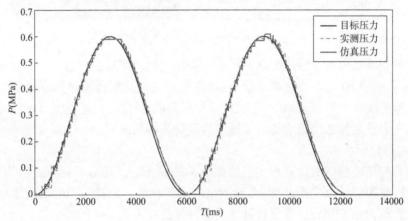

图 5-40 正弦目标压力

正弦目标压力控制下的实测压力和仿真压力的最大超调量均为 0.01MPa,被控压力可以很好地跟随目标压力。

(3) 梯形目标压力。

正弦目标压力曲线如图 5-41 中的实线所示。

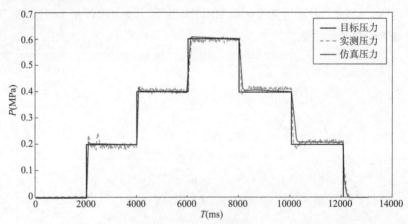

图 5-41 梯形目标压力

相比较于三角目标压力和正弦目标压力,梯形目标压力检验系统目标压力值的突增与稳态的状况,梯形目标压力的公式为:

$$P_{\text{dir}}(t) = \begin{cases} 0, & t \leqslant 2 \\ 0.2, & 2 < t \leqslant 4 \\ 0.4, & 4 < t \leqslant 6 \\ 0.6, & 6 < t \leqslant 8 \\ 0.4, & 8 < t \leqslant 10 \\ 0.2, & 10 < t \leqslant 12 \\ 0, & 12 < t \leqslant 14 \end{cases} \quad (5\text{-}59)$$

式中，$P_{\text{dir}}(t)$ 为梯形目标压力（MPa）；t 为时间（s）。

通过与目标压力值的对比得出实测压力在稳态时的系统最大误差为 0.006MPa，仿真压力在稳态时的系统最大误差为 0.004MPa，具体控制情况见表 5-7。

与目标压力值的对比　　　　　　　　　　表 5-7

方式	压力变化	实测迟滞	实测超调	仿真迟滞	仿真超调
进气	0~0.2MPa	50ms	0.03MPa	50ms	0.01MPa
	0.2~0.4MPa	70ms	0.01MPa	65ms	0.01MPa
	0.4~0.6MPa	100ms	-0.006MPa	90ms	0.007MPa
排气	0.6~0.4MPa	60ms	-0.001MPa	65ms	0.001MPa
	0.4~0.2MPa	90ms	-0.01MPa	130ms	0.01MPa
	0.2~0MPa	210ms	0MPa	200ms	0MPa

由于在第 2 秒处的目标压力从 0MPa 上升到 0.2MPa，此时气体流量属于超音速状态，实测下系统进气超调量为 0.03MPa，其他时刻的进排气超调量均为 0.01MPa 以内。仿真下的系统进排气超调量整体较小，不超过 0.01MPa。实测进气迟滞时间在第 6 秒处最大，从 0.4MPa 上升到 0.6MPa 需要 100ms，排气延迟时间在第 12 秒处最大，从 0.2MPa 下降到 0MPa 所需的时间为 210ms。

第6章 底盘域控制的冗余控制设计

6.1 域控制综述

6.1.1 研究背景

随着消费者对汽车需求的增加,汽车也不断向着智能化与集成化发展。高级驾驶辅助系统,车载多媒体娱乐系统等也逐渐成为消费者关注且决定是否够购买的功能配置。更加复杂的系统对传感器、ECU 的数量有了需求,如自动驾驶的摄像头、毫米波雷达,可供副驾驶娱乐的多媒体屏幕,抬头显示系统(HUD),控制发动机表现的 ECM 模块、管理新能源汽车电池的 BMS 模块以及用于 360 度全景影像融合计算的 AVM 模块等。随着汽车智能化速度的不断加快,原有的智能化升级方案就暴露出了各种问题,如研发成本高、生产成本高、安全性不足、算力不足等问题,传统分布式电子电气架构已无法满足这些要求,需要做出改变,以适应其发展。根据专业数据统计,2020 年中国应用在汽车上的 ECU 数量已超过 25 个,不同类型的汽车装载量也不同,商用车为 35 个,而高端汽车上的 ECU 数量就更高了,如奔驰 S 级车上的 ECU 数量早在十年前就超过 100 个。同时,为了应对数量如此庞大的 ECU,汽车在线束长度、传输速度等方面要求也大大提升,与之对应的研发成本与时间、生产质量与速度、安全等各方面的要求也就更高。研发成本方面,汽车在研发生产时,不同的零件要用到的供应商也不同,车企就需要针对不同情况与之进行交流,甚至与其一起进行研发。因此,当汽车智能化不断推进时,汽车的研发周期也就会大大增加,随之而来的便是各项成本的增加。制造成本方面,因为汽车内部的空间不足以支撑数量过多的 ECU、长度过长的线束,也就是说要想做到自动化生产是很困难的,将会更加依赖于人工,这无疑是增加了成本。在汽车发展如此迅速的大背景下,汽车的售出仅仅是一个开始,后续的服务才是重中之重,车载软件在线升级(OTA)升级也就变得更加重要。所以在分布式电子电气架构之下,想要做到各 EUC 的整体升级是非常困难的。安全方面,为了使汽车功能更加智能,就需要提升 ECU 的算力,而各个 ECU 之间进行数据共享及交流也很重要,算力也应适当的冗余,便于汽车应对各种不良状况,进而保证行驶时的安全。在分布式电子电气架构下,ECU 一般通过 LIN 或 CAN 进行连接,其传输速度十分有限,很难满足汽车内部信息高效率的交流。

传统的分布式电子电气架构如图 6-1 所示,其存在着非常多的缺点,而这些缺点已经不能满足汽车发展的要求,下面列出了一些分布式电子电气架构的缺点。

(1)算力分散无法高效利用。

分布式架构下汽车搭载数十个控制器,且为保证性能稳定性及安全性,每个控制器芯片硬件算力相对其上运行的程序都有所冗余。这就导致各个控制器的能力只为自己服务,无法高效协同。反之,在集中式电子电气架构下算力在行车时为辅助驾驶服务,在驻车休息时可为车载游戏提供运行算力。

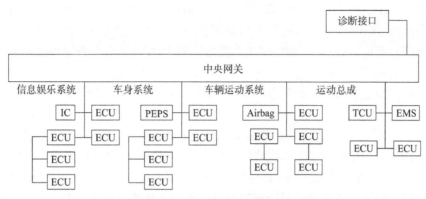

图 6-1　分布式汽车电子电气架构

(2)线束成本及重量劣势。

庞大的 ECU 数量同样意味着复杂、冗长的总线线束。据专业数据显示,一辆高级汽车的线束使用量约 2km,其质量达到了 20~30kg。在线束中,线缆材料本身质量占到线束总质量的四分之三左右。集中式的电子电气架构以及域控制器的引入,可极大地缩短线束的使用量。

(3)无法支持高带宽车内通信。

分布式电子电气时代,MCU 芯片是计算和控制的核心,它是基于传统的 CAN、LIN 和 FlexRay 等低速总线进行传输的。随着 ECU 的不断增多,总线的负载也随之增多,很容易会达到传输上限,信号丢帧、总线堵塞等技术难题便随之产生,从而导致安全隐患。但在域控制器的背景下,域控制器的主控处理器为高性能、高算力、高集成度的异构芯片,域内统一调度控制,域外通过以太网等进行高速通信。目前,百兆和千兆的以太网已在多款新车型上得到应用。车载以太网每节点实施成本高于 CAN、LIN,与 FlexRay 相当。在未来,数据传输速度的制约将使得车载以太网替代传统总线成为必然。

(4)系统集成及 OTA 维护困难。

各个 ECU 开发主要由各 Tier 1 提供主机厂,主机厂由内部团队进行集成整合。对主机厂集成开发能力、供应商管理能力提出更严峻的挑战。此外,分布式架构零散的 ECU 布局也难以支持车载软件在线升级(OTA),从而加大软件后期维护迭代的难度。目前,OTA 已经从部分新势力车企的独门绝技,逐渐大众化,各个车企的更新迭代频率也在快速提升。国家市场监督管理总局针对升级频率进行了数据调查,结果显示 2021 年各大车企进行了 351 次 OTA 升级,同 2020 年相比增加了一倍之多,与其相关的车辆数量高达 3424 万辆,相比 2020 年涨了三倍还多。

传统汽车的电子电气架构一般采用分布式,其控制中枢由电子控制单元 ECU 通过 CAN 总线和 LIN 总线连接通过传感器、电源、执行机构、芯片等部件的协调工作下,对汽车进行控制。一个系统配备了一个单独的 ECU,不同的系统之间具有很强的独立性,每当汽车出现一个新的功能,就需要安装一个单独的 ECU 进行控制,所以传统汽车的升级就是更加 ECU 和传感器。

6.1.2 国外研究成果

1987年,丰田公司将四轮驱动、四轮转向、主动悬架、制动系统等多个底盘方面的系统进行了集成,并研制了一款汽车,这款汽车可以根据驾驶人发出的指令、汽车的运动规律及汽车工况做出相应反应,其最终目标是使汽车更加均衡,并优化汽车的各项性能指标。

2000年,Clasen等人提出汽车E/E架构的功能和复杂性急剧增长,并将在未来进一步增长。对于高度和完全自动化的驾驶,需要实现最高安全完整性等级的功能,需要新的开发方法。

2014年,在骁龙600平台上打造的骁龙620A汽车级系统级芯片(SoC)成功,这也是SoC在汽车上的第一次应用,而这第一次正是应用在座舱域控制器领域,随着智能驾驶舱的发展,就需要性能十分强大的CPU来执行相应的功能,强大的CPU可用来处理音频、图像等非结构化的数据,高效的AI运算满足智能驾驶舱智能对话体验的要求,每秒高速输出运算,大带宽实时通信,不仅要能实现这些,还必须能兼容操作系统,因为手机生态与智能座舱关联会越来越密切。也就是说,信息化智能座舱、车载WIFI、手势识别、人脸识别、视频与音频处理、编码与解码、图片融合等功能与手机高度相似,与高通公司有史以来高度兼容的智能驾驶舱SoC已经发展到第四代SA8295。

2017年,博世针对域控制器的发展做出了专门的对策,成立研发团队,并且和英伟达达成共识,进行合作,基于英伟达的深度学习软件和Drive PX处理器展开了深入的研究,以研制出可量产的自动驾驶域平台为最终目标,博世的计算平台DASy最终成功亮相,共有两个版本,一个针对高速道路,另一个则针对城市拥堵道路。

2017年,黑莓推出QNX Hypervisor 2.0系统,第一个获得ISO 26262 ASIL级认可的车载操作系统。黑莓公司也在不断地研究中推出了一系列针对域控制的产品。

2019年,采埃孚第一代集成式线控制动IBC就已在北美实现量产。2022年,第二代IBC在上海首发量产,面向全球供货。IBC结合线控主动式后轮转向系统(AKC)与主动式减振系统(sMotion),采埃孚可提供横向、纵向、垂直方向全方位的安全及舒适功能。最近,采埃孚在车辆转向系统中最重要的前桥转向组件也实现了软硬解耦的线控能力。所有执行系统由cubiX平台统一控制,cubiX是车辆运动控制领域的综合软件套件,协调上述所有与车辆运动相关的执行机构和传感器。采埃孚的VMC cubiX通过车辆本身和车辆四周的环境来收集信息,将底盘转向、传动、悬架、制动等多个系统进行集成,并将它们进行了优化。

2019年,Dibael等人表示智能网联汽车中的网络安全由车内安全和车间通信安全组成。ECU的安全性和CAN总线的安全性是汽车安全性至关重要的一部分。此外,随着4G LTE和5G远程监控等车-车通信技术的发展,车-车通信的安全性是另一个潜在的问题。

2019年,特斯拉Model 3搭载了特斯拉新研制的E/E架构,此架构将原来为数众多且毫无关联的ECU进行整合,也就是说使用了域控制器,在功能非常集中的E/E架构下,芯片算力和软件算法也将进一步得到利用,同时算力与算法也会成为汽车升级的核心。在集中式E/E架构下,汽车的研发成本与升级升本也将会大大降低,随着成本降低,各车企也就有更多资金投入新的研发当中,推动汽车的发展。

2019年,首款基于MEB车型ID.3迎来全球首秀,大众MEB平台采用三大控制器来对全车进行控制与功能实现,其中ICAS1车辆控制域控制器集成了车身控制管理、驱动系统管理、行驶系统管理、电动系统管理、舒适系统管理等诸多功能,将车身域、动力域、底盘域三域融合到一个域控制器下面。

2020 年,Ning 等人通过研究面向 5G 的车联网深度强化学习,开发基于意图的交通控制系统,该系统可以动态协调边缘计算和内容缓存,以提高移动网络运营商的利润。

2020 年,Pengh 等人提出有限时域鲁棒模型预测控制(MPC),实现四轮轮毂驱动电机独立驱动新能源汽车(AMIDEV)的协调路径跟踪和直接横摆力矩控制(DYC)。

2021 年,Xie 等人为了提高跟踪精度和车辆稳定性,提出了基于横摆力矩的跟踪偏差补偿与车辆稳定性协调控制。根据三个自由度的车辆模型,采用模型预测控制计算前轮转角,控制车辆沿参考路径自主转向。

2021 年,Jeong 等人针对搭载四轮独立转向和驱动系统的无人驾驶汽车,提出了一种基于 MPC 的集成控制算法。

2021 年,Cui 等人提出了一种面向人类驾驶或自动驾驶车辆的分层框架,在考虑周围车辆的同时,确保车辆在紧急驾驶场景中的安全运行,开发的应急避碰系统由估计器模块、预测模块、操纵决策模块和操纵控制模块组成。

2022 年,Yang 等人将智能座舱舒适性影响因素分为声环境、光环境、热环境和人机交互环境四个因素和影响指标。通过主评价方法,以层次分析法和改进熵权法为依据,得到了各指标的主观权重,同理通过客观评价法,得到客观权重。

时至今日,不少国外企业对于域控制器均有相应的研究成果,如安波福提出了智能电气架构(SVC),该架构拥有中央计算机、通信接口和安全网关,它通过统一供电和数据主干网以及双环拓扑结构来实现冗余网络,动力中心可以收集数据,中央计算机可对这些数据进行处理,并发出相应的命令来控制汽车;德国曼恩商用车研发了中央计算式电子电气架构,集成了非常多的功能,该架构使用一个中央控制单元来控制与策略相关的所有功能,ECU 数量大大减少,剩余的 ECU 不再包含策略相关功能,新功能的集成在功能架构级别进行,不会影响 ECU 和 CAN 通信;奥迪研发了中央集群计算方案,整车划分为驱动域、能源域、横纵向控制域、驾驶辅助域、座舱域、车身舒适域和信息安全域七个域,这些域之间通过高速以太网进行信息交互,而域内则采用 CAN 和 LIN 等实时低速通信方式;沃尔沃也开发出了区域电子电气架构,该架构包括核心系统和机电区域,并通过中央计算机进行控制。

6.1.3 国内研究成果

2007 年,高晓杰等对底盘进行了深入的研究,结合研究内容提出了层阶梯式的结构,在该架构下把底盘分为了六层,这六层又细分关系和对象,并且对它们进行了详细地介绍。

2008 年,铁将军的第一款汽车产品就已经能够量产了,并且很多自主品牌的汽车都有安装,随后在 2016 年推出了具有 PEPS + BCM + TPM、支持 CAN-FD、OTA 升级和手机远程控制等先进功能的 iBCM 车身域控制器产品。2017 年,铁将军不仅获得了 CNAS 认证,还获得了很多自主品牌车企的认证,并且还建立了完整的质量管理体系,确保在设计、开发、生产和项目检验方面的严格质量控制;2022 年得到的汽车软件过程改进及能力评定认证,软件水平达到世界前列,提议提供软件设计研发、硬件支持、软硬件架构等多个服务,还能应对车企的各种要求,根据需求做出改变。它在很多方面都能提供服务和支持,能够帮助车企加快研发速度,更快的推出新的产品。

2010年,赵树恩在国内外相关研究的基础上,提出车辆底盘多模型智能递阶控制策略,综合汽车底盘各种系统的特点,通过多智能体理论解决分布式架构下存在的部分问题,对汽车底盘进行了深入的分析,并且将MAS理论运用到汽车底盘当中,建立了分级式车辆底盘MAS协调控制策略。

2011年,徐航对典型的底盘控制系统中的防抱死系统、车身电子稳定系统、主动行驶舒适控制系统的基本内容做了简要介绍,并针对多控制系统融合所带来的问题进行了分析。

2012年,李刚等在模型预测控制理论基础上,为了提升汽车在各种不同情况下的稳定性,对汽车的侧向运动与纵向运动进行了深入的研究,并且得到了想要的结果。

2014年,汪洪波对国内外功能分配方法及底盘系统模型降阶的研究现状综述的基础上,对汽车底盘的转向、制动、行驶、悬架系统的部分功能进行解析,提出了一种集成化的域控制底盘架构,并且通过不同的方法对该底盘架构进行了仿真验证。

2015年,迟云飞基于分布式架构设计了一个信号机控制系统,这个系统具有单点控制、区域互联网控制以及自适应控制等功能。

2016年,秦立友等针对加强对汽车底盘集成系统的协调控制进行了深层的探讨。

2019年,隋巧梅针对新时代新能源汽车的特点,提出当今新能源汽车所面临的问题,设计并改进底盘制动控制器,提出了两种能量回收方式以满足能量回收的需求,并且还提高了舒适性。

2020年,李亮等通过对汽车底盘集成技术的分析,结合汽车发展现状,构思出了底盘动力学域控制的构想,并且根据这一想法进行了相关域控制的架构。

2021年6月,行知科技获得了ASPICE Level 2的认可,这说明其研发水平已经领先于世界平均水平,开发能力与质量水平可以满足包括欧洲、日本、北美在内的大多数汽车厂商的需求。2022年10月吉利发布极氪001,智能驾驶域搭载的正是知行科技和Mobileye深度合作的Supervision系统,包括两块EQ5H芯片组成的高算力自动驾驶控制器,可实现城区道路、高速高架场景下的导航辅助自动驾驶功能。

2022年,蔚来ET7搭载了全栈研智能底盘域控制器ICC,它是我国第一个全栈自研的智能底盘域控制器。ICC可以实现冗余驻车、空气悬挂高度调整、减振器等控制功能,功能安全和网络安全性高,还支持FOTA升级换代。ICC融合控制汽车的多个零件,包括转向、制动、悬架、四驱分配等,为驾驶人控制汽车提供了极大的帮助。

2023年,冉旭晴提出软件升级将无法满足升级时间需求是传统的诊断服务的弊端,已有OEM使用一种新型的升级方法来提升软件升级的效率,冉旭晴从汽车电子测试的角度出发,讨论这新型升级的测试方案是否可行。

2023年,姚固文提出想要进一步提升新能源汽车控制水平,促进其快速发展,就需在电气控制单元方面进行更深入讲解说明,并进行了研究。

2023年,邓健贤等梳理路径跟踪控制研究历程中各种新旧算法迭代,提出兼顾准确性和行驶稳定性的控制方案,结合自动驾驶路径规划、跟踪控制等方面进行了展望。

2023年,福瑞泰克宣布推出基于单颗地平线征程3芯片开发的、面向量产的轻量级行泊一体化解决方案,从而为车企智能化系统进阶提供了更高适配版本的智能驾驶产品,实现更复杂、安全度更高的行泊一体功能,支持如主动安全、被动安全、智能泊车辅助、城市道路辅助行驶、高速公路辅助驾驶等功能,并且为更高阶的智能驾驶系统的推出做了很好的铺垫。

6.2 域控制基础理论

6.2.1 动力域

动力域,也被称为安全域,它集成了动力总成方面的一些系统,为汽车行驶提供动力,用于动力总成的优化和控制、电气智能故障诊断、智能节电和总线通信。动力域控制单元是智能动力总成管理单元,其功能如图6-2所示,功能丰富,可以通过CAN/FlexRay实现变速器管理、发动机/电动机管理、电池监控和交流发电机控制。其优点多种多样包括多种动力系统(发动机、电动机、交流发电机、电池、手动自动变速器)的力矩计算和分配,通过预先预测的驾驶方法减少CO_2排放或者实现节能,同时还有具有智能故障诊断、智能节电等功能。

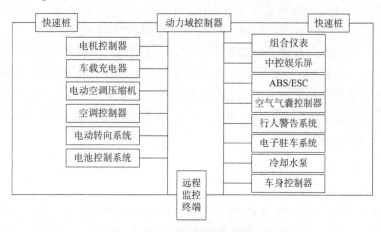

图6-2 某动力控制器集成功能示意图

动力域控制器硬件平台的核心是多核安全微处理器,它整合了动力领域的子控制器的各种功能,控制范围更广,控制能力更强,也更加高效便捷,并且整合每个ECU的基本功能需要硬件的支持,具有先进的最域子算法,如动力领域的VCIL、IverterTCUBMS和DCDO,目标是ASIL-C安全级别的动力支持,具有软件升级信息安全、通信管理等功能。通信方式支持CAN/CAN-FD和Gigabit Ethernet,SHA-256加密算法用于通信支持CPU/GPU开发,自动适应雷达环境或POSIX标准接口操作系统也是必须支持的。

6.2.2 底盘域

底盘域与汽车的发展密切相关,其职责是控制汽车运动时的状态。底盘域控制器集成了底盘上的多个系统,包括传动系统、行驶系统、转向系统和制动系统四大系统。传动系统主要任务是将发动机产生的动能传送到驱动轮中,分为机械式、液力式和电动式等类型。机械式传动系统由离合器机构、自动或手动变速箱、万向传动装置和驱动桥组成;而液力式传动系统则由液力变矩器、自动变速器机构、万向传动装置和驱动桥构成。传动系统功能丰富,如减速、变速、倒车等,可使汽车在各种工况下正常行驶,同时提供良好的经济性和动力性能。行驶系统将汽车各个部件连接成整体,并对整车起到支承作用,包括车架、悬挂系统、车轮和车桥等。行驶系统在汽车行驶在不平路面时,能够吸收部分地面反力,减缓汽车的振动,保证行驶平稳性。转向系统用于改变汽车行驶方向,包括转向盘、转向轴和转向管等。驾驶人可以通过转向系统随意改变行驶方向。供能装置、控制装置、传动装置和制动器是组成制动系统的关键部分。制动系统通过施加反向力来改变汽车的运动状态,实现减速停车、下坡稳定和驻车制动的功能。

底盘域控制器采用安全计算平台,具备高性能和可扩展性,能够兼容多种传感器和多轴惯性传感器。通过整合检查和惯性传感器信号,该控制器能够高效地计算车辆动态模型的安全性,同时在性能和成本方面取得了极佳的平衡。如今,底盘上的电子控制越来越常见,通常有10个以上的电子控制产品。目前出现的汽车电子底盘控制系统,主要分为ESC、IBS、EPS和电子悬架控制系统等,而各个系统都有自己的汽车发动机管理系统和汽车动态控制模块。不同的汽车底盘电子产品对汽车控制系统有着不同的要求,主要涉及舒适性、操作性和安全性等方面。但是,在汽车零部件方面,各个子系统又由不同的企业或者OEM开发部门承担,导致底盘电子控制的开发过程中存在着重复研发和高成本的问题。每个子系统的存在都是为了解决特定问题的负面影响,以使车辆控制达到最佳状态。

在高度自动驾驶领域,对底盘域控制器的需求也就更高,这就需要域控制器集成悬架、制动、转向等功能,并将软件和硬件分离,这样才能够更好地实现车辆的横向、纵向和垂向协同控制,为高级驾驶辅助系统(ADAS)提供全面的整车性能提升。为了解决重复开发和高成本的问题,底盘域控制器的引入将使得底盘电子控制系统的开发更加高效和经济。

6.2.2.1 底盘域控制器的功能

将现有底盘电子产品的功能进行整合,并且结合高自动化自动驾驶系统的要求,底盘域控制器应该实现的功能如下。

(1)车辆执行控制与指令模式仲裁控制:底盘域控制器需要遵从上层感知层和决策层发出的指令,还要协调自动驾驶系统,综合考虑整车的状态、稳定性和安全性,进行综合判断,并选择出最优的控制指令。

(2)不同方向线控执行控制:底盘域控制器实现不同方向上的协同控制,如纵向、垂向、横向。

(3)车辆运动状态控制:底盘域控制器应该根据汽车运行状况做出相应的判断,以便更好地控制汽车。

(4)整车稳定性控制:底盘域控制器负责控制车辆的姿态,识别和预测车辆状态,并进行主动的垂向稳定控制。这有助于提高车辆的稳定性和操控性,确保在各种驾驶条件下的安全性。

(5)车身稳定性控制:底盘域控制器还将控制与车身稳定性有关的系统,通过对这些系统的控制,来保证汽车行驶时的稳定性与舒适性。

(6)冗余设计:为实现高度自动驾驶的要求,底盘域控制器需要进行冗余设计。这涉及多个方面,包括传感器备份、双路主控芯片、电源管理芯片和预驱芯片通信算力等。通过这些冗余设计,底盘域控制器能够确保系统的可靠性和稳定性,为自动驾驶提供安全的支持。

6.2.2.2 底盘域两种开发方式

(1)全栈独立研发:全栈独立研发一般是独立完成底盘域控制的所有功能,除了硬件可以对外采购,软件均由自己研发。而国内做到这一点的有蔚来汽车,蔚来ET9搭载了自主研发的底盘域控制器ICC。

(2)开放生态路线:就是集合自己的与他人的来构成的底盘域控制器。在开放生态路线上,底盘域控制器技术壁垒较高,量产方案并不是很多。目前,Tier 1 多聚焦于底盘子系统的单个或多个子系统开发(域)控制器。如科博达配套小鹏的自适应悬架控制器(DCC)已实现批量生产并出货,该控制器主要实现对悬架的自适应控制。苏州盖茨电子目前所研发的两款主流产品(连续阻尼可调式悬架电控系统和空气悬架电控系统)也是用于悬架控制。

6.2.3 座舱域

传统座舱域是由几个分散子系统或单独模块组成,这种架构无法支持多屏联动、多屏驾驶等复杂电子座舱功能,因此催生出座舱域控制器这种域集中式的计算平台。智能座舱的构成主要包括全液晶仪表、大屏中控系统、车载信息娱乐系统、抬头显示系统、流媒体后视镜等,核心控制部件是域控制器。座舱域控制器(DCU)通过以太网/MOST/CAN,实现抬头显示、仪表盘、导航等部件的融合,不仅具有传统座舱电子部件,还进一步整合智能驾驶 ADAS 和车联网 V2X 系统,从而进一步优化智能驾驶、车载互联、信息娱乐等功能。

智能驾驶辅助系统的构成主要包括感知层、决策层和执行层三大核心部分。感知层主要传感器包括车载摄像头、毫米波雷达、超声波雷达、激光雷达、智能照明系统等,车辆自身运动信息主要通过车身上的速度传感器、角度传感器、惯性导航系统等部件获取。通过座舱域控制器,可以实现"独立感知"和"交互方式升级"。一方面,车辆具有"感知"人的能力。智能座舱系统通过独立感知层,能够拿到足够的感知数据,如车内视觉(光学)、语音(声学)、转向盘、制动踏板、加速踏板、挡位、安全带等数据,利用生物识别技术(车舱内主要是人脸识别、声音识别)来综合判断驾驶人(或其他乘客)的生理状态和行为状态,随后根据具体场景推送交互请求。另一方面,车内交互方式从仅有"物理按键交互"升级至"触屏交互""语音交互""手势交互"并存的状态。此外,多模交互技术通过融合"视觉""语音"等模态的感知数据,做到更精准、更智能、更人性化的交互。智能驾驶辅助系统构成如图 6-3 所示。

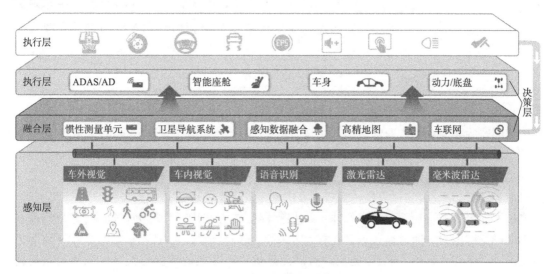

图 6-3 智能驾驶辅助系统构成图

座舱电子域控制器领域,采用伟世通 Smart Core 方案的厂家最多,其次就是 Aptiv 的 ICC (Integrated Cockpit Controller)方案。其中伟世通的 Smart Core 旨在集成信息娱乐、仪表板、信息显示、HUD、ADAS 和网联系统,具有很高的扩展性和网络安全性,可实现独立的功能域。而 Aptiv 的 ICC 使用最新的英特尔汽车处理器系列,可支持到四个高清显示器,可扩展,并且可以从入门级覆盖到高端产品。ICC 在图形(10x)和计算能力(5x)方面提供了实质性的改进,ICC 使用单芯片中央计算平台驱动多个驾驶舱显示器,包括仪表、HUD 和中央堆栈等。典型座舱域控制器厂商及其方案和客户见表 6-1。

典型座舱域控制器厂商及其方案和客户　　　　　　表 6-1

域控制器厂商	计算平台	座舱域控制器名称	操作系统/Hypervisor	座舱域控制器客户
伟世通	高通	Smart Core	Andrid,Linux	吉利,戴姆勒奔驰,东风,广汽
大陆	高通/瑞萨	集成式车声电子平台 IIP	QNX/PikeOS	
博世	高通	AI Car Computer	AGL	通用
Aptiv	英特尔	ICC	Linux/ACRN	长城、奥迪、法拉利、沃尔沃
德赛西威	高通 820A 德州仪器 J6	智能座舱域控制器		车和家
布谷鸟	NXP	Auto Canbin		四家主机厂
东软睿驰	英特尔	C4-AIfus	Linux/ACRN	

通过座舱域控制器的运用,智能座舱域为驾驶人提供了更好的驾驶体验和人机交互。驾驶人可以享受到全液晶仪表、大屏中控系统、信息娱乐系统和抬头显示系统等先进技术带来的便利。座舱域控制器的集成还使得智能驾驶和车载互联等功能更加高效和智能化。综上所述,智能座舱域及其控制器的应用对于提升驾驶体验和车辆功能的完善具有重要意义。

6.2.4　自动驾驶域

自动驾驶领域的域控制器赋予车辆多传感器融合、定位、路径规划和决策控制的能力,其域控制器的架构和功能通常需要多个设备的协同工作,包括摄像头、毫米波雷达和激光雷达等。这些设备能够提供图像识别、数据处理等功能,使得域控制器能够全面感知周围环境并做出相应决策。与传统设计相比,现在的自动驾驶域控制器不再需要多种外设硬件,如工控机或控制板。相反,它只需要搭载核心处理器,但这些处理器必须具备强大的计算能力,以支持不同级别的自动驾驶计算需求。域控制器的核心在于芯片的处理能力,它是实现自动驾驶的关键因素。通过简化设备结构和提高系统的集成度,域控制器能够更有效地满足自动驾驶系统对算力的要求,并为实现自动驾驶提供更高效的解决方案。自动驾驶域架构及功能示意如图 6-4 所示。

第6章 底盘域控制的冗余控制设计

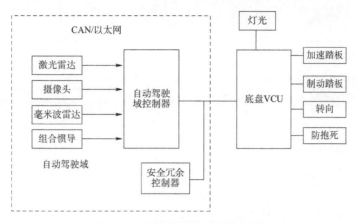

图6-4 自动驾驶域架构及功能示意图

自动驾驶域控制器逻辑如图6-5所示,其由功能需求到传感器再到芯片,最终就是各种芯片组合而成的自动驾驶域控制器。在自动驾驶汽车的算法实现方面,关键点包括感知、决策和控制。自动驾驶汽车通过激光雷达、毫米波雷达、摄像头、GPS导航等车载传感器来感知周围环境。这些传感器获取的数据需要进行处理和融合以及适当的工作模型制定相应的策略,用于决策和规划。在规划好路径之后,控制车辆按照预期的轨迹行驶。域控制器是关键的组件,其输入是各项传感器的数据,并在感知、决策和控制三个层面上进行算法处理。最终,域控制器将输出传送至执行机构,以控制车辆的前进和转向。为了应对自动驾驶系统中的高计算需求,域控制器通常配备强大的处理器。目前,业内有多种方案可供选择,如 NVIDIA、华为、瑞萨、NXP、TI、Mobileye、赛灵思和地平线等。这些方案都有一些共性,图像识别部分的算力需

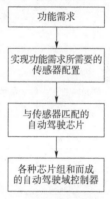

图6-5 自动驾驶域控制器
逻辑主线

求最高,其次是多传感器的数据处理和融合决策。如奥地利一家计算机技术公司开发的自动驾驶域控制器在奥迪A8上首次使用,该产品采用了德尔福提供的域控制器设计,内部集成了英伟达的 Tegra K1 处理器和 Mobileye 的 EyeQ3 芯片。Tegra K1 处理器主要用于进行4路环视图像的处理,而 EyeQ3 芯片则负责前向识别处理。

6.2.5 车身域

随着整车的发展,数量暴增的控制器不能满足汽车发展的要求。若想减少成本并使汽车更加轻量化,集成化便显得愈加重要。要想做到这一点,就需要将汽车前车身、后车身、行李舱等方面的功能进行集中。车身域控制系统职能如图6-6所示,车身域控制器是集合了车身电子功能的控制器,包括车灯、车门、车窗、天窗、钥匙等。车身域控制器的控制范围非常广,包括车灯、刮水器、智能门锁、车窗控制等。通过综合开发设计,车身域控制器能够集成传统的车身控制模块(BCM)、无钥匙进入和起动系统(PEPS)、纹波防夹等功能。在通信方面,车身域控制器的架构经历了从传统架构到混合架构,最终演变为车载计算平台的过程。这个演变过程受到通信速度的变化和高功能安全基础算力价格的影响。未来,车身域控制器将逐渐实现不同功能的电子层面的兼容性。

车身域控制器的特点:涉及系统多、涉及多个领域、涉及功能安全、涉及高感知功能。车

身域控制器涉及范围之广,功能之多见表6-2,也从侧面说明了其重要性。

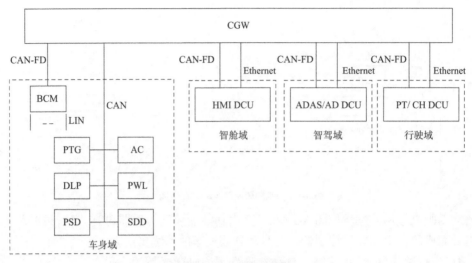

图6-6 车身域控制系统职能

车身域主要功能 表6-2

灯光控制	刮水器控制	门窗控制	后视镜控制	PEPS	座椅控制
近光灯	低速刮水	四门解闭锁	后视镜折展	无钥匙起动	座椅调节
远光灯	高速刮水	碰撞解锁	后视镜镜片调节	无钥匙进入	座椅加热
示廓灯	间歇控制	自动落锁	后视镜加热	迎宾功能	座椅通风
转向灯	点刮	车窗升降	—	发动机防盗	—
制动灯	—	车窗防夹	—	整车电源管理	—
日间行车灯	—	一键降窗	—	—	—

车身域控制器采用了业界最高规格的域控制MCU,用以实现最高的安全功能。通过多核安全处理器平台,不同功能、安全等级和计算能力的应用被放置在不同的内核上,从而降低了整个系统运行的故障风险。此外,车身域控制器拥有丰富的通信资源,可以支持16个弹性资料率的控制器局域网络、24个局域互联网络、2个以太网等总线资源,为车身域控制器提供稳定且高速的网络,基本上可以满足对于网络的各种要求。在软件系统方面,上层应用软件系统完全独立于硬件平台开发,实现了分层设计,并支持AUTOSAR和汽车智能操作系统,增加了系统的可移植性和软件模块的可重用性。对于车身域控制器的升级,关注的是三个层面。首先,升级域控制器框架和接口技术,在跨域控制通信系统的基础上,加强跨域权限和冲突管理,同时优化计算能力的配置;其次,提升跨域控制器集成技术,分析跨域通信的数据交互延迟特性,并建立跨域控制系统的集成框架;再次,还需要提高架构系统的硬件和设备冗余度,加强软件安全策略,实现跨域控制的冗余容错技术的框架和算法;最后,在硬件层面,为机体领域所需的控制算法提供计算支持,并保证计算能力,利用高性能的MPU扩展每个新算法。综上所述,车身域控制器在子系统层面注重可靠性设计、场景分析和功能安全;在软件层面强调软件架构、存储管理和复杂驱动;在硬件层面关注射频电路、蛇形回路和接口匹配。这些关键点的综合考虑使得车身域控制器成为一种高效、安全且可靠的解决方案。

第6章 底盘域控制的冗余控制设计

车身域控制器研发的痛点也有很多,如人们对汽车功能需求越来越多,这就需要对相应功能的研发,同时架构方案也很可能会改变,这就需要厂商实时更新、实时创新;而研发周期也是需要考虑的重要问题,现在车身域控制器的研发周期普遍很长,并且很大可能会没有回报;芯片无法做到国产化也是一个非常大的痛点,研发国产的车用芯片也非常重要。

车身域控制器经历了从模块化过渡到集成化的过程,未来也将会走向区域化,其实无论是外国公司还是国内公司,车身域控制器电子系统领域仍处于开拓或早期成长阶段。外资企业在控制模块、无钥匙系统、门窗控制和座椅调节等单一功能产品方面有丰富的技术经验,并且他们的产品包括的范围非常广,这为集成车身域控制器打下了坚实的基础。国内大多数企业生产的产品成本相对较低,或者产品系列单一,很难从全领域重新布局和定义系统集成产品,但是国内厂商找好自身定位,也会找到其突破口。

综合来看,五大域控制器各有其特点,五大域控制器功能特点见表6-3,对于芯片、操作系统的要求也是不同的,技术难点是发展的重点,国内厂商只有对技术难点加大投入,才能实现弯道超车,找到专属于自己的定位,在世界上占有一席之地。

五大域控制器特点　　　　　　　　　　表6-3

域控制器	芯片要求	操作系统	功能安全等级	应用场景	核心壁垒
动力域控制器	MCU芯片,算力要求低	符合CPAUTOSAR标准	ASIL-C/D	对动力系统的相关功能进行控制	1.硬件集成; 2.制动及转向算法能力; 3.软件符合AUTOSAR等架构; 4.通信、诊断、安全功能
底盘域控制器	MCU芯片,算力要求低	符合CPAUTOSAR标准	ASIL-D	对驱动转向制动等底盘执行单元进行控制	1.集成驱动转向制动整体算法,协同控制能力; 2.软件符合AUTOSAR等架构; 3.通信、诊断、安全功能
座舱域控制器	高性能SOC芯片,算力要求高	Linux核心定制专属操作系统	ASIL-B/C	实现一芯多屏等智能座舱功能	1.CPU芯片及外围电器集成能力; 2.操作系统和中间软件的开发及应用能力
自动驾驶域控制器	高算力AI芯片,算力要求高	QNX或Linux实时操作系统	ASIL-D	自动驾驶感知、决策	1.CPU/GPU/NPU/MCU等多芯片集成硬件能力; 2.实时操作系统和中间软件的开发及应用能力; 3.通信、诊断、安全功能开发能力
车身域控制器	MCU芯片,算力要求低	符合CPAUTOSAR标准	ASIL-B/C	在原有基础上实现更多的车身控制功能	1.有加强车身控制模块研发经验; 2.较强硬件集成能力; 3.软件符合AUTOSAR等架构; 4.通信、诊断、安全功能

6.3 底盘域控制

底盘域是与汽车行驶相关，由传动系统、行驶系统、转向系统和制动系统共同构成。传动系统负责把发动机的动力传给驱动轮，可以分为机械式、液力式和电力式等。其中机械式传动系统主要由离合器、变速器、万向传动装置和驱动桥组成；液力式传动系统主要由液力变矩器、自动变速器、万向传动装置和驱动桥组成。行驶系统把汽车各个部分连成一个整体并对全车起支承作用，如车架、悬架、车轮、车桥都是其组成部分。转向系统保证汽车能按驾驶人的意愿进行直线或转向行驶。制动系统迫使路面在汽车车轮上施加一定的与汽车行驶方向相反的外力，对汽车进行一定程度的强制制动，其功用是减速停车、驻车制动。

智能化推动线控底盘发展。随着汽车智能化发展，智能汽车的感知识别、决策规划、控制执行三个核心系统中，与汽车零部件行业最贴近的是控制执行端，也就是驱动控制、转向控制、制动控制等，需要对传统汽车的底盘进行线控改造以适用于自动驾驶。线控底盘主要有五大系统，分别为线控转向、线控制动、线控换挡、线控驱动、线控悬架，线控转向和线控制动是面向自动驾驶执行端方向最核心的产品，其中制动技术难度更高。

6.3.1 线控转向

转向系统从最初的机械式转向系统（MS）发展为液压助力转向系统（HPS），再到电控液压助力转向系统（EHPS）和电动助力转向系统（EPS）。目前乘用车上以 EPS 为主，商用车以 HPS 为主，EHPS 在大型 SUV 上比较常见，其余领域比较少见。智能化的趋势下，L3 及以上等级智能汽车要求部分或全程脱离驾驶人的操控，对于转向系统控制精确度、可靠性要求更高催动线控转向（Steering By Wire，SBW）的产生。EPS 与 SBW 系统结构如图 6-7 所示。

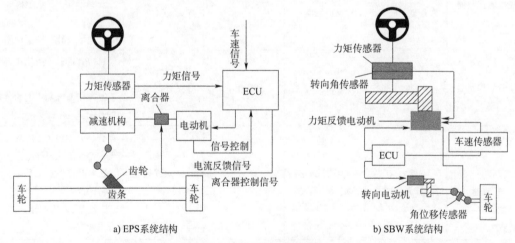

图 6-7 EPS 与 SBW 系统结构

线控转向（SBW）系统是指在驾驶人输入接口（转向盘）和执行机构（转向轮）之间是通过线控（电子信号）连接的，即在它们之间没有直接的液力或机械连接。线控转向系统是通过给助力电动机发送电信号指令，从而实现对转向系统进行控制。SBW 的发展与 EPS 一脉相承，其系统相对于 EPS 需要有冗余功能。

目前 SBW 系统有两种方式：一是取消转向盘与转向执行机构的机械连接，通过多个电动机和控制器来增加系统的冗余度；二是在转向盘与转向执行机构之间增加一个电磁离合器作为失效备份，来增加系统的冗余度。

从厂商角度看，全球 EPS 厂家以博世、捷太格特、NSK、耐世特等国际巨头为主。其中，日本厂家多以精密轴承起家，向下游拓展到 EPS 领域；美国厂家则是 Tier 1 厂家，横向扩展到 EPS 领域；欧洲厂家类似美国厂家，但在上游的精密机械加工领域远比美国要强。相比之下，国内企业主要有三家，包括株洲易力达、湖北恒隆和浙江世宝，但规模都比较小，技术较落后。EPS 主要供应商及客户见表6-4。

电助动力系统(EPS)主要供应商及客户　　　　　　　　表6-4

供应商	总部所在地	客户
博世	德国	大众、通用、福特等
捷太格特	日本	日系、一汽大众等
NSK	日本	大众等
耐世特	中资控股	奇瑞、长安等
Thyssenkrupp	德国	奔驰、沃尔沃、雷诺日产等
采埃弗	德国	长安、长城、吉利、广汽、上海通用等

SBW 由于技术、资本、安全等各方面的要求高，技术基本掌握在海外的零部件巨头手中，进入壁垒非常高。目前，联创电子、浙江万达等国内企业开始涉足 SBW 领域，国内企业未来有望开拓 SBW 新业务。SBW 主要供应商及产品现状见表6-5。

线控转向系统(SBW)主要供应商及产品现状　　　　　　表6-5

供应商	产品现状	供应商	产品现状
博世	有样车展示	联创电子	有研究，原型机
采埃孚	未量产，有产品介绍	浙江万达	原型机，试验中
捷太格特	未量产，有产品介绍	浙江航驱	有研究，原型机
耐世特	Quiet Wheel 产品专利	恒隆	有研究
Kayaba	已量产，配套英菲尼迪		

6.3.2　线控制动

汽车制动系统经历了从机械到液压再到电子(ABS/ESC)的发展过程，未来将向线控制动方向发展。L2 时代的线控制动可以分为燃油车、混动、纯电三大类。燃油车基本都采用 ESP(ESC)做线控制动；混动车基本都采用高压蓄能器为核心的间接型 EHB；纯电车基本都采用直接型 EHB，以电动机直接推动主缸活塞。在汽车智能化的趋势下，考虑到 L3 及以上等级自动驾驶汽车制动系统的响应时间非常关键，而线控制动执行信息由电信号传递，响应相对更快，制动距离更短，是未来汽车智能化的长期趋势。

线控制动系统可以分为液压式线控制动 EHB、机械式线控制动 EMB 两种类型。EHB 系统由于具有备用制动系统，安全性较高，因此，接受度更高，是目前主要推广量产的方案。

由于EMB系统缺少备用制动系统且缺少技术支持，短期内很难大批量应用，是未来发展的方向。EHB系统与EMB系统比较见表6-6。

EHB系统与EMB系统比较　　　　　　　　　　　　　　　表6-6

线控制动系统	组成	工作原理	优点	缺点
EHB	以传统的液压制动系统为基础，用电子器件取代了一部分机械部件的功能，使用制动液作为动力传递媒介，控制单元及执行机构布置的比较集中，有液压备份系统	制动踏板和制动器之间的液压连接是断开的，带有踏板感觉模拟器和电子传感器的电子踏板模块代替了传统的制动踏板，驾驶人的意图通过"线"传递到液压单元——整合的电子控制单元（ECU），而车轮制动与传统的制动一样，EHB系统的电子控制单元接收与制动踏板连接的传感器信号，正常工作情况下备用阀关闭，控制器通过由液压泵驱动的电机进行制动，当控制器处于故障模式时，备用阀打开，常规液压制动系统起作用，进行制动	1. 会利用算法弥补部件的磨损和变形，使制动性能长期处于良好状态； 2. 制动的高度灵活性和高效性； 3. 能发挥包括ABS在内的更多辅助功能	1. 液压系统设计与控制复杂，不容易做到和其他电控系统的整合； 2. 制动系统对可靠性要求极高，新兴企业根本无法得到整车厂的认同
EMB	采用电子机械装置代替液压管路，执行机构通常安在轮边	EMB系统去除了油压系统，由电机产生制动力，其值受电子控制器的控制。EMB系统的ECU根据电子踏板模块传感器的位移和速度信号，并且结合车速等其他传感器信号，向车轮制动模块的电机发出信号，控制其电流和转子转角，进而产生所需的制动力，达到制动的目的	1. 电子系统的响应时间只有90ms，比iBooster快不少； 2. 抛弃了所有的液压系统，成本低	1. 没有备份系统，对可靠性要求高； 2. 制动力不足，EMB系统必须在轮毂中，电机功率不太大； 3. 工作环境温度高； 4. 需要针对底盘开发对应系统，难以模块化设计

线控制动是汽车技术门槛较高的领域，全球主要的线控制动厂家是博世、大陆、采埃孚等零部件企业。EHB国外厂商技术发展已经比较成熟，但严格意义讲还不适应于L4自动驾驶，国内此项技术在努力追赶；EMB还处在研究阶段，目前看较难有突破。其中，博世的iBooster是典型的直接型EHB。iBooster通常与ESP配套使用，ESP在iBooster失效时顶上。不过因为ESP也是一套电液压系统，也有可能失效，且ESP在设计之初只是为AEB类紧急制动场景设计的，不能做常规制动，所以博世在第二代iBooster推出后，着手针对L3和L4设计了一套线控制动系统，这就是IPB+RBU。线控制动系统主要供应商、产品与客户情况见表6-7。

线控制动系统主要供应商、产品与客户情况　　　　　　表6-7

供应商	产品	客户
博世	iBooster/IPB	通用、特斯拉、荣威、领克、蔚来等
大陆	MK C1	阿尔法罗密欧Giulia新款车等
采埃孚	IBC	通用等

续上表

供应商	产品	客户
爱德克斯	EBC	丰田普锐斯等
伯特利	WCBS	已发布,还未量产

6.3.3 线控换挡

线控换挡(SBW)简称电子换挡,是一种不需要任何机械结构,仅通过电控来实现传动的机构。

同其他线控技术一样,电子换挡也是通过 CAN 总线实现与整车的通信,通过 LIN 线实现背光灯、随挡增亮、面板按键等各种功能。

挡位请求信号、车速信号、车门信号等各种原件的信号都会发送到 CAN 总线上,变速器控制单元(TCU)从 CAN 总线上接收自己所需要的信号进行分析,根据通信协议判断是否执行换挡请求信号,并将策略挡位发送给仪表显示当前挡位。同时,换挡器则从 CAN 总线上接收 TCU 发出的反馈挡位信号,再通过 LIN 线点亮副仪表板上的挡位指示灯。换挡流程如图 6-8 所示。

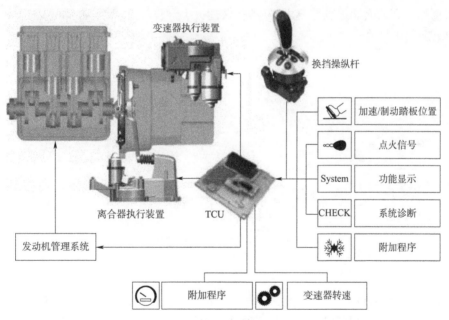

图 6-8 换挡流程图

电子换挡质量更轻、体积更小、科技感更强,传统换挡不允许挡位之间自由切换,否则将会损坏变速箱。而电子换挡则不受换挡顺序的限制,可以自动回位,还可以直接做成按键、旋钮、怀挡的形式。在特定的情况下还可以自动回到 P 挡。

6.3.4 线控驱动

现如今,发动机的进油量都是由 ECU 控制的,俗称"电喷"。而加速踏板和节气门之间也不再需要机械连接,加速踏板集成了踏板位置传感器,传感器将加速踏板位置信号发送给

ECU,ECU 通过计算将节气门开度量传递给安装在节气门上的电动机,电动机控制节气门打开和关闭。

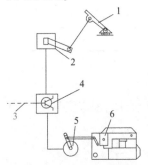

对于线控驱动来说,识别驾驶人的不合理操作就轻而易举了。当 ECU 识别出驾驶人的不合理操作时,会发出指令让节气门以预先设置的速度打开,而不是与驾驶人踩下踏板的速度同步。这样做除了能保护发动机,提高燃油经济性以外,还会使驾驶人感到非常平顺,没有冲击的感觉,提高了乘坐人员的舒适性。混动/燃油车线控驱动如图 6-9 所示。

6.3.4.1 工作原理

图 6-9 混动/燃油车线控驱动

混动/燃油车上的线控驱动系统主要由:加速踏板、踏板位移传感器、电控单元(ECU)、数据总线、伺服电动机和节气门执行机构组成。位移传感器安装在加速踏板内部,随时监测加速踏板的位置。当监测到加速踏板高度位置有变化,会瞬间将此信息送往 ECU,ECU 对该信息和其他系统传来的数据信息(车速、车距、节气门开度、发动机转速等)进行运算处理,计算出一个控制信号,通过线路送到伺服电动机继电器,伺服电动机驱动节气门执行机构,数据总线则是负责系统 ECU 与其他 ECU 之间的通信。当节气门开度越大,电脑计算的喷油量也就越大,发动机转速会上升;反之亦然。混动/燃油车线控驱动原理图如图 6-10 所示。

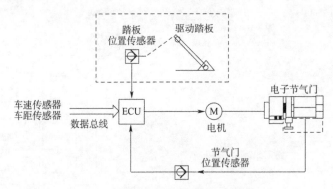

图 6-10 混动/燃油车线控驱动原理图

6.3.4.2 线控驱动优点

(1)舒适性、经济性好。线控驱动可根据驾驶人踩下踏板的动作幅度判断驾驶人意图,综合车况精确合理控制节气门开度,以实现不同负荷和工况下发动机的空燃比都能接近于最佳理论状态 14.7∶1,使燃油经济性和驾驶舒适性同时达到最佳状态。

(2)稳定性高且不易熄火。线控驱动系统在收到踏板信号后会进行分析判断再给节气门执行单元发送合适指令保证车辆稳定行驶。

6.3.4.3 线控驱动缺点

(1)工作原理相对较为复杂,成本提高。相比传统拉线节气门,在硬件上,电子节气门需要添加节气门位置位移传感器和伺服电动机以及其驱动器和执行机构,并且增加 ECU 接线;在软件上,需要开发分析位置传感器信号并且综合车况给出最优控制指令的算法,并且集成在车载 ECU 上,增加开发成本。

(2) 有延迟效果,没有拉线节气门反应快。如前所述,在装有电子节气门系统的汽车中,驾驶人不能直接控制节气门开度也就无法直接控制发动机动力大小,而是经由 ECU 分析给出汽车舒适性较好、较省油的节气门控制指令,所以相对于直接控制式的拉线节气门会有稍许延迟感。

(3) 可靠性不如机械式节气门好。汽车行驶中会遇到各种车况,并且汽车内部存在高频电磁干扰,如电动机和点火线圈会产生电磁干扰,电子器件可能会在这些工况下发生故障或松动;复杂的分析处理算法也可能会导致程序跑飞等故障情况出现,而驾驶人又无法直接控制发动机的动力大小,一旦这种情况发生将产生不可预知的后果。

6.3.5 线控悬架

6.3.5.1 线控悬架系统简介

线控悬架系统(Suspension By Wire),也称为主动悬架系统,是智能网联车辆的重要组成部分,可实现缓冲振动、保持平稳行驶的功能,直接影响车辆操控性能以及驾乘感受。

1980 年,BOSE 公司成功研发了一款电磁主动悬架系统。1984 年,电控空气悬架开始出现,林肯汽车成为第一个采用可调整线控空气悬架系统的汽车。目前,宝马汽车安装的"魔毯"悬架系统,凯迪拉克汽车安装 MRC 主动电磁悬架系统,以及自适应空气悬架系统,均属于线控悬架系统的不同形式。奔驰新一代 S 级采用的 MAGIC BODY CONTROL 线控悬架系统,可以根据前方路面状况,自动调节减振器的阻尼系数、车身高度等车辆参数,悬架刚度、阻尼等关键参数跟随汽车载荷、行驶速度而变化。

线控悬架系统,主要由模式选择开关、传感器、ECU 和执行机构等部分组成。

传感器负责采集汽车的行驶路况(主要是颠簸情况)、车速以及起动、加速、转向、制动等工况转变为电信号,经简单处理后传输给线控悬架 ECU。其中,主要涉及车辆的加速度传感器、高度传感器、速度传感器和转角传感器等关键传感器。空气弹簧根据 ECU 的控制信号,准确、快速、及时地作出反应动作,包括气缸内气体质量、气体压力及电磁阀设定气压等关键参量的改变,实现对车身弹簧刚度、减振器阻尼以及车身高度的调节。线控悬架系统执行机构主要由执行器、阻尼器、电磁阀、步进电动机、气泵电动机等组成。典型线控悬架系统工作原理如图 6-11 所示。

线控悬架系统 ECU 可以实现减振器阻尼、空气弹簧刚度以及空气弹簧长度(车身高度)的控制等主要功能,如图 6-12 所示。

6.3.5.2 线控悬架系统特点

线控悬架系统可以针对汽车不同的工况,控制执行器产生不同的弹簧刚度和减震器阻尼,既能满足平顺性和操纵稳定性的要求,也要保障驾乘的舒适性要求。其主要优点如下。

(1) 刚度可调,可改善汽车转侧倾、制动前倾和加速抬头等情况。

(2) 汽车载荷变化时,能自动维持车身高度不变。

(3) 在簸路面行驶时,能自动改变底盘高度,提高汽车的通过性。

(4) 可抑制制动点头和加速抬头现象,充分利用车轮与地面的附着条件,加速制动过程,缩短制动距离。

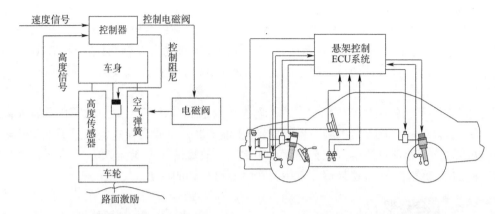

图 6-11 典型线控悬架系统工作原理示意图　　图 6-12 线控悬架系统 ECU 控制示意图

（5）使车轮与地面保持良好的接触，提高车轮与地面的附着力，增加汽车抵抗侧滑的能力。

尽管线控悬架系统有诸多优点，但其复杂的结构也决定了线控悬架系统具有不可避免的缺点。

（1）结构复杂，故障的概率和频率远远高于传统悬架系统。由于线控悬架要求每一个车轮悬架都有控制单元，得到路面数据后的优化处理算法难度非常大，容易造成调节过度或失效。

（2）采用空气作为调整底盘高度的"推进动力"，减振器的密封性要求非常高，若空气减振器出现漏气，则整个系统将处于瘫痪状态，而且频繁地调整底盘高度，有可能造成气泵系统局部过热，大大缩短气泵的使用寿命。

6.4　线控制动的冗余控制

从部分自动驾驶开始需要线控制动来做执行系统，需要满足 ADAS 相关的制动需求。当 ADAS 发展到有条件的自动驾驶后，制动系统就要达到全冗余的状态，满足全冗余的设计策略。线控制动系统冗余如图 6-13 所示。

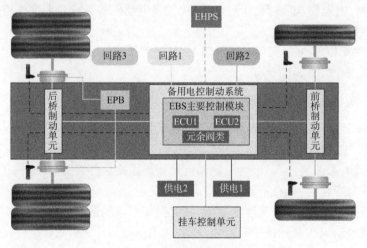

图 6-13　线控制动系统冗余图

（1）回路间冗余。

EBS 线控制动的冗余目前在车上常见的架构分为前桥控制模块、后桥控制模块和 EBS 主控模块，加上其他的 ABS 阀或管路，实现 EBS 的主要控制。目前，在纯驾驶人的驾驶情况下，能够实现机械回路间的冗余。

（2）制动系统间冗余。

再往下是制动系统的冗余。如在主控模块中对两个运算处理器做通信的冗余，有两条干线，一条用 CAN，一条用以太网，每家的策略不一样。这也会作为 EBS 系统的冗余，如果 EBS 整个宕掉，最后 EPB 还是能接受 ADAS 的制动请求，把车安全地停下来。目前，几家主要的零部件供应商也正在研究这部分的冗余。

（3）横纵向控制系统之间功能冗余。

第三部分是横纵向控制系统之间的功能冗余。如当转向机、电控液压助力转向失效，ADAS 仍在工作，为了让车稳定地停下来，制动系统会作为一个备份方案来执行部分转向的功能，如通过单轮的制动实现紧急状态下转向的需求。

（4）多系统冗余。

第四部分是多系统冗余。原先一个 EBS 控制器里面有两套控制算法，两个 ECU 在进行相应的控制，如果这个系统宕掉或 EPB 宕掉，备用的电控制动系统模块和 EBS 会共用相同的轮速传感器。在 EBS 主控模块宕掉的情况下，备用电控制动系统还可以继续接受 ADAS 的请求，来做纵向的减速度控制。

最终发展至比较集成的线控底盘系统，可能会将制动、转向、动力等部分集合到一起形成大的域控，这样在域间内可以做到更快捷的冗余控制，这是现在努力的方向。

参考文献

[1] 张伟业.汽车电液制动系统设计及其控制方法的研究[D].广州:华南理工大学,2020.

[2] 郭小若.电子液压制动系统设计及其关键技术研究[D].杭州:浙江大学,2018.

[3] 赵海涛.汽车电子液压制动系统跟随特性的实验研究[D].长春:吉林大学,2011.

[4] 陈韦纲.线控液压制动系统制动力分配与控制策略研究[D].长春:吉林大学,2022.

[5] 雍健羽,王洪亮,董金聪,等.轻型车辆线控制动技术研究现状及发展趋势综述[J].中国汽车,2022(11):7.

[6] 李献龙.新能源汽车的常见故障及维修关键技术研究[J].科技创新导报,2022(3):19.

[7] 廖腾辉.信息化技术在汽车发动机检测中的运用[J].内燃机与配件,2020(22):149-150.

[8] 李向杰.基于制动意图识别的电动汽车再生制动控制策略研究[D].桂林:桂林电子科技大学,2021.

[9] 陈刚,王良模,王冬良,等.汽车电子控制技术[M].北京:机械工业出版社,2017.

[10] 刘舒宁.永磁同步电机的改进型模糊自整定矢量控制系统研究[D].兰州:兰州理工大学,2020.

[11] 王博文.纯电动汽车线控制动与智能能量回收算法研究[D].合肥:合肥工业大学,2021.

[12] 张奇祥.面向智能驾驶的集成式线控液压制动系统控制策略研究[D].长春:吉林大学,2022.

[13] 李京骏.商用车线控制动系统压力控制与试验验证[D].青岛:青岛理工大学,2022.

[14] 施帅朋.车辆电子制动助力系统制动感觉优化策略研究[D].南京:南京航空航天大学,2021.

[15] 王洪涛,王芳,叶忠杰.汽车线控制动系统关键技术研究分析[J].现代信息科技,2019,3(9):155-157.

[16] 上官文斌,梁士强,蒋开洪,等.集成式电液制动系统建模与压力控制方法研究[J].北京理工大学学报,2019,39(4):413-418.

[17] 李聪波,杨青山,陈文倩,等.面向响应性能的集成式电子液压制动系统执行器参数优化[J].计算机集成制造系统,2019,25(11):2710-2719.

[18] 杨涛.面向自动驾驶的车辆线控制动系统功能安全研究[D].长春:吉林大学,2022.

[19] 高吉.新型电子液压制动系统研究[D].长春:吉林大学,2016.

[20] 张军和.汽车线控制动技术及发展趋势探析[J].时代汽车,2021,(7):24-25.

[21] 王海军,杨帆.电子液压制动系统的安全设计与匹配分析[J].中国设备工程,2023,(1):102-104.

[22] 陈志强,常思勤.一种线控制动系统的方案设计及仿真[J].机械制造与自动化,2020,(5):87-90,94.

[23] 陈志成,吴坚,赵健,等.混合线控制动系统制动力精确调节控制策略[J].汽车工程,2018,40(4):86-93.

[24] 郭小若.电子液压制动系统设计及其关键技术研究[D].杭州:浙江大学,2018.

[25] 於亚文.基于磁流变的制动踏板感觉模拟装置设计与研究[D].重庆:重庆大学,2020.

[26] 何畅然,王国业,张露,等.电动汽车新型再生—机械耦合线控制动系统机理研究[J].汽车工程,2018,40(3):283-289.

[27] 余卓平,韩伟,徐松云,等.电子液压制动系统液压力控制发展现状综述[J].机械工学报,2017(14):15-29.

[28] 彭晓燕.汽车线控制动系统安全控制技术研究[D].长沙:湖南大学,2013.

[29] 孙昂,陈捷,郝雨.用于电动化及智能化汽车的电动助力制动系统的发展趋势研究[J].汽车文摘,2019(1):16-22.

[30] 蒋立高.电液线控制动系统设计与控制研究[D].合肥:合肥工业大学,2021.

[31] 王治中.分布式电液制动系统的设计与控制[D].北京:清华大学,2014.

[32] 齐晓杰.汽车液压与气压传动[M].3版.北京:机械工业出版社,2017.

[33] 陈家瑞.汽车构造(下册)[M].北京:人民交通出版社,2006.

[34] 潘青贵.混联式HEV轿车能量回馈特性研究[D].北京:北京交通大学,2014.

[35] 丁明慧.乘用车线控液压制动系统执行器动态特性研究[D].长春:吉林大学,2018.

[36] 董雪梅.汽车线控制动技术的研究与分析[J].汽车实用技术,2019(5):3.

[37] 吴炎花.基于EHB的电动汽车电—液复合制动系统优化设计研究[D].南京:南京航空航天学,2013.

[38] 刘效平.汽车电子液压制动系统及其助力制动功能研究[D].聊城:聊城大学,2022.

[39] 赵树恩.基于多模型智能递阶控制的车辆底盘集成控制研究[D].重庆:重庆大学,2010.

[40] 徐航.汽车底盘综合控制系统仿真研究[D].武汉:华中科技大学,2011.

[41] 李刚,宗长富,张泽星,等.车辆底盘集成控制研究[J].上海交通大学学报,2012,46(8):1291-1296.

[42] 汪洪波.基于功能分配的汽车底盘集成系统协调控制与稳定性分析[D].合肥:合肥工业大学,2014.

[43] 迟云飞.基于分布式控制架构的信号机设计研究[D].西安:长安大学,2015.

[44] 秦立友,赵云.浅谈汽车底盘集成系统协调控制问题[J].山东工业技术,2016,(7):274.

[45] 殷国鑫,石昊昱,雷钧,等.汽车底盘电控技术现状与发展研究[J].山东工业技术,2016,(2):203-204.

[46] 涂冰,冯桂源,肖善巧.关于汽车底盘电控系统集成控制策略研究[J].山东工业技术,2016,(8):225.

[47] 刘显贵,易际明,林勇明.汽车底盘控制子系统集成优化研究[J].机械设计,2016,33,(10):90-95.

[48] 鲁秀伟,古红晓,陶松.基于汽车底盘集成控制与最新技术研究[J].时代汽车,2018,(12):147-148.

[49] 隋巧梅.面向新能源汽车的制动能量回收与再生底盘控制系统研究[J].机电信息,2019,(18):58-61.

[50] 孔博,王丽琴.汽车底盘集成及其控制技术研究[J].山东工业技术,2019,(8):57.

[51] 赵霖.独立驱动电动汽车底盘博弈协调与驱动容错控制[D].重庆:重庆大学,2019.

[52] 李玉柱.汽车底盘集成及其控制技术研究[J].农家参谋,2019,(11):185,208.

[53] 李亮,王翔宇,程硕,等.汽车底盘线控与动力学域控制技术[J].汽车安全与节能学报,2020,11(2):143-160.

[54] 张震,尤伟强,肖利华,等.基于CANFD的智能汽车域控制器软件升级系统设计[J].中北大学学报(自然科学版),2022,43(4):321-326,334.

[55] 靳万里.基于传感器解析冗余的智能汽车底盘域控制策略研究[D].长春:吉林大学,2022.

[56] 费舒森.面向分布式驱动智能汽车的底盘域控制系统开发[D].长春:吉林大学,2022.

[57] 付鹏.面向汽车域控制架构的车载网关载板系统设计[D].兰州:西北师范大学,2022.

[58] 刘木林,卜凡涛,林辉,等.电动汽车动力域控制系统VBS的功能安全概念阶段设计[J].时代汽车,2022,(20):98-100.

[59] 胡建国.新能源汽车动力电池与整车先进集成技术综述[J].时代汽车,2022,(23):112-117.

[60] 卫强,黄贯军,吕自国,等.域控制器发展对线束设计的影响[J].汽车电器,2022,(8):49-50.

[61] 张颖.向自动驾驶全场景域控制器推进[J].汽车与配件,2022,(18):58-59.

[62] 杨洪福,朱翔宇,孙延秋.面向车辆域控制器的渗透测试方法研究[J].汽车零部件,2022(10):91-94.

[63] 杨子.浅析汽车功能域的关键技术[J].电子产品世界,2022,29(11):55-58,64.

[64] 黎嘉晨,兰建平,周海鹰.面向集中域控的汽车电子电气架构技术研究[J].湖北汽车工业学院学报,2022,36(4):23-28.

[65] 郭辉,罗勇,郭晓潞.基于国密算法的车载以太网控制器身份认证方法[J].网络与信息安全学报,2022,8(6):20-28.

[66] 陈萌,杜万席.汽车线控底盘技术发展趋势分析与研究[J].汽车与配件,2022(24):54-59.

[67] 田端洋.汽车底盘域多维度动力学集成优化控制及其软件架构设计[D].长春:吉林大学,2022.

[68] 苏亮,张锋,肖红超,等.分布式驱动电动汽车动力学集成控制研究进展及趋势[J].汽车工程学报,2022,12(6):715-733.

[69] 徐豪迪.基于线控底盘的无人驾驶路径规划与跟踪控制研究[D].杭州:浙江科技学院,2022.

[70] 冉旭晴.针对汽车域控制器的一种升级测试方案介绍[J].汽车电器,2023(1):86-88.

[71] 龚天宇,朱海龙,田晓刚,等.基于G9X车身域控制器的软硬件设计[J].汽车电器,2023,(1):23-27.

[72] 王泽龙.基于SA8155P芯片的智能座舱域控制器设计[J].汽车与驾驶维修(维修版),2023,(2):9-13.

[73] 肖文平,何敖东.智能网联浪潮中车载以太网的发展契机[J].上海汽车,2023,(4):1-3.

[74] 徐磊.一种车载智能座舱域控制器系统设计[J].时代汽车,2023,(9):114-116.

[75] 涂岩恺.基于车载以太网的任务卸载方案[J].计算机技术与发展,2023,33(5):116-121.

[76] 赵轩,王姝,马建,等.分布式驱动电动汽车底盘集成控制技术综述[J].中国公路学报,2023,36(4):221-248.

[77] 石振东,胡映秋,陈磊,等.汽车线束端子压接生产线系统集成与智能化改造[J].仪表技术与传感器,2023,(4):47-52.

[78] 姚固文.新能源汽车电子控制技术研究[J].时代汽车,2023,(11):95-97.

[79] 邓健贤,查云飞.自动驾驶汽车路径跟踪控制发展综述[J].汽车文摘,2023,(5):1-8.